华夏文博览胜

Exhibition of Chinese Antiques

中国博物馆

文物出版社

图书在版编目（CIP）数据

华夏文博览胜：中国博物馆／张文彬主编．—北京：
文物出版社．2004．
ISBN 7-5010-1655-0

I.华… II.张… III.博物馆-简介-中国 IV.G269.26

中国版本图书馆 CIP 数据核字（2004）第 075978 号

《华夏文博览胜》编委会

顾　　问　吕济民　罗哲文　马自树　阎振堂
主　　编　张文彬
执行编委　史维平
编　　委　马希桂　王渝生　王林山　王　璧　王记华　王红星　王连茂
　　　　　王璜生　支运亭　扎格尔　云桂荣　牛　燕　叶志坚　白　宁
　　　　　史　欣　史海涛　田清来　任克雷　朱　进　朱凤瀚　刘广堂
　　　　　刘庆平　刘豫川　孙　霄　孙元林　孙秉明　农珍批　任国栋
　　　　　伊斯拉菲尔·玉苏甫　李　兵　李　奎　李云平　李立夫
　　　　　李玉坤　李向阳　李健贤　李智信　吴永琪　吴宏涛　谷同伟
　　　　　何洪源　宋雨桂　宋笔锋　邵清隆　张全国　张文军　张礼智
　　　　　张兆声　张明胜　张培成　张雅林　陈　坤　陈　浩　陈支平
　　　　　陈协强　陈丽华　陈贤明　陈建正　陈建明　陈燮君　邱永生
　　　　　罗立中　罗勃健　罗迎难　周　斌　周天游　周荣林　周维扬
　　　　　杨力舟　杨天麒　金柏东　易家胜　昂海松　胡欣民　俄　军
　　　　　赵之硕　赵江滨　钟创坚　欧阳辉　昝淑芹　侯　毅　郭富纯
　　　　　郭兴建　贾本义　钱　浚　饶成刚　柴凤春　戚俊杰　高　峡
　　　　　高崇文　黄启善　黄锡斌　黄耀华　黄淼章　唐汉章　康熙民
　　　　　萧润君　常素霞　舒　乙　韩　永　韩秀珍　韩国军　曾广庆
　　　　　曾宪文　鲁文生　傅柒生　葛永良　蔡　超　潘君祥　樊英峰
　　　　　戴维政（以姓氏笔画为序，排名不分先后）

责任编辑　贾东营

华夏文博览胜：中国博物馆
出　　版　文物出版社
地　　址　北京市五四大街 29 号
邮　　编　100009
http://www.wenwu.com
E-mail:web@wenwu.com
经　　销　新华书店经销
设计制作　北京华夏文博图文制作中心 010-88586790
印　　刷　北京博图彩色印刷有限公司 010-88586791

2004 年 7 月第一版　2004 年 7 月第一次印刷
889 x 1292mm　1/16　印张21.25

ISBN 7-5010-1655-0/G·105 定价：518.00元

68 青岛市博物馆
地址：山东省青岛市崂山区梅岭路 27 号
邮编：266061
电话：0532－8897227

70 潍坊市博物馆
地址：山东省潍坊市潍城区胡家牌坊街49号
邮编：261021
电话：0536－8359968

72 泰安市博物馆
地址：山东省泰安朝阳街
邮编：271000
电话：0538－8204738

74 河南博物院
地址：河南省郑州市农业路 8 号
邮编：450002
电话：0371－3511237 3511063

78 开封市博物馆
地址：河南省开封市迎宾路 26 号
邮编：475000
电话：0378－3933624

80 洛阳博物馆
地址：河南省洛阳市中州中路 298 号
邮编：471000
电话：0379－3937107 3267096

81 郑州博物馆
地址：河南省郑州市迎宾路 26 号
邮编：450000
电话：0371－7447301

82 湖北省博物馆
地址：湖北省武汉市武昌区东湖路156号
邮编：430077
电话：027－86783690 86783171

84 武汉博物馆
地址：湖北省武汉市汉口青年路 373 号
邮编：430023
电话：027－85870278

86 湖南省博物馆
地址：湖南省长沙市北区东风路 3 号
邮编：410005
电话：0731－4514630 4514649

88 广东省博物馆
地址：广东省广州市文明路 215 号
邮编：510110
电话：020－83838432 83858600

90 深圳博物馆
地址：广东省深圳福田区深南中路1008号
邮编：518027
电话：0755－82102753

92 中英街历史博物馆
地址：广东省深圳盐田区沙头角镇环城路
邮编：518082
电话：0755－25251125 25251112

94 广东省东莞市博物馆
地址：广东省东莞市莞城新芬路 36 号
邮编：523007
电话：0769－2221596

96 广西壮族自治区博物馆
地址：广西南宁市民族大道 34 号
邮编：530012
电话：0771－2612347 2810907

98 重庆中国三峡博物馆
地址：重庆市人民广场
邮编：400013
电话：023－63869867

100 重庆市博物馆
地址：重庆市渝中区枇杷山正街 72 号
邮编：400013
电话：023－43729600

102 四川省博物馆
地址：四川省成都市青华路
邮编：610041
电话：028－85226723 85257921

103 贵州省博物馆
地址：贵州省贵阳市北京路 168 号
邮编：550004
电话：0851－6822232 6822236

104 云南省博物馆
地址：云南省昆明市五一路 118 号
邮编：650032
电话：0871－3611548 6680754

105 西藏博物馆
地址：拉萨市罗布林卡路 19 号
邮编：850001
电话：0891－6834362

106 陕西历史博物馆
地址：陕西省西安市小寨东路 29 号
邮编：710061
电话：029－5261010

108 秦始皇兵马俑博物馆
地址：陕西省临潼
邮编：710600
电话：029－3911961

110 乾陵博物馆
地址：陕西省乾县乾陵旅游区
邮编：713300
电话：0910－5510055

114 甘肃省博物馆
地址：甘肃省兰州市七里河区西津西路3号
邮编：730050
电话：0931－2349152 2334106

116 青海省博物馆
地址：青海省西宁市为民巷 41 号
邮编：810000
电话：0971－8175703

118 宁夏回族自治区博物馆
地址：宁夏银川市进宁南街 2 号
邮编：750001
电话：0951－5015460

120 宁夏固原博物馆
地址：宁夏固原县政府街西城路 14 号
邮编：756000
电话：0954－2032751

124 新疆维吾尔自治区博物馆
地址：乌鲁木齐市西北路 132 号
邮编：830000
电话：0991－4533561

126 伊犁哈萨克自治州博物馆
地址：新疆伊犁哈萨克自治州文物保护管理所
邮编：835000
电话：0999－8328935

128 大邑刘氏庄园博物馆
地址：四川省成都市大邑县安仁镇
邮编：611331
电话：028－88315113

革命纪念馆

130 中国人民革命军事博物馆
地址：北京市海淀区复兴路 9 号
邮编：100038
电话：010－66866456

132 鸦片战争博物馆
地址：广东省东莞市虎门镇解放路 88 号
邮编：511761
电话：0769－5512065

目录

206 首都师范大学历史博物馆
地址：北京市海淀区西三环北路105号
邮编：100037
电话：010-68901549

210 武汉大学近现代建筑群
地址：湖北省武汉武昌珞珈山武汉大学
邮编：430072
电话：027-87682804

212 武汉大学文物陈列馆
地址：湖北省武汉武昌珞珈山武汉大学
邮编：430072
电话：027-87682804

214 河北大学博物馆
地址：河北省保定市五四东路88号
邮编：071002
电话：0312-5079675

218 南开大学博物馆
地址：天津市南开区南开大学
邮编：300071
电话：022-23502401

220 厦门大学人类博物馆
地址：福建省厦门市厦门大学
邮编：361005
电话：0592-2182878

222 岳麓书院
地址：湖南省长沙市岳麓山湖南大学岳麓书院
邮编：410082
电话：0731-8821917

224 上海师范大学博物馆
地址：上海市桂林路100号
邮编：200234
电话：021-64322881

226 内蒙古师范大学博物馆
地址：呼和浩特赛罕区昭乌达路295号
邮编：010022
电话：0471-4393026

228 山东大学博物馆
地址：山东省济南市文化西路44号
邮编：250000
电话：0531-8382733

230 北京航空馆
地址：北京市海淀区学院路37号
邮编：100083
电话：010-82317513

232 西安航空馆
地址：陕西省西安市友谊西路127号
邮编：710002
电话：029-8495914

236 南京航空航天博物馆
地址：南京航空航天大学
邮编：210016
电话：025-84891322

238 上海交通大学校史博物馆董浩云航运博物馆
地址：上海市华山路1954号
邮编：200030
电话：021-62933035

240 北京大学地质数字博物馆
地址：北京市海淀区北京大学
邮编：100871
电话：010-62754154

242 成都理工大学博物馆
地址：四川省成都理工大学
邮编：610000
电话：028-84078990

244 吉林大学博物馆
地址：吉林省长春西民主大街6号
邮编：130026
电话：0431-8502245

246 海南师院生物多样性博物馆
地址：海南省海口市龙昆南路99号
邮编：571158
电话：0898-65890250

248 西北农林科技大学农业科技博览园
地址：陕西省杨凌西北农林科技大学
邮编：712100
电话：029-7092509

文化艺术馆

252 中国美术馆
地址：北京市五四大街1号
邮编：100010
电话：010-64017076

254 上海美术馆
地址：上海市南京西路325号(人民广场站)
邮编：200003
电话：021-63272829

256 广东美术馆
地址：广东省广州市二沙岛烟雨路38号
邮编：510105
电话：020-87351468

258 辽宁美术馆
地址：辽宁省沈阳市和平区彩塔街38号
邮编：110003
电话：024-23892496

260 重庆美术馆
地址：重庆市九龙坡区黄桷坪
邮编：518026
电话：023-68505250 86181175

262 何香凝美术馆
地址：广东省深圳市华侨城
邮编：518026
电话：0755-26918118 26605299

264 关山月美术馆
地址：广东省深圳市福田区红荔路6026号
邮编：518026
电话：0755-83063172 83063110

266 刘海粟美术馆
地址：上海市虹桥路1660号
邮编：200336
电话：021-62701018 62701015

268 中国工艺美术馆
地址：北京市复兴门内大街101号
邮编：100031
电话：010-6012024 66053476

270 中国紫檀博物馆
地址：北京市朝阳区兴隆西街9号
邮编：100025
电话：010-85767319

272 北京民俗博物馆
地址：北京朝阳门外大街141号东岳庙
邮编：100020
电话：010-65514148

274 河北省民俗博物馆
地址：河北省石家庄市育才街181号
邮编：050020
电话：0311-6571998 5814700

276 广东民间工艺博物馆
地址：广东省广州市中山七路陈家祠
邮编：510170
电话：020-81814559

278 南京市民俗博物馆
地址：江苏省南京市南捕厅19号
邮编：210001
电话：025-86628704

目录

MUSEUM OF SOCIAL INTEGRATION
社会综合馆

千年古韵 世纪华章

中國國家博物館

中国国家博物馆于 2003 年 2 月 28 日正式挂牌成立。

中国国家博物馆位于天安门广场东侧，是在中国历史博物馆和中国革命博物馆的基础上组建的。中国历史博物馆的前身为 1912 年 7 月 9 日成立的"国立历史博物馆筹备处"。1949 年 10 月 1 日，更名为"国立北京历史博物馆"，隶属中央人民政府文化部。中国革命博物馆的前身为 1950 年 3 月成立的国立革命博物馆筹备处。1960 年正式命名为中国革命博物馆。1958 年 8 月，中共中央北戴河会议决定筹建中国历史博物馆和中国革命博物馆。1959 年 8 月，位于天安门广场东侧的两馆大楼落成，同

开国大典时毛泽东升起的中华人民共和国第一面国旗
1949 年 10 月 1 日
宽 338cm　长 460cm
旗面由五幅红绸拼成，五星为黄缎，大星一角有拼接，轧制。

清宣统皇帝溥仪退位诏书
清宣统三年十二月二十五日（1912 年 2 月 12 日）
长 21.5cm　宽 53cm　纸质　毛笔写

中国国家博物馆外景

年10月1日，开始接待观众。

2003年1月，国家主席江泽民为中国国家博物馆题写了馆名。2003年2月，国务院批准国家博物馆改扩建工程正式立项。扩建后国家博物馆规模将从现有的6.5万平方米扩大到18万平方米，于2007年底建成。

中国国家博物馆主要职能为收藏与保护重要文物，开展高水平的历史学、博物馆学与文物、考古研究，举办多种国内与国际文物与艺术品展览。现收藏有古代文物45万件，近现代文物15万件，其中包括一大批脍炙人口的国之重器，是中国历史教科书必选例证。

中国国家博物馆将通过丰富的馆藏文物，采用现代化手段，全面、系统地展现中华民族的辉煌历程，展现我们这一统一的多民族国家发展壮大的历史，展现近现代中国革命、建设和改革开放的伟大成就，大力弘扬和培育民族精神，为满足人民群众的精神文化需求，提高全民族思想道德素质和科学文化素质做出自己的贡献。

中国国家博物馆拥有许多蜚声海外的学者，还有一大批

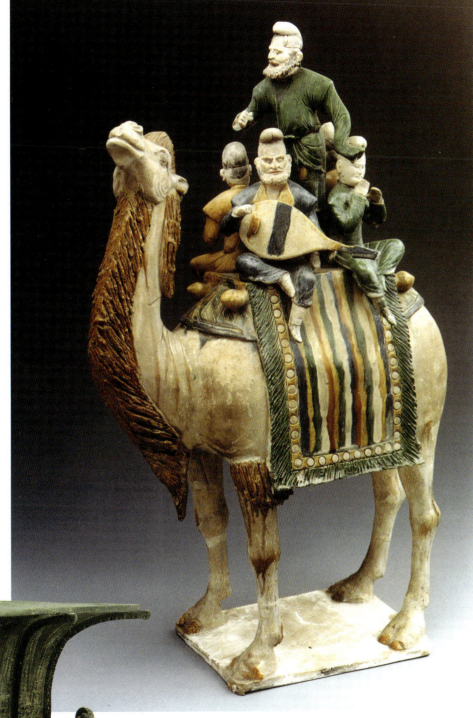

馆藏珍宝 三彩骆驼载乐俑 唐开元十一年（公元723年）高58.4cm 长43.4cm 陕西西安鲜于庭海墓出土

从事历史学、考古学、博物馆学、文物科技保护研究的中青年学者活跃在学术领域中。

中国国家博物馆建成后，必将成为位于首都中心的一个集教育、观赏、审美各种职能于一体，能为公众提供高水平精神享受的、环境优美高雅的文化中心和公众终生教育的课堂，成为2008年北京市举办奥运会时"人文奥运"的一个新的亮点。

馆藏珍宝 四羊铜尊 商 高58.6cm 上口最大径44.4cm 湖南宁乡市出土

撰文：李向平

古都文明 国际水准
首都博物馆

首博原址——北京孔庙

青花凤首扁壶 元

首都博物馆是北京地区大型综合性博物馆，于1981年10月正式对外开放，位于国子监孔庙内，环境幽雅。

自20世纪50年代筹备之初，首博就已开始征集和收藏历史文物，迄今首博开馆20多年以来，在社会各界的大力支持和首博业务人员的共同努力之下，收集了20余万件藏品，门类众多，包括石器、青铜器、玉器、陶瓷器、漆木器、金银饰品、竹木牙角器、书画、钱币、碑刻、服饰、文房四宝、民俗、近现代文物等。北京曾为古代方国都城、北方重镇、五朝古都，有深厚的历史文化积淀，因而首博藏品近一半为新中国成立55年来正式清理、发掘的出土文物，如平谷刘家河商墓出土的成套青铜礼器，房山琉璃河西周燕国墓地出土的一批带有燕侯铭文的青铜器，著名的伯矩鬲就出土于此地；元大都遗址出土了一批元青花精品，如青花凤首扁壶，青白釉观音；新街口清代黑舍里墓出土的明成化斗彩葡萄杯等。首博征集的传世文物也是异彩纷呈，作为经典藏品的书画，从晋唐写本、宋元名家手迹到清代各流派画家作品，如黄庭坚《草书梅花三咏》、朱耷《松岗亭子图》轴等。佛教造像包括藏传和汉传两个系列，包含了各个时期不同艺术风格的精品。

二十多年来，在丰富藏品的基础上首博共推出了400余个展览，内容涉及历史、文化、艺术等诸多领域。如《北京历史文物陈列》、《元大都历史陈列》、《老北京春节民俗展》、《馆藏历代陶瓷、书画真伪辨识展》、《北京历史文化展》等。作为北京对外文化交流的重要窗口，首博还在海外近20个国家和地区多方位地展示了北京文化的风采。

伯矩鬲　西周

金臂钏　商

白玉子刚款杯　明

社会综合馆

5

新馆建筑方案——日景

新馆建筑方案——夜景

令人瞩目的首博新馆是北京市政府投资兴建的面向21世纪的大型现代化文化设施，坐落于西长安街延长线、白云路的西侧，占地面积2.48万平方米，总建筑面积6万平方米，建筑高度40米，地上五层，地下二层，是新世纪北京市标志性建筑之一。新馆的设计强调了"以人为本、以文物为本"的思想，使文物收藏、展览、修复、研究、教育、交流融为一体。首博新馆内设：基本陈列、专题展览、临时展览、文物库房、社会教育区、业务科研区、行政办公区、综合服务区及地下车库等。首博新馆将于2004年开始布展，2005年具备开放条件。届时，首博新馆将以完善的功能，先进的设施，跻身于国际先进、国内一流的现代化博物馆行列。

中央大厅

中央大厅

7

燕赵溯古　源远流长
河北省博物馆

《神秘王国——战国中山国》陈列展厅

《金缕玉衣的故乡——满城汉墓》陈列展厅

河北省博物馆坐落在石家庄市中山东路，建筑巍峨壮丽，总面积20028平方米，共有18个展示大厅。

上溯历史，1953年河北省博物馆在保定市古莲池宣告成立。1981年迁至石家庄，1986年与省展览馆合并，成为河北省唯一的省级综合性博物馆。50多年来，经过一代代博物馆人的拼搏奋斗，今天的河北省博物馆已成为河北省收藏古代、近现代历史文物和标本，进行科学研究，举办各类展览，向人民群众进行历史唯物主义、革命传统和爱国主义教育的文化殿堂。1994年被河北省委、省政府命名为"河北省爱国主义教育基地"，2001年公布为省级文物保护单位，同年被中宣部公布为第二批"百个爱国主义教育基地"。

该馆现有馆藏文物、标本15万件，其中一级品321件（包括国宝级文物6件），常年陈列《古代河北》、《近代河北》、《当代河北》、《神秘王国——战国中山国》、《金缕玉衣——满城汉墓》、《书画艺术》展览，向世人展示数千年来的燕赵文明，宣传改革开放以来河北大地现代化建设的辉煌成就。其中《战国中山国》、《满城汉墓》分别被评为1997年、1999年全国十大陈列展览精品。

河北是中国古陶发源地和重要产地，馆藏有唐宋时期河北四大瓷窑——邢窑、定窑、磁州窑和井陉窑瓷器以及元代瓷器精品。还有佛教盛行时期，曲阳修德寺出土的2000余件汉白玉佛教造像，为目前国内出土量最多、年代久远的一批佛教造像。另有馆藏书画约2000件，主要是明清两代政治家和艺术家的作品。如明代著名诤臣杨继盛、东林党人赵南星、清初理学家孙奇逢、清康熙名臣魏象枢、魏裔介等。另外还有文徵明、朱耷、郑板桥、徐悲鸿、齐白石等精品之作。

近现代文物藏品有鸦片战争后外国教会入侵中国时，在献县张庄天主教总堂遗留的原始资料；义和团运动首领景廷宾在"扫清灭洋"运动中使用的马鞍；抗日战争时期，人民音乐家张寒晖创作的救亡歌曲《松花江上》手稿；回民支队司令员马本斋使用的指挥刀；新中国成立中国人民银行第一版人民币印钞石版等。

目前，河北省博物馆在职职工100人，本科以上学历35人、专科学历25人，其中高级职称18人、中初级职称39人。十几年来，该馆科研人员发表了数百篇学术论文，先后出版了《河北省文物精品集》、《留法勤工俭学运动》、《战国中山国史话》、《中山靖王与满城汉墓》等十几部专著。

今天的河北省博物馆已进入世界百家博物馆之列，成为河北省重要的开放窗口。

长信宫灯 西汉 通高48cm

白玉菩萨立像 唐
残高158cm

白玉双龙高纽谷纹璧 西汉
高25.9cm

青花开光镂雕红蓝釉花卉大罐 元
高42.3cm

错金博山炉 西汉
高26cm

摄影：张慧

9

荟萃历史文物 尽展邯郸风采
邯郸市博物馆

中央大厅

赵文化陈列展厅

茹茹公主墓陈列展厅

磁州窑陈列展厅

邯郸市博物馆为原建于1968年的"毛泽东思想胜利万岁邯郸展览馆",现为河北省文物保护单位、爱国主义教育基地和重点博物馆。占地1.8万平方米,建筑面积1.1万平方米,内设大小展厅20个。

馆内布置有《磁山文化》、《赵文化》、《茹茹公主墓》、《磁州窑》、《邯郸百年》、《城市规划建设成就》六大专题陈列。其中《磁州窑》陈列荣获第五届全国"十大精品"陈列。中央大厅布置有《磁山之光》、《胡服骑射》、《建安风骨》三幅大型锻铜壁画(210平方米)和一组青铜马群雕,充分反映了邯郸历史文化的闪光点。

邯郸市博物馆装备有先进的高、低压变配电系统、中央空调系统、消防系统和防盗、防火自动监控系统,确保了文物藏品安全,为文物展出和观众参观提供了良好的环境,成为邯郸市对外开放的重要窗口和河北省重要的爱国主义教育基地。

博物馆外景

撰文:天鹰 摄影:李付山

渤海之滨现代建筑 文化科技有机融合
天津博物馆

2004年春季，天津博物馆正式对外开放。

天津博物馆为天津市历史博物馆、天津艺术博物馆合并另址新建。新馆2000年开工，坐落于天津市河西区友谊路以东，占地面积4.7万平方米，总建筑面积3.5万平方米，总投资3.4亿元。建筑总高度为34米、三层建筑。造型设计为展翅高飞的白天鹅，借鉴天鹅自然合理的骨架结构，通过天鹅翼部大跨度网壳体结构，实现了用最少的材料，建造最大的使用空间的思想。网壳的直径为200米，可容纳1.2万人。

天津博物馆集文物收藏、保护、研究、教育及休闲、旅游于一体，是一座囊括天津历史、民间艺术品陈列及其他馆藏文物等众多内容的综合性博物馆，设计收藏能力为20万件藏品。

天津博物馆以"中华百年看天津"为主线布置陈列内容，以天津近代史为陈列重点，浓缩了天津近代文化特色。建成后，馆藏文物共15万件，新馆将举办不定期的轮番展览，以前很多"藏在深宫人未识"的珍品，将呈现在人们的眼前。

天津博物馆在设计中借助科技手段，最大限度地挖掘出有利收藏与展示的功能，作为天津历史陈列部分的大型远眺展览室，室内四周的隔墙全部可以电动移动，根据需要随意组合，增强展览功能；大空间无柱展室可安置大体积展品；屋顶高度错落有致烘托视觉效果；负荷重量设计可确保分量沉重展品的安全；展室与外壁分离，避免文物、展品受损。除此之外，博物馆完全采用可有效抑制噪音的钢筋混凝土结构，从而创造出安静的观展氛围。

新建的天津博物馆十分强调文物安全和人性化设计，体现文化底蕴与先进高科技的有机融合。2004年春季，天津博物馆正式对外开放。

楚王铜鼎 战国

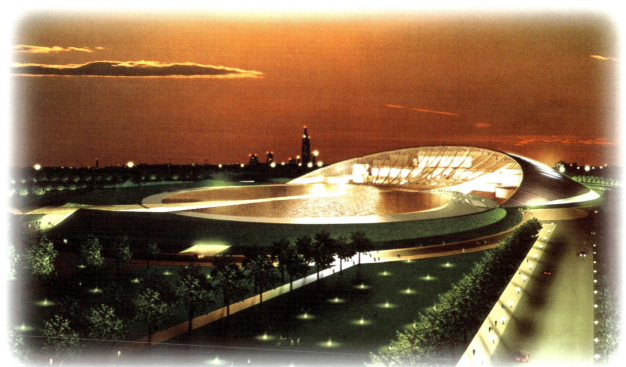

天津博物馆

盛世华庭

山西省博物馆

山西历史悠久，人文荟萃，是华夏文明发祥地之一，具有厚重悠远的文化和丰富的历史文化遗址，为进一步保护文物，传承文明，山西省委、省政府决定建设山西省博物馆。山西省博物馆建设总投资31656万元，于2001年8月10日开工建设，至2004年竣工面向社会开馆。

新的山西省博物馆坐落于汾河之畔，为滨河文化景区的主要景观之一，总建设面积50120平方米，由主馆和四个辅楼组成一个雄浑大气的建筑群体，主馆造型"如斗似鼎"，既体现了"如鸟斯革，如翚斯飞"的传统建筑的审美取向，又喻示着丰收、发展、安定、祥和的美好追求。整个建设群体跌宕起伏，舒展大方，充分体现了大气雄浑的黄河文化的传统个性和浓郁的地方特色，又比较合理地实现了跨世纪重点工程的标志性和创新性。

主馆共四层，展厅面积1万平方米，馆内的大型基本陈列以《晋魂》为主题，分14个展厅和陈列主题，其中历史文化专题是《文明摇篮》、《华夏踪迹》、《晋国霸主》、《民族融炉》、《圣地佛光》、《戏曲故乡》、《晋商雄风》，艺术专题是《翰墨丹青》、《土木华章》、《山川精英》、《瓷苑艺葩》、《方圆世界》，另有一个《互动天地》展厅。四个辅楼分别为办公楼、文研楼、临展厅、报告厅，新馆充分发挥了博物馆科研、展示、保护等功能。

汾河之畔的这一盛世华庭，必将激发三晋儿女在新的世纪努力拼搏，实现三晋腾飞的蓬勃豪情。

龙形觥 商 通长43cm 宽13.4cm 高19cm

即将落成的山西省博物馆

松江文化 耀眼光芒
黑龙江省博物馆

黑龙江省博物馆主楼

　　黑龙江省博物馆始创于1923年，最初名为"东省文物研究会陈列所"，此后几经更名，直到1954年才定名为黑龙江省博物馆，1962年郭沫若同志题写馆名。馆舍主楼为欧洲巴洛克式建筑，位于哈尔滨市红军街64号，是哈尔滨市一类保护建筑物。

　　黑龙江省博物馆是集文物标本收藏、科学研究、陈列展览、宣传教育等多功能于一体的省级综合性博物馆。现有各类藏品11万余件，其中历史文物、艺术品3万余件，动、植物和矿物标本8万余件。《黑龙江历史文物陈列》展示了黑龙江地区自旧石器时代晚期至元明清时期的人类历史与文化，所陈列的展品大部分是黑龙江地区出土的典型文物和历代珍贵的传世品；《自然陈列》中颇具特色的展品有黑龙江嘉荫龙骨山出土的距今6500万年白垩纪晚期平头鸭嘴龙和距今2万年第四纪披毛犀、猛犸象三具大型化石骨架，以及鱼、两栖、爬行、鸟、哺乳类等现代动物标本。2003年推出的《黑龙江省博物馆——海洋世界》展览，扩充了《自然陈列》内容，增强了博物馆的科普教育功能；《邓散木艺术陈列》荟萃了我国当代著名书法、篆刻艺术家邓散木先生的著作、印章、书法、绘画及印谱等作品。

　　黑龙江省博物馆除常设基本陈列外，还不定期地举办从国内外引进的各种精品专题展览，并多次赴国外及国内各地区举办巡回展览。每年接待数以万计的国内外观众，是展示黑龙江省历史文化和自然资源的重要窗口。

铜座龙　金　通高20.3cm　宽16.5cm
金代上京会宁府遗址出土

社会综合馆

民族文物 藏宝重地

内蒙古自治区博物馆

《内蒙古民族文物陈列》大厅

内蒙古自治区博物馆坐落在呼和浩特市中心,成立于1957年,是全区唯一的省区级综合性博物馆,也是全国少数民族地区建成最早的博物馆。全馆建筑面积1.5万余平方米,展厅面积7000平方米。内蒙古自治区博物馆经过四十多年的不懈努力,馆藏文物标本已达到10万余件套,分为古生物化石标本、历史文物、民族文物、近现代文物四大类,并且各自形成体系。其中古生物化石标本1万余件,以时代全、门类多为世界瞩目;历史文物6万余件套,以中国古代北方游牧民族文物为

突出特色;民族文物1万余件套,其中蒙古族文物位居全国之首;近现代文物2万余件套,尤以革命文物最为丰富。内蒙古自治区博物馆既是内蒙古地区文物和标本的主要收藏机构,也是自治区重要的文化教育参观场所,还是博物馆学、考古学、历史学、民族学、古生物学等学科的学术研究机构。研究成果主要体现在陈列中,许多学术论文发表在区内外学术刊物上,并先后出版了多种大型文物图录丛书和学术专著。

内蒙古自治区博物馆作为少数民族地区综合性博物馆,文物藏品具有浓郁的地区特点和民族特色。以丰富的藏品

《内蒙古古生物化石陈列》大厅

为依托举办的《内蒙古古生物化石陈列》，荟萃了内蒙古化石标本珍品，从25亿年到1万年前，形成了完整的线条，基本反映出内蒙古生物进化的全貌，尤以白垩纪恐龙和第四纪哺乳动物化石最为著名。《内蒙古历史文物陈列》时间跨度从距今70万年前的"大窑文化"至明清为止，反映北方草原人文历史的兴衰演替，其中以东胡、匈奴、乌桓、鲜卑、契丹、党项、女真、蒙古等古代北方游牧民族文物最为引人注目。《内蒙古民族文物陈列》集中反映了近现代内蒙古地区蒙古族、达斡尔族、鄂伦春族和鄂温克族人民创造的独具特色的民族民俗文化。《内蒙古革命文物陈列》反映了内蒙古各族人民在中国共产党领导下，前赴后继、浴血奋斗、可歌可泣的革命斗争历程。四个基本陈列时代脉络清晰、地区特点和民族特色鲜明，得到国内外同行的好评，也受到广大观众的热烈欢迎。

改革开放以来，特别是90年代以后，内蒙古自治区博物馆努力发挥文物藏品地区特点和民族特色优势，实施"文物精品展览战略"，组织文物精品展览投向国际和国内文化市场。特别是把以恐龙为主题的古生物展览和以成吉思汗为主题的北方游牧民族文化展览进行精心构思，先后筹办了《中国内蒙古大恐龙展》、《中国内蒙古成吉思汗故乡历史文物展》、《中国北方骑马民族文物展》等十几个展览，连续39次在美国、日本、加拿大、新

西兰、法国、西班牙等国家及香港、澳门、台湾等地区展出，引起强烈反响，观众达千余万人次，从而让世界更加了解内蒙古，也使内蒙古走向世界。

新世纪新时期，内蒙古自治区博物馆正以更饱满的热情，为创造更加美好的未来，为祖国文博事业的发展贡献力量。

《内蒙古历史文物陈列》大厅雕塑

《内蒙古革命文物陈列》大厅

呼和浩特博物馆（公主府）地处呼和浩特市西北，南与旅游名胜昭君墓相对，北与风景秀丽的乌素图召毗邻，东南遥望辽丰州白塔，是从呼和浩特出发去往希拉穆仁草原、葛根塔拉草原、乌素图国家森林公园、美岱召、五当召等旅游景点的必经之处，地理位置优越，文化底蕴深厚，是草原旅游热线上的一个重要的历史人文景点。

塞外明珠
呼和浩特博物馆

　　呼和浩特博物馆创建于1990年，位于呼和浩特市新城区赛罕路公主府11号，是清圣祖玄烨第六女固伦格靖公主下嫁喀尔喀蒙古谢图汗察珲多尔济之孙亲王敦多布多尔济之后居住的府邸，俗称"公主府"。公主府建于康熙年间，距今已有三百多年的历史，是塞外迄今保存最为完整的一座清代早期王府建筑群组，现为全国重点文物保护单位。

　　公主府占地面积1.8万平方米，现存古建房舍69间，建筑占地面积4800平方米。其建筑格局以轴线对称，构成通深四进五重院落。位于中轴线上的主体建筑有影壁、府门、前殿（俗称轿厅）、正殿（静宜堂，亦称议事厅）、垂花门、寝殿、禁卫房，纵北依次排列。轴线东西两则各辅以配殿、厢房、耳房，布局均衡和谐。府门前影壁高耸、石狮雄踞，森严而肃穆；府门内殿堂雄伟，高脊重吻，庄严而隆重；前后檐廊，内外隔墙，日月门洞，设计精巧；曲径通幽，古树参天，营造出皇族府邸独具一格的雍容大度、尊贵典雅的景观氛围。

　　呼和浩特博物馆在1992年正式对外开放，收藏展出了具有地区民族特色的历史、民族民俗文物。其中大型陈列展览《历史文化名城呼和浩特》，展示了呼和浩特地区从战国明清时期历代古城的建置、沿革，以及当时当地军事、经济、文化诸方面的社会状况，展出文物500余件。《呼和浩特地区土默特蒙古族历史民俗》、《呼和浩特地区满族历史民俗》、《呼和浩特地区回族历史民俗》则以600余件民族民俗生产、生活用品及相关文物，集中反映了呼和浩特地区蒙、满、回三个少数民族的历史发展演变过程和生产、生活状况、宗教信仰、风俗习惯等，以及经济、文化方面的相互渗透和共同为呼和浩特地区的开发、建设所做出的贡献。《呼和浩特大召经堂壁画真迹》是呼和浩特博物馆富有特色的馆藏，1984年抢救性揭取于大召经堂东西墙体，现存壁画72块，33平方米，按内容可组合成为62幅较为完整的画面，具有较高的艺术价值和科学研究价值。

鎏金铜马镫 唐 高24.5cm 宽13cm

罗马金币 北魏
直径1.2cm 重2.3克

中统元宝交钞 元
长16.3cm 宽9.2cm

双羊五轮金饰牌 北魏 长9.5cm 宽7cm

内蒙古包头博物馆

内蒙古包头博物馆坐落在包头市中心阿尔丁广场东南侧，总面积1.6万平方米，其中展厅7600平方米，是一座立足包头、涵盖内蒙古西部地区的综合性大型博物馆。它以精良优美的陈列展览为包头人民提供了一处高雅、健康、文明、科学的休闲、娱乐、求知的文化场所。博物馆分设《包头地方史文物陈列》、《内蒙古古代岩画陈列》、《藏传佛教——唐卡艺术陈列》和《稀土之乡陈列》等展览，向人们展示了包头久远博大的历史文化和奇珍异宝，展示了包头得天独厚的山川地貌和富甲天下的自然资源。其中《内蒙古古代岩画陈列》展示了内蒙古中西部地区新石器时期至元代的岩画精品，荣获"1999年度全国文物十大陈列精品"和"内蒙古自治区50年博物馆十大陈列精品"奖项。

《内蒙古古代岩画》馆展览大厅

为了让内蒙古包头博物馆有广阔的发展空间，能够更充分的展示包头地区的文化风貌，更好地为包头经济建设和精神文明建设服务。2002年，包头市委、市政府决定新建一个规模更大、功能更全、设施更完善的博物馆，目前正在兴建中。新博物馆位于包头市美丽的友谊广场东侧，占地面积3.48万平方米，建筑面积2.3万平方米，工程投资6000余万元人民币。该馆以"草原上的巨石、巨石上的文化"为主题，深刻地反映包头几千年来丰厚的文化底蕴和远古文明。其设计造型新颖独特，极具创意。新馆落成后将成为包头市的标志性建筑，为该市增添一道亮丽的风景线，为包头的腾飞发挥更大的作用。

黄釉陶尊　汉

青花瓷罐　元

内蒙古包头博物馆

岩画：牦牛

岩画：围猎

新中国首座博物馆

辽宁省博物馆

辽宁省博物馆外景

青瓷摩羯形水盂 五代

辽宁省博物馆是著名的大型历史艺术博物馆，前身为1949年7月7日开馆的东北博物馆，为新中国第一座博物馆，1959年更名为辽宁省博物馆。

辽宁省博物馆建馆历史悠久，藏品基础雄厚，藏品总量多达11.2万件，藏品特色鲜明，有以唐武则天时期摹写的书圣王羲之家族书法作品《万岁通天帖》、唐代大画家周昉《簪花仕女图》为代表的末代皇帝溥仪携往东北的清宫收藏书画珍品；有爱国将领张学良收藏的闻名海内外的宋元明清缂丝、刺绣精品；有代表辽宁地方文化特色的阜新查海遗址、朝阳牛河梁红山文化遗址、绥中秦汉碣石宫遗址等出土的珍贵文物；有独具特色的北方匈奴、鲜卑、高句丽、契丹、满族文物精品。辽宁省博物馆以其丰富而独具特色的馆藏，跻身于全国八大馆之列。建馆50余年来，辽宁省博物馆在文物的收藏、保护、展览、研究、对外文化交流等方面卓有成效，在海内外享有很高的声誉。

辽宁省博物馆新馆位于沈阳市政府广场东南侧，与市政府办公大楼隔广场相望，是辽宁省"九五"期间文化设施建设的重点项目，总建筑面积28933平方米，展览面积16344平方米，共有封闭式展厅13个，此外包括具有同声传译设备的大型学术报告厅、贵宾观摩室、高科技文物保护中心等，设备先进、功能齐全。

簪花仕女图 唐 周昉

随着新馆的全面开馆，辽宁省博物馆将充分发挥博物馆宣传展示和社会服务功能，努力建成弘扬中华民族优秀历史文化，融会世界人类先进文化的艺术殿堂。

玉猪龙 新石器时代

蟠龙纹盖罍 西周

社会综合馆 华夏文博览胜

21

民族融合的瑰宝 满汉艺术的典范
沈阳故宫博物院

　　沈阳故宫又称盛京皇宫，是中国最后一个封建王朝——清朝的开创者努尔哈赤（1559~1626年）与皇太极（1592~1643年）父子两代人修造和使用的宫殿，始建于1624年，建成于1636年，后经康熙、乾隆皇帝不断增建，共有宫殿和楼台亭阁等建筑100余座，房屋500余间，占地面积近7万平方米，成为清王朝亲手建造的一座古代帝王大型宫殿建筑群，与北京明故宫相比，更具有浓郁的满族风格和中国东北地方特色，是我国民族艺术的瑰宝、满汉建筑艺术融合的典范、中国著名的历史古迹和人文景观。

重要的历史地位

　　沈阳故宫的兴建与满族的崛起有着直接的关系。16世纪末，生活在中国东北山林中的女真人，在其首领努尔哈赤的领导下，开始统一女真各部落的战争。17世纪初，于赫图阿拉建立了"金"（1616~1635年），努尔哈赤自立为汗，其社会组织和军事组织的形式是八旗制度。经过几次与明朝（1368~1644年）的交战，金日益强大，控制了中国东北几个主要城市。几次迁都后，根据战略的需要，于1625年选定沈阳作为都城。在沈阳旧城中心，修建了大政殿和十王亭作为议政之所。1626年努尔哈赤去世，其第四子皇太极继位，建造了由大清门、崇政殿、凤凰楼、清宁宫等组成的大内宫阙。在这座宫殿里，皇太极聚集了雄厚的军事实力和政治力量，于1636年将大金改称为"清"，女真改称为满族。1643年皇太极逝世，由其第九子福临即位。此时清兵已足以与明朝抗衡。1644年八旗军队占领北京，夺取了全国政权。

　　此后这里成为"陪都宫殿"。作为开国创业的先皇圣迹，备受清历代帝王重视。从康熙帝（1654~1722年）起，在一个半世纪里，清代共有4位皇帝10次回到这里，拜谒祖先陵墓，瞻仰先皇旧宫和遗物。为供东巡的皇帝和后妃居住，乾隆帝（1711~1799年）对盛京皇宫进行了多次重建和扩建，并源源不断地从北京运送各类皇家珍宝到这里贮藏，使沈阳故宫成为清代皇家三大贮物宝库之一。

独特的建筑艺术

沈阳故宫的建筑不同于北京故宫，具有鲜明的民族和地区特色。她以生活在中国东北部的满族建筑风格为主，也吸收了蒙、藏、汉等民族的建筑结构和装饰方法，形成了独具魅力、举世无双的建筑风格。

东路是努尔哈赤所建，其大政殿与两侧

崇政殿内景

八字排列的十王亭构成一组开阔的庭院，其帐幄式建筑及其布局，是满族人从狩猎组织发展而来的八旗制度在宫殿建筑上的生动体现，为中国古代宫殿建筑首创。

大政殿是沈阳故宫的标志性建筑，高21米，八角重檐攒尖式木结构，殿身和殿顶由40根排柱支撑。殿身两侧红柱上，两条金龙蜿蜒盘旋，殿檐下有精巧的五彩斗拱、非狮非牛的兽面和别致的木装修。殿内的梵文降龙藻井，反映了藏传佛教的装饰手法，强烈的透视感和穹窿的艺术处理，则使整个建筑空间构成处处显示神秘与庄严。大政殿的建筑艺术和装饰艺术具有极高的历史价值和艺术价值。

中路是皇太极所建的"盛京大内宫阙"，有崇政殿、凤凰楼、清宁宫等，其特点反应了满族传统住宅风俗和民间信仰。

西路及中路东西二宫是乾隆时期增建的行宫，包括供皇帝东巡时办理政务的迪光殿、书房、寝宫、戏台。其清秀典雅的庭院布景，雍容华贵的宫廷陈设，体现了典型的汉民族文化艺术和皇家园林的风格。

珍奇的文物收藏

沈阳故宫博物院建院至今已有78年的历史。随着清王朝的覆灭，1926年经民国政府批准，沈阳故宫被辟为博物馆，是中国著名的

大型宫殿遗址性和历史艺术性博物馆。收藏有大量清宫原藏的宫廷遗物和历史文化珍品，其馆藏珍宝数量和质量在中国博物馆中名列前茅。

如所藏清代书画，从清初的"四王吴恽"到清中期的扬州画派、宫廷绘画、下迄清代后期的"海"派、无所不包。在清代工艺美术文物方面，沈阳故宫所藏以宫廷御用品为主，精品众多。

雕刻类中，清宫所用玉雕、牙雕、水晶雕等多为质料优良的大器件，反应了当时此类工艺的最高水平。其他如竹雕、木雕、角雕等制品，也无不工艺精湛。瓷器是工艺美术中的重要门类，沈阳故宫所藏多为清代康、雍、乾盛世官窑制品。青花、五彩、三彩、斗彩、粉彩、珐琅彩、单色釉、仿古瓷、仿生瓷等无所不备，多属民间难得一见的御用珍品。清代织绣服饰工艺成就，比较集中的体现在皇帝后妃用品上。沈阳故宫所藏清宫服饰种类多样，数量丰富，多出自清代专为宫廷服务的苏、宁、杭"江南三织造"能工巧匠之手。织工、绣技精湛，皇帝的龙袍和后妃的旗袍、旗鞋最引人注目，既代表了高超的工艺水平，又具有鲜明的满族特色。

另外，其他清皇宫御用之物，如清入关前使用的满蒙文信牌、印牌，清代皇帝使用的弓箭、腰刀、马鞍、康熙、乾隆时期用于宫廷典礼的乐器，清宁宫萨满祭祀用具，清历朝帝后玉宝、玉册等等，都具有极高的历史价值。

皇太极腰刀

高雅的陈列展览

沈阳故宫博物院利用丰富的藏品和保存完好的宫殿建筑，开设了30多个陈列室，按历史原貌常年向中外观众展示各类文物3000多件，每年都吸引着数十万中外游客前来观光游览，领略这座塞外汗王宫的独特风采。

频繁的国际交往

从20世纪80年代开始，沈阳故宫的文物珍藏，多次参与国际间的文化交流活动，足迹遍及欧洲、北美和亚洲。1986年参加在加拿大蒙特利尔举办的《中国文明史——华夏瑰宝》展览；1989年在新加坡举办的《清代帝后文物精华展》；在意大利举办的《中国沈阳故宫文苑英华展》；在美国参加的《中国古代天子与艺术展》，均在当地引起极大轰动，被观众称赞为"绝妙、一流"。1992年沈阳故宫《高其佩指头画》到荷兰的阿姆斯特丹展览；1996年《中国皇陵展》在美国的孟菲斯、波特兰大等五个城市艺术馆展出；1999年沈阳故宫在芬兰的《中国末代王朝展》、在日本的《中国明清宫廷妇女文物展》，2000年在韩国的《中国明清皇室文物展》均获得极大成功，在世界各国赢得了广泛的赞誉。

骄人的领导业绩

沈阳故宫博物院院长支运亭，1944年12月28日出生于安徽省蚌埠市。毕业于辽宁大学。致力于中国古代史、古器物学、陈列展示学、博物馆管理学的研究，在明史与清前史研究方面成果颇丰。除任沈阳故宫博物院院长、沈阳故宫博物院学术委员会主任委员、院刊主编，还兼任辽宁省政协委员、沈阳市人大代表。在社会上兼有紫禁城学会副会长、中国历史学会清宫史协会常务理事、中国博物馆学会理事、中国《经济快讯》常务顾问、中央民族大学特聘研究员、中国东北三省经济史学会副会长、辽宁博物馆学会副会长、沈阳历史学会副会长、辽

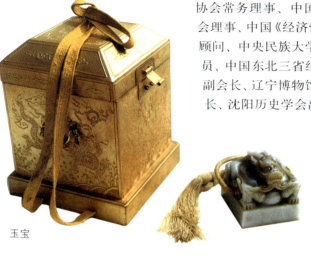

玉宝

宁省社会法学研究会理事、辽宁大学特聘研究员、辽宁省社会科学院特聘研究员、沈阳市文物美术品收藏学会会长。

支运亭任沈阳故宫博物院院长以来，在业务领域、历史研究、科学创造以及对沈阳故宫的管理、建设，保护等诸多方面都取得了重大成果。沈阳故宫博物院在他的领导下被省、市政府授予"特殊贡献奖"、"精神文明单位"、"综合治理先进单位"、"青年文明号"。成为辽宁省文化系统先进单位。

同时支运亭院长仍然孜孜以求，勤奋著书立说。先后撰写、主编了《中国建筑艺术》、《清前历史文化》、《满族历史与文化》、《清宫大政殿》、《清代皇帝一家人》、《中国古代北方人物传》等十多部专著。其中两部被辽宁省社会科学联合会评为著作一等奖。近年来先后8次组织参与召开全国性的学术研讨会，多次赴日本、美国、匈牙利、比

利时、台湾等国家与地区参加学术交流与讲学。他对清早期的民族、民俗问题的研究曾多次被许多学者所引用，因此颇受史学界的肯定。

作为沈阳故宫博物院院长的他，利用自己的研究成果指导着沈阳故宫建设及各项工作。（1）解决了沈阳故宫"八旗"序列方位重大史学课题。（2）恢复了皇太极后宫四妃寝宫的原状，为史学界研究清前史提供可靠的实证，获得了史学界专家、同行的首肯与称道。（3）解决了皇太极嫔妃寝宫"衍庆宫"、"永福宫"门额错挂的重大史学

鹿角椅

课题。（4）科学地考证出大政殿历史上翻修的确切年代。（5）恢复了大政殿、十王亭历史原始地面，解决阅台、左右翼王亭踏垛规制百年来悬而未决的史学难题。（6）力荐政府以沈阳故宫为依托复建沈阳路"盛京古文化一条街"、抚近门和开发沈阳旅游资源。市政府积极采纳了这一建议，于1998年复建成功，从而为沈阳历史文化名城又增添了一道光彩。（7）积极建议政府论证沈阳市发展史，准确确定沈阳市建城年代，为沈阳的可持续发展与增强沈阳文化底蕴，鼓舞沈阳市民的自豪感献计献策。这一建议被沈阳市委、市政府采

凤凰楼

纳并将2000年9月1日定为沈阳建城2300年庆典日。（8）积极筹措资金，先后投资1200余万元对沈阳故宫100多座宫苑建筑500余间全面进行维修，使古老的盛京皇宫恢复当年的历史风貌，成为省市最佳旅游景点之首，被世界一家杂志评为"世界百家博物馆"中名列第15位。（9）创造了古代皇家博物馆独有的陈列展示形式，主持设计了"院藏文物珍品展"、"清宫外国礼品展"两个大型文物展。在辽宁省陈列展示评比中荣获总体设计、内容设计、形式设计等五个一等奖。（10）完成了以沈阳市政府名义主办的"皇家礼仪大游行"为题材的《清太祖国史实录告成庆典》、《皇格格下嫁》、《清太宗出巡》三个皇家礼仪展演活动的主持、策划、编导工作并取得圆满成功。该节目展演两年来有60万人次观看，其中有60多个国家的外宾、许多国家领导都观看了演出，并给予高度评价。现已成为沈阳对外交流的一个文化精品，沈阳市政府授予他"特别贡献奖"。（11）为了保护古建筑彩画，他立项攻关，同业务人员一起研究"古建彩画清污除尘技术"，填补了我国古建筑彩画

信牌

保护的一项空白，被辽宁省评为"科学进步一等奖"并荣获"国家科学进步发明奖"。（12）他利用在国外考察、讲学了解到的环保信息，结合我国城市建设和环保存在的问题，向市政府提出改进电业、电信部门线路架设中的混乱现象，力荐敷设地下暗藏线路，借以消除城市空中线路所造成的视觉污染问题。这一建议被政府采纳，已经成为沈阳十几条新改建道路建设的一大成果。

鸟瞰图

撰稿：周维新

与时俱进 再创辉煌
旅顺博物馆
LUSHON MUSEUM

2001年9月,《双艺合璧——瑞士摄影家朝伊代克镜头中的贾珂梅悌摄影图片展》在旅顺博物馆开幕。

旅顺博物馆是大连市属的历史艺术博物馆,坐落于景色秀美、闻名遐迩的旅顺口。馆舍建筑为近代折中主义风格,造型典雅、气势恢弘,被建设部、国家文物局列为全国近现代优秀保护建筑,也是辽宁省重点文物保护单位。

该馆创建于1917年,馆舍建筑基础原为沙俄侵占旅大时期修建的军官俱乐部,1905年日本殖民统治旅大后于1916年改变原方案建设博物馆,1917年4月初最初定名"关东都督府满蒙物产馆",之后又几易其名。1945年8月苏联红军解放旅顺,博物馆由苏军管理。1951年,苏方将博物馆交还中国政府。1954年4月改称"旅顺博物馆"并沿用至今。旅顺博物馆历经沙俄筑基、日本建馆、苏联暂管和中国政府收回管理等不同阶段,其馆史多变为海内外博物馆所罕见。

1999年,大连市政府对旅顺博物馆实施了总体改造:全面修葺了馆舍,增建了4900平方米的分馆,将其周边环境也进行改扩建,使博物馆园区占地面积扩展到15万平方米,从而成为全国最大的花园式博物馆之一。

典藏文物6万余件,以历代艺术品为主,精品荟萃,品类丰富,包括青铜器、陶瓷器、玉器、漆器、珐琅器、竹木牙雕、书画、碑志、佛教造像和历代货币等20个门类,并以青铜器、书画、新疆文物、大连文物和外国文物最具特色。其中新石器时代的彩绘陶壶,西周时期的小臣宅簋、过伯簋,汉代的嵌贝鎏金铜鹿镇、杜陵扁壶,唐代的佛教绢画、敦煌写经卷、梵文法华经抄本,宋苏轼阳羡帖、元刘秉谦《竹石图》、明文徵明的《老子像》、沈周的《青园图》,清朱耷《松石牡丹图》等均为稀世珍品。外国文物是馆藏的另一大特色,其中公元3世纪至12世纪古代印度犍陀罗石刻为国内独家珍藏。

馆内现有陈列面积5000余平方米,主馆以主题单元的形式常设青铜器、漆器、竹木牙雕、珐琅、陶瓷、玉器、书画、玺印、佛教造像、铜镜、货币和新疆文物(木乃伊)等12个专题陈列;分馆陈列内容为大连古代文明展,日本书画,日本、朝鲜陶瓷艺术,古代印度石刻及外国近代邮票等专题。与此同时,馆内每年还举办各种艺术专题的临时展览,年接待观众达20余万人。

改革开放以来,旅顺博物馆还充分发挥馆藏文物优势,积极开展对外文化合作。近10余年来已先后8次赴日本举办文物展,并与国外学术团体合作研究、编辑出版多部文物图录和研究专集,还引进了日本、俄罗斯、瑞士等有影响的外国艺术品展,丰富了展览内容,促进了中外文化交流,提高了旅顺博物馆国际知名度。

几十年来,博物馆在发展事业的同时,以多种形式努力培养,造就了献身博物馆事业并具有较高素质的专业队伍。馆内现有

旅顺博物馆主馆正面全景

高、中级专业职称17人，大专以上学历27人，占职工总人数的54%。基本形成了老、中、青相结合，知识结构合理的专业队伍，为博物馆的各项业务建设与发展，奠定了人才基础。

多年来，该馆始终坚持"保护为主，抢救第一"的文物工作方针，以抓基础、促建设、求发展、争一流为全馆的中心工作，已连续多年被评为省、市文明单位，并多次荣获辽宁省文化系统先进集体等多项荣誉。继1985年首次荣获国家文物局和人事部联合授予的"全国文物系统先进集体"褒奖后，2002年该馆再次摘桂。多年来，党和政府十分重视和关心旅顺博物馆事业的发展，周恩来、董必武、宋庆龄、李鹏、贾庆林、李长春等党和国家领导人都亲莅视察。1999年8月，江泽民总书记还鉴赏了馆藏书画精品。

新世纪，新发展，新起点。旅顺博物馆正以崭新的面貌，以建设一流博物馆为工作目标，与时俱进，勇攀高峰，努力搞好各项业务建设，为这座具有近百年历史的艺术殿堂，再创新的辉煌！

青花蒜头口绶带扁壶 明永乐

彩绘陶楼 东汉

青铜器精品 过伯簋 西周

社会综合馆

旅顺博物馆主馆正门全景　　旅顺博物馆分馆

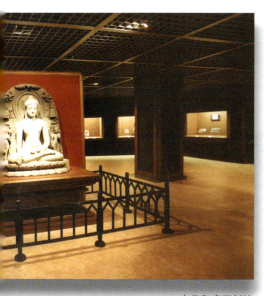

古代印度石刻馆　　陶瓷陈列馆，展示新石器至明清时期具有典型特色的陶瓷工艺品。

撰文：唐红　摄影：刘广堂 张邦义

伪满辱国　警世后人

伪满皇宫博物院

主要建筑——缉熙楼是溥仪及其后妃的寝宫，取名《诗经·大雅·文王》"于缉熙敬至"句。

　　伪满皇宫博物院是建立在伪满洲国皇宫旧址上的宫廷遗址型博物馆，坐落在秀丽的吉林省长春市东北部，是一座与现代风格截然不同的建筑群。它是中国末代皇帝爱新觉罗·溥仪充当伪满洲国傀儡皇帝时的宫廷所在地，并作为日本帝国主义侵略我国东北和溥仪及其后妃"皇家悲剧"的历史见证保留下来，经吉林省政府批准为省级重点文物保护单位。

　　伪满皇宫原占地面积13.7万平方米，西侧为禁卫军营房、跑马场，中部为宫廷主体部分，东部为御用铁路专线。宫廷主体部分分为东西两重大院，并以中和门为界分为内廷和外廷两部分。中和门以北为外廷，是溥仪办公、处理政务、举行典礼和宫廷办事机构的所在地。主要建筑有勤民楼、怀远楼、嘉乐殿、兴运门、宫内府和日本宪兵室；中和门以

伪满"建国神庙"遗址。里面曾供奉日本"天照大神"，1945年8月11日夜溥仪逃跑时被日本关东军烧毁。

东御花园建于1938年，由日本人设计的日式园林。

日本天皇送给
溥仪的七宝烧
菊花大瓶

伪满皇宫代表性建筑——同德殿。
日本关东军专门为溥仪设计、建造
的日本宫殿式建筑，因其瓦当、滴
水上分别刻有"一心"、"一德"字
样而命名，表示伪满与日本"一德
一心"。

南为内廷，是溥仪及其家眷日常生活的区域，主要包括
寝宫缉熙楼、中西膳房、茶房、西御花园、植秀轩、畅
春轩等。东院的主要建筑是1938年日本人给溥仪修建
的"同德殿"。此外还有东御花园、建国神庙、防空洞、
游泳池、书画楼等附属设施。纵观伪满皇宫，主体建筑
风格各异。既有中国传统的四合院，又有欧式楼房，还
有日本式殿阁。它们都充分显示出伪满洲国的殖民特
色和伪满皇帝的傀儡性。

以日本帝国主义侵占我国东北的历史、伪满洲国史、
伪满宫廷史为主要研究内容，依托伪满洲国皇宫遗址。通
过举办《伪满皇宫原状陈列》、《从皇帝到公民——溥仪一
生》、《勿忘"九·一八"》等展览，展示日本帝国主义武
力侵占我国东北，炮制伪满洲国，推行法西斯殖民统治等
罪恶，揭露以溥仪为首的伪满傀儡政权卖国求荣、效忠日
本、奴役残害东北人民的罪行以及被扭曲的宫廷生活等，
进而对广大群众特别是青少年进行近现代史教育和爱国
主义教育。

溥仪的私人武装——禁卫军营房。现为古玩艺术品交流中心。

该馆经过三年的修复，目前西御花园、禁卫军营房等
已恢复原貌，还依托禁卫军营区增加了古玩艺术品交流
中心等旅游服务功能。到2004年，伪满皇宫博物院将成
为东北沦陷史和伪满洲国史的研究中心、伪满时期文物
资料收藏和展示中心、优秀爱国主义教育基地和独具特
色的旅游基地。

溥仪的御用防空洞

西御花园一角

摄影：张立宪 赵继敏

历史文化艺术圣殿

上海博物馆

全新的上海博物馆外景

馆内三大展厅不定期举办各类展览

第一展厅

1999年6月大英博物馆馆藏古埃及艺术珍品展

第二展厅

1998年2月意大利美第奇家族藏品展

第三展厅

1997年5月澳大利亚现代金属器皿展

　　上海博物馆是一座大型的中国古代艺术博物馆。馆藏珍品12万件，包括青铜器、陶瓷器、书法、绘画、玉牙器、竹木漆器、甲骨、玺印、少数民族工艺等21个门类，其中尤以青铜器、陶瓷器、书法绘画为特色。藏品之丰富、质量之精湛，在国内外享有盛誉。

　　上海博物馆创建于1952年，几十年来，上海博物馆由小到大，无论是文物征集、保护、研究，还是陈列展览、宣传教育、文化交流等方面都得到了很大发展。随着改革开放的深入和社会主义精神文明建设的需要，上海市政府作出了高瞻远瞩的决策，在市中心人民广场，建造全新的上海博物馆。

　　上海博物馆新馆1993年开工，1996年全部建成开放。建筑面积39200平方米，主体建筑高29.5米，设计风格独特，在世界博物馆之林独领风骚。新的上海博物馆设有11个专馆，3个展览厅。3个展览厅不定期地和海内外博物馆及文物收藏机构联合举办各类展览。2003年始，该馆免费向中小学生开放，这一举措走在了全国博物馆的前列，使博物馆真正成为传承中华历史文明，进行爱国主义教育的基地。

　　上海博物馆是一座拥有一批文物鉴定、保护、陈列和考古的高级研究专家；有120多种学术性出版物，艺术、历史类藏书20多万册的现代化图书馆。上海博物馆还拥有获得多项国家科技成果奖的文物保护与考古科学实验室，知名于海内外的书画装裱和青铜、陶瓷等文物修复研究室和具有同声传译设施的多功能国际学术会议讲演厅。

　　作为上海的标志性文化设施，上海市博物馆每天都吸引着无数参观者。沿着石阶进入博物馆的时候，所面对的不仅仅是石料和金属的组合，更有光与影的交汇、时间与空间的嬗变、历史与未来的交融，人们领略到推开历史文化之门的沉重，感受到畅游五千年文明的喜悦。

善本书

图书馆书库

社会综合馆 传播文博知识

博物馆免费向中小学生开放后，中学生文博夏令营的营员
们在聆听讲解。

馆藏《中华瑰宝》在新西兰展出。

大克鼎 西周中期（潘达于女士捐赠）

见证上海发展历史　荟萃都市文化风情
上海市历史博物馆

原虹桥路展馆序厅

近代上海商业展厅

近代上海服饰演变

　　上海是中国博物馆事业的发源地，但解放后才拥有了真正意义上的历史博物馆。该馆自1952年由上海市文化局筹建上海地志博物馆时起，1954年11月定名为上海历史与建设博物馆，后因故撤销建制。1984年5月27日，上海历史文物陈列馆租借上海农业展览馆第五馆作为临时馆舍对外开放。1991年7月，上海历史文物陈列馆更名为上海市历史博物馆，次年迁入虹桥路新馆舍。

　　1994年10月，上海市历史博物馆的基本陈列——《近代上海城市发展历史陈列》正式对外开放。陈列共分六大部分，展出文物、文献、照片1500余件，并配以声、光、电及多媒体装置等先进的展示手段，内容涵盖近代租界的盛衰兴亡、市政面貌的日趋改善、经济金融的飞速崛起、都市文化的日益繁荣、移民社会的独特风情以及政治舞台的风云变幻。1997年，该陈列被国家文物局评为全国文博系统首届"十大陈列展览精品"之一。现在，这一陈列已移至东方明珠电视塔内，充实调整后继续

历年来出版的部分著作

交通工具与市政发展

汇丰银行门前铜狮

向公众开放。建馆以来，还先后举办了《新四军暨华中革命根据地文物文献展》、《孙中山在上海文物展览》、《春节风俗展》、《近代上海服饰大观》、《红军不怕远征难——纪念中国工农红军长征胜利60周年图片展》、《上海历史货币汇展》、《民间音乐藏品展》、《中华体育百年回顾展》、《上海历史油画展》等一系列临时展览，获得了社会的好评。

上海市历史博物馆珍藏着有关上海历史的文物、文献和照片近3万件，其中明代韩希孟顾绣《花卉虫鱼册》、近代陈化成抗英遗物——振远将军铜炮、太平天国大花钱、孙中山当选临时大总统选单、英商汇丰银行门前铜质对狮、物华号百子大礼轿、百年老店鸿运楼黑底金字招牌等，都是极具特色的上海地方历史文物。历年来，上海市历史博物馆利用馆藏，编辑出版了《文物荟萃》、《上海百年掠影》、《海上风情（1840～1990年）》、《老上海货币》、《20世纪初的中国印象》、《走在历史的记忆里——南京路1840～1950年》、《上海市历史博物馆馆刊》等书籍，为上海史研究提供了重要的资料。同时，博物馆还承担着国家人文社会科学重点课题研究。

作为正在走向世界的国际性大都市，上海需要向世界展现其丰厚的历史文化底蕴，及其历史进程中海纳百川的气概。如今，上海市历史博物馆新馆建设项目已被列入上海文化建设的三年行动计划，一座全面展示上海社会、经济、文化发展历史的现代化博物馆不久将展现在世人面前。

物华号百子大礼轿

孙中山当选民国临时大总统选单

《花卉虫鱼册·湖石花蝶》 明
韩希孟顾绣

撰文：段炼

六朝风采 明都繁华
南京市博物馆

《明都南京》序厅

青花萧何月下追韩信图梅瓶 元末明初

南京市博物馆是一座反映南京历史文化的综合性博物馆，也是江苏省、南京市爱国主义教育基地。半个多世纪以来，南京市博物馆担负着南京地区的地下考古发掘，零散文物征集，文物展示与保管，科学研究，宣传教育工作。馆址朝天宫，是江南地区建筑等级最高，面积最大，保存最完整的古建筑群，占地面积4.5万平方米，现为江苏省文物保护单位。"朝天宫"之名为明太祖朱元璋钦定，明代曾是朝廷举行大典前和官僚子弟袭封前演习朝见天子的礼仪场所，清代为文庙。经过多年的维修，朝天宫古建筑群重现英姿，博物馆珍贵文物的展示，与宏伟的古建筑群交相辉映，成为现代南京都市的一颗明珠。

馆藏文物10万余件，上溯远古，迄至近代，充分反映了南京地区各个历史阶段的发展轨迹。35万年前的"南京猿人"头骨化石、5000年前的陶塑人面像、三国·吴青釉羽人纹盘口壶、东晋谢氏和王氏家族墓志、东晋丹丸、东晋玻璃杯、南朝青瓷莲花尊、明代青花萧何月下追韩信图梅瓶、金镶玉带、圆雕渔翁嬉荷琥珀杯、紫砂提梁壶等均具有极高的历史与艺术价值。馆藏书画中有朱耷、沈周、文徵明、蓝瑛、徐渭、林良、郑板桥、金农、邹喆、齐白石、张大千、徐悲鸿、黄宾虹、郭沫若、傅抱石、林散之等名家作品。

基本陈列突出展示南京古都的历史文化。《六朝风采》陈列是目前国内唯一的展示六朝文物，反映六朝文化的专题陈列，1997年获全国首届"十大精品陈列"称号。《明都南京》陈列，集中展示了南京作为明代立国都城和当时的全国政治、经济、文化中心的辉煌成就。《南京六朝建康都城遗迹探寻》展览，介绍了近年来建康都城考古的工作成果。

青瓷羽人纹盘口壶
三国·吴

南京市博物馆

《明都南京》展厅一角　　　　　　　　　　　　　《六朝风采》展厅一角

馆藏文物还多次赴国外展出，1989年日本名古屋市建市百年活动期间，在名古屋举办《南京明代王公贵族文物展览》。在美国举办《中国天子文物展》，在日本举办《中国古代玻璃金银器展》、《中国明清宫廷贵族妇女文化与珍宝展》，在德国、瑞士、英国、丹麦举办《中国古代人与神展览》，在香港举办《国宝——中国历史文物精华展》，在新加坡举办《宋元明三朝文物展》。

馆内还引进国外文化艺术展览，向南京市民介绍国外艺术与文化，进行中外文化交流。曾举办《荷兰著名画家凡高画展》、《新加坡女画家王丽涵画展》、日本水墨画家鹈崎博的《中国长江·江南美术展》、香港女画家黄静端的《黄静端国画展》、《台湾郎静山摄影作品展》、日本亚细亚美术交友会《亚细亚二千年国际和平现代美术展》、《中日友好少儿书画交流展》等展览。

该馆的考古队伍，做了大量的田野考古工作，为研究南京地区的历史文化轨迹提供了丰富的资料。汤山南京直立人化石地点的考古发掘，被评为1994年全国十大考古发现，"九五"期间全国十大考古发现。六朝家族墓地的考古发掘，被评为1998年全国十大考古发现。薛城新石器时代遗址的发掘，被评为1997年全国十大考古发现提名奖。

该馆的宣教工作富有特色，与南京地区大中小学共建教育基地，通过参观讲解展览，举办专题讲座，开办第二课堂，夏令营等活动，开展丰富多彩的历史、艺术、科技、考古等方面的知识教育。一支由大学生组成的青年志愿者队伍，在博物馆的宣传教育工作中发挥着积极作用。该馆重视提高讲解员的业务水平，讲解员在全国讲解员大赛中曾获一等奖。多年来该馆接待了大批中外贵宾，规范的服务，热情的介绍，受到参观者一致好评。

该馆重视学术研究和出版工作，重点放在南京地区的史前考古、六朝考古、明代考古的重点课题上，并围绕馆藏文物研究、博物馆的陈列、宣教、文物保护工作方面开展研究工作。编辑出版有《唐明徵君碑帖》、《南京风物志》、《南京文物与古迹》、《南京市博物馆》、《南京出土六朝墓志》、《六朝文物考古论文选》、《南京人化石地点》、《明代首饰冠服》、《南京市博物馆藏印选》、《六朝风采》、《金与玉：十四——十七世纪中国贵族首饰》等书。其中《南京人化石地点》获"中国社会科学院考古研究所夏鼐考古学研究成果二等奖"、"江苏省第二届文博论著特别奖"。该馆人员还撰写大批考古简报、学术论文，在全国各有关学术刊物发表。此外还邀请海内外专家学者在馆内作学术交流，参加全国及海外专题学术研讨会，将研究工作不断引向深入。

蝉纹金铛　东晋

南京直立人1号头骨化石　35万年前

青瓷莲花尊　南朝

渔翁嬉荷琥珀杯　明

玻璃碗　东晋

国家历史文化名城的窗口
常熟博物馆

玉琮 良渚文化 高15.8cm 射径7cm 孔径5.6~5.2cm 1983年常熟仁厚墩遗址出土

　　常熟博物馆建立于1990年,坐落于国家历史文化名城——常熟市古城区虞山东麓,方圆1公里内傍有风光旖旎的先贤仲雍言偃双陵、昭明太子读书台、石梅园、小山台、辛峰亭、虞山古城垣、游文书院、彩衣堂、燕谷等10多个名胜古迹。1997年9月开放,是一座集征集保藏、考古发掘、学术研究、陈列展览、宣传教育等功能于一体的历史艺术类综合博物馆。

　　常熟博物馆收藏有上至5500多年前常熟钱底巷崧泽文化时期和常熟罗墩良渚文化时期以来,下至新民主主义革命时期的各类文物1.2万余件(套),以明清书画、历代玉器、瓷器三大类为优为众。藏品数量及质量等级均在全国同级博物馆中名列前

常熟博物馆专家报告厅　　常熟博物馆展厅一角

被誉为"良渚文化第一龙"的双龙连体
环形玉佩 外径 3.5cm 孔径 1.2cm 厚
1cm 1993 年常熟罗墩遗址出土

青釉菱形纹三钉罐 西晋泰康三年 高20cm 口
径11.8cm 底径11.2cm 纪年墓出土

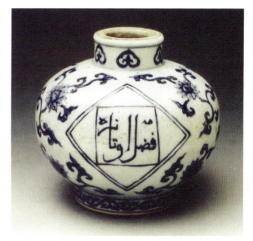

青花开光阿拉伯文折枝莲纹瓶 明正德
高13cm 口径5.5cm 腹径14.6cm 足径8.8cm

《虞山林壑图》清 王翚
长 119cm 宽 53cm

茅。其中有 155 件书画被载入《中国古代书画目录》,良渚文化玉器、六朝青瓷以及明代官窑瓷器已接连入选国家举办的多届《中国文物精华展》,并收编入录。近年来国内出版的《中国美术全集》、《良渚玉器》、《四王画集》、《吴昌硕书画集》、《中国天文文物图录》、《佛教初传南方之路文物图录》、《六朝艺术》等文物图集都收录有该馆藏品。展馆设有《名城史料》、《玉器》、《瓷器》、《书画》、《钱币》等基本陈列厅和《钱延康西画》、《陆抑非书画》专室,并提供 120 座专家学术报告厅和 200～500 平方米的临时展厅。开馆六年来举办各类各色展览 180 多个次,并在南京博物院、南京太平天国历史博物馆、上海豫园、上海朱屺瞻艺术馆、陕西西安碑林博物馆等成功举办常熟博物馆馆藏文物精品系列展览。

常熟博物馆成立至今,创办的学术期刊《常熟文博》已达 45 期,在全国与省级报刊发表学术文章 200 多篇,并由北京、上海人民美术出版社、文物出版社编辑出版有《常熟博物馆藏画集》、《常熟博物馆藏法书集》、《常熟博物馆藏印》、《常熟博物馆藏瓷》、《常熟博物馆藏玉》、《常熟博物馆藏林皋印谱》等 6 种大型精品图录书籍。馆内现有高级职称 4 人,中级职称 8 人,80%以上职工为大专以上学历,在保管、鉴定、考古、发掘、修复、陈列、宣教等领域各有建树。

常熟博物馆先后被命名为"江苏省优秀博物馆"、"江苏省爱国主义教育基地"、"江苏省文物系统先进集体"、"江苏省馆藏文物安全年先进集体"、"苏州市爱国主义教育基地"、"苏州市先进集体"、"苏州市文保安全先进集体"、"常熟市文明单位"、"先进党组织"、"优秀团组织"、"青年文明号"等荣誉称号。

行书《书为永孚亲家》清 汪应铨
轴长117.8cm 宽44cm

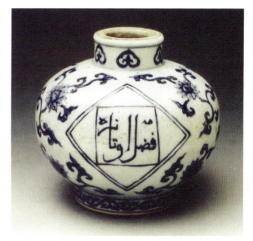

荟七千年历史精品 集五千年文明精华
江阴市博物馆

气势非凡的江阴市博物馆主体大楼

江苏省江阴市博物馆建成于1988年，位于江阴要塞风景区，占地7300余平方米，建筑面积1800多平方米。主体建筑为二层单檐歇山仿古建筑，馆区为园林式布局，遍植名贵花卉，环境优美。

该馆下辖刘氏兄弟纪念馆、高城墩良渚文化遗址陈列馆、中医史陈列馆3个专业馆。全馆发扬"团结勤奋、敬业奉献"的精神，在考古发掘、文物征集、宣传教育、藏品建设、学术研究、安全保卫及文物管理等方面取得了显著成绩。

江阴市博物馆所属2002年建成开放的高城墩良渚文化遗址陈列馆

江阴市博物馆充分发挥文物藏品形象直观和名人效应的独特优势，以爱国主义教育、革命传统教育强化自身工作为主题，加强爱国主义教育基地建设。成为学生进行课外教育的场所，1999年所属刘氏兄弟纪念馆获得无锡市爱国主义教育基地开放式教育成果发布奖。

该馆对花山遗址、余城商周古城遗址，祁头山马家浜文化遗址，高城墩良渚文化遗址的考古发掘取得了重大成果，高城墩遗址还入选"1999全国十大考古新发现"。

正在建设中的江阴市博物馆新馆大厅

江阴市博物馆还积极参与全市文物保护和历史文化名城的创建工作，通过电视、电台和报社等媒体积极宣传文物保护法，拍摄文物专题片，在广播电台举办讲座，在报纸上开辟文物专栏传播文物知识。同时在地域文化、良渚文化、吴文化以及江阴地方史和名贤研究等方面学术研究硕果累累。

江阴市博物馆馆藏文物近万件，新石器时期陶器、玉器、宋元瓷器、漆器，明代金银器为其特色。

江阴市博物馆所属著名中医曹颖甫故居及中医史陈列馆

该馆在唐汉章馆长以身作则、务实创新的工作作风带领下取得了瞩目的成绩，江阴市博物馆、刘氏兄弟纪念馆、江阴中医史陈列馆和高城墩良渚文化遗址陈列馆先后创建，并荣获江苏省优秀博物馆、江阴市文物保护先进单位、江苏省先进集体和全国文化工作先进集体等荣誉称号。有数十人次受江苏省和无锡市、江阴市文化、公安等部门的记功、嘉奖和表彰。唐汉章同志主编的《江阴文博》集学术性、史料性和可读性为一体而受到业内专家学者的好评和读者的喜爱。

目前，一座面积达1.2万平方米，具有数字化、智能化功能的新博物馆正在建设中，2004年底将建成开放，届时江阴市博物馆将进入一个崭新的历史阶段。

江阴市博物馆所属刘氏兄弟故居及纪念馆

玉琮 良渚文化

戗金漆盒 北宋

漆绘黑陶罐 菘泽文化

白瓷梅瓶 宋 定窑

直筒平底腰沿陶釜 马家浜文化

全国迄今唯一出土的一套明代医疗器械

撰文：韩锋

天国史册　金陵名园

太平天国历史博物馆

2001年4月，中共中央政治局常委尉健行视察博物馆。

2000年9月，中共中央政治局委员、中宣部部长丁关根观看《太平天国历史陈列》展览。

1999年6月28日，中共中央政治局委员李铁映专程为新落成的罗尔纲先生史学馆开馆剪彩并视察学术报告厅。

南京太平天国历史博物馆是我国唯一的太平天国史专业博物馆，筹建于1951年。经国家文化部批准1956年10月1日在堂子街原太平天国某王府建立太平天国纪念馆，1958年5月迁至瞻园路128号，1961年1月正式更名为太平天国历史博物馆，馆址所在地瞻园为江苏省文物保护单位。

南京太平天国历史博物馆是一座馆园合璧的博物馆。东侧是展览区，由一组气势雄伟的古建筑群组成，西侧是被誉为"金陵第一园"的江南著名古典园林——瞻园。馆址在六百多年前是明代中山王徐达府邸的西花园，清代为江宁布政使衙署，屋宇曾多达319间。太平天国时曾先后作为东王杨秀清的王府、副丞相赖汉英衙署和幼西王萧有和的王府，民国年间为江苏省长公署、国民政府内政部所在地。

南京太平天国历史博物馆现藏有大量珍贵的太平天国文物、清代原始档案资料及有关太平天国史图书等，是全国收藏太平天国文物最多、史料最丰富的研究机构。《太平天国历史陈列》全面、系统、客观地再现了150年前那场波澜壮阔的农民运动。经过40余年的建设与发展，该馆已成为公认的太平天国文物中心、资料中心和陈列中心。

瞻园胜景

富有空间感的展厅

赵朴初题词"金陵第一园"

太平天国描金龙屏风

一级文物 团龙马褂

《太平天国历史陈列》序厅

近年来，博物馆在党和国家领导人以及省市各级领导、社会各界的关心支持下，以"保护为主，抢救第一"的文物工作方针为指导，坚持"有效保护、合理利用、加强管理"的原则，全馆上下共同努力，群策群力，锐意进取，事业蓬勃发展：罗尔纲史学馆落成开放，《太平天国历史陈列》获全国十大陈列精品，文物征集工作成绩斐然，太平天国壁画艺术馆建设全面启动，文物文献数字化管理步入正轨，科研出版硕果累累，瞻园整治面貌一新，夜瞻园文化展演广受好评……在爱国主义教育基地建设、弘扬优秀传统文化、保护历史文化遗产等方面取得了令人瞩目的成绩。

撰文：吴瞻

汉室遗珍
徐州博物馆

徐州博物馆创建于1959年，坐落在风景秀美的云龙山北麓。原址为清高宗乾隆皇帝南巡时的行宫。徐州博物馆占地面积2.3万平方米，建筑面积近1.2万平方米，由陈列楼、乾隆行宫与碑园、土山汉墓三大展区组成。馆内花木扶苏，绿草如茵，环境幽雅。

徐州博物馆以汉代文物藏品最具特色，汉代王侯陵墓出土的玉器、俑塑珍品闻名遐迩。徐州博物馆展览面积3000余平方米，常设陈列有《古彭之宝》、《俑偶华彩》、《清式家具》、《邓永清捐赠明清书画》、《历代碑刻》等。《古彭之宝》是徐州博物馆的大型基本陈列，由徐淮初曦、汉室遗珍、史河流韵三个单元五个展厅组成，展出各类文物珍品近千件。代表性展品有汉代成组银制浴具、成组玉酒具、玉棺、金缕玉衣、银缕玉衣以及汉代"郎中"、"飞骑"、乐舞俑、北朝持笏女俑、宋代卧姬俑等。展览常年开放。

玉龙 西汉 长17cm 高10.8cm

徐州博物馆

《天工汉玉》常年专题陈列汉代玉器

长江运河边 泱泱文物丰
镇江博物馆

　　镇江博物馆是一座地方历史综合艺术博物馆，创建于1958年。是利用原英国领事馆旧址改建而成。五幢东印度风格的建筑依山而建，错落有致，1996年11月被国务院颁布为全国重点文物保护单位。该馆1995年建成了1780平方米的文物库房，2003年开工建设5100平方米的新展厅，2004年将竣工并对外开放，从而使馆舍面积达到1.06万平方米。该馆收藏原始社会至明清各个时期文物近3万件，一级文物82件（套）、二级文物316件（套）。其中吴国青铜器、六朝青瓷器、唐代金银器、宋代丝绸服饰、京江画派独具特色。

　　镇江博物馆现有职工28人，大专以上学历22人；高级职称6人；中初级职称19人，拥有职称人数占全馆的93%。年举办各类展览15个，接待观众10余万人。该馆科研工作成绩突出，《镇江地区商周台形遗址与土墩墓遥感考古研究》曾获国家文物局科技进步三等奖；《吴国青铜器综合研究》曾获国家文物局科技进步二等奖；江苏省文化厅科技进步一等奖。城市考古工作多次受到国家文物局表扬，2001年参加"三峡考古大会战"。

　　镇江博物馆是江苏省优秀博物馆，江苏省委、镇江市委命名的爱国主义教育基地，江苏省政府、镇江市政府命名的中小学德育基地，江苏省人事厅、江苏省文物局表彰的先进集体，镇江市文明单位，镇江市科技进步先进单位，镇江市旅游先进单位。

银鎏金龟负"论语玉烛"酒令筹筒，该器物分上下二部分组成。上部为烛形圆柱筒，内置50根鎏金酒令筹。酒筹正面刻有令辞，字内鎏金，令辞上半段采用《论语》语句，下半段是行酒令的具体内容。筒身刻龙凤一对，之间有"论语玉烛"四字。下部为昂首曲尾神龟一只，形象十分生动。该器物通体鎏金，造型精巧，为国内外珍品。

镇江博物馆

西子湖畔 闻名遐迩

浙江省博物馆

浙江省博物馆创建于1929年，原名"西湖博物馆"。馆舍建筑以富有江南特色的单体建筑和连廊组合而成，形成了"园中馆，馆中园"的独特格局，是天堂杭州一处耀眼的景观。

浙江省博物馆旧址的一部分为清朝皇帝行宫遗址和江南著名藏书楼文澜阁。1993年，经过改扩建之后的新馆占地面积为2.04万平方米，新增历史文物馆、青瓷馆、书画馆、吕霞光艺术馆、常书鸿美术馆等十几个展馆。浙江省博物馆是浙江省内最大的集收藏、陈列、研究于一体的综合性人文科学博物馆。馆藏文物7万件，其中河姆渡文化的陶器、漆器、木器、骨器和象牙制品，良渚文化的玉器，越国的青铜器以及越窑、龙泉窑、南宋官窑的青瓷和明清浙籍书画家的作品等，都是闻名遐迩的瑰宝。

浙江省博物馆以斑斓多彩的文物展品，多层次、多角度地展示了浙江七千年古老悠久的历史。同时精品馆不定期地推出从国内外引进的各种高档次的专题展览。浙江省博物馆还有位于栖霞岭的黄宾虹纪念室、位于龙游路的沙孟海旧居、形成了丰富多彩的名人馆舍系列。另位于古荡的原库房，2001年搬迁至山

洞库房后，又建成浙江省文保科研基地。1999年落成的浙江西湖美术馆，又为博物馆的拓展注入了新的活力，开馆以来已经承办了百余个美术类展览，成为艺术家展示自己才华的平台和群众接受艺术熏陶的殿堂。

近年来，浙江省博物馆每年举办各类展览40余个，主要有：《伟大的旗帜，光辉的历程——纪念中国共产党诞辰八十周年》，荣获浙江省委宣传部颁发的"纪念建党80周年活动最佳创意奖"；《千年等一回——雷峰塔地宫出土文物展》，在社会上引起强烈反响；《20世纪中国美术大师系列》三年时间推出12位在中国美术界举足轻重的大师的作品；《拥抱吉祥》展览荣获了杭州市委、市政府颁发的"优秀组织奖"。

近三年浙江省博物馆还派出外展7个，分别赴法国、日本等国家及香港、台湾等地区；同时也引进了日本、新加坡等国家及香港地区的书画、摄影展14个，积极促进了对外文化交流。2001年获浙江省对外文化交流先进单位称号。曾被国家文物局评为全国文物系统优秀爱国主义教育基地。

浙江省博物馆极为重视学术研究，现有公开发行的学术刊物《东方博物》和内部交流的报纸《浙博天地》，每年都举办多个专业讲座及学术研讨会。浙江省博物馆已成为在海内外享有较高声誉的博物馆之一。

浙江省博物馆

展览大厅

舟形砚滴 南宋 龙泉窑珍品

江南著名藏书楼文澜阁

社会综合馆

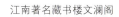

49

博大精深文明史
百折不挠民族魂

温州博物馆

温州博物馆是一所综合性地方博物馆，1958年创建。2004年1月12日，位于世纪广场西侧的新馆落成并对外正式开放。该馆建筑面积约2.6万平方米，馆内展区总面积8000平方米。该馆现有文物藏品3万余件。有陶瓷器、青铜器、彩塑、砖雕、漆器、书画等20多个门类，主要精品如宜山出土的东晋朱曼妻薛氏买地券，金沙塔出土唐代写经，白象塔出土的北宋彩塑，西山出土的北宋青瓷等海内外珍品。

温州博物馆建筑设计雄浑、朴茂。中厅壁面悬挂神农伏羲、精卫填海、燧人取火、女娲补天、盘古开天、夸父追日、嫦娥奔月、后羿射日、大禹治水九幅巨型铜雕壁画，表现了中华文明的博大精深。内设有历史馆、陶瓷馆、书画馆、工艺馆、自然馆和临展馆六大展馆。历史馆展示了"温州人"五千年的文化精华和历史足迹；工艺馆以北宋"白象塔的故事"为主题，通过在塔内发现的众多精美文物做为展示的引子，讲述了中国文化对异域文化的吸纳融合；陶瓷馆陈列以陶瓷发展的时间分区布展，重点展示瓯窑的产生、发展，突出地方特色。馆内另设有多功能厅、图书室、培训中心等辅助设施。

温州博物馆一向十分重视开展文物研究工作。其中《瓯窑探略》、《六朝瓯窑瓷器》和《瓯窑褐彩青瓷研究》等专著受到陶瓷史学者的重视。《中国考古年鉴·1989》认为温州六朝釉下彩青瓷的发现"将我国瓷业釉下彩工艺的起始时间大大提前"。据初步统计，近年来所撰写的考古发掘、馆藏文物和文史研究等方面文章达100多篇，在国家、省级刊物发表的达55篇。其中《早期活字印刷的实物见证》和《现

彩塑菩萨像 北宋

温州博物馆外景

中厅大型浮雕

陶瓷馆

书画馆

存最早印刷品的发现和研究》发表后，在国际印刷会议上捍卫了我国活字印刷术发明的地位。个人专著有在《温州文献丛书》中出版的《孙锵鸣集》、《温州历代碑刻集》，在《瓯越文化丛书》中出版的《温州文物古迹》；其他还有《宋恕集》、《陈虬集》、《清代洪门史》、《温州近代史》、《文物综录》、《温州古代陶瓷研究》、《温州博物馆建馆四十周年纪念》、《文物与考古论文集》、《温州古代陶瓷》等。

前进中的温州博物馆以实施精品陈列作为切入口，积极开展文物收藏保护、学术研究和社会教育等多种职能，力求以现代化、科学化、专业化管理与国内外先进博物馆接轨，共创美好的明天！

瓯窑青瓷点彩鸡首壶 东晋

青瓷褐彩蕨草纹执壶 北宋

朱子常黄杨木雕 近代

砖雕 北宋

青铜虎钮錞于 西汉

安徽古代文明之光
安徽省博物馆

胡开文地球墨 民国

鄂君启金节 战国

剔犀漆盒 元 张成

安徽省博物馆位于合肥市安庆路中段,占地面积4.67万平方米,是安徽省唯一集自然、历史、社教为一体的省级综合性博物馆,1956年11月14日正式落成。毛泽东、周恩来、刘少奇、邓小平、陈毅等国家领导曾先后视察了该馆。毛泽东主席视察安徽省博物馆时曾指示说:"一个省的主要城市,都应该有这样的博物馆,人民认识自己的历史和创造的力量是一件很要紧的事"。陈毅同志还为该馆亲笔题写了馆名。

安徽省博物馆现馆藏文物、标本23万件,具有鲜明的地方特色,尤以商周青铜器、瓷器、文房四宝、新安书画、徽州三雕、古籍善本和契约文书较具代表性。安徽省博物馆藏青铜器以内涵丰富、工艺精湛及特色鲜明闻名全国,有誉为镇馆之宝的"鄂君启金节"和青铜重器"楚铸客大鼎";安徽省博物馆收藏了大量的历代瓷器,该省窑制品如釉色纯正的寿州窑黄、黑釉瓷器,恬静素雅的繁昌窑影青瓷,以及具有北方磁州窑风格的萧窑白地黑花产品等颇具地方特色;安徽是"文房四宝"之乡,宣笔、徽墨、宣纸、歙砚历来受到世人推崇,唐宋以后始终为朝廷贡品,安徽省博物馆也得以收藏了丰富的文房四宝用具。胡开文"地球墨"代表了当时中国民间工艺的最高水平,是民族文化的骄傲;安徽省博物馆藏书画年代远达东晋,历经唐宋、明清,收藏全面,尤以徽州地区的新安画派名人墨迹最为集中;安徽省博物馆藏古代工艺品种类繁多,宋元时期的金银器、玉器、漆器皆有特别重要的收藏,如元代"张成造剔犀漆果盒"等,都凝聚着古代能工巧匠的智慧和绝世工艺;著名旅法女画家潘玉良的油画、国画、素描、版画、雕塑等4000余件作品珍藏于该馆,为海内外所瞩目。

安徽省博物馆现常年对外开放的基本陈列有《安徽古代文明陈列》、《安徽古生物陈列》、另有《潘玉良作品陈列》在全国巡回展出。

新世纪伊始,安徽省政府将规划兴建新的安徽省博物馆展馆。安徽省博物馆将以崭新姿态呈现在世人面前,传承千年不息的安徽古代文明之光。

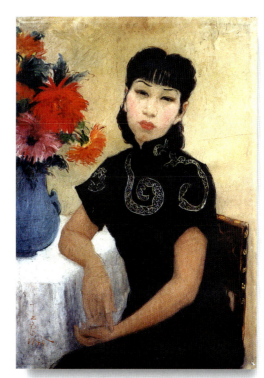

潘玉良自画像 1940 年

楚铸客大鼎 战国

闽越文化 积翠流芳

福建博物院

福建博物院位于福建省福州市，前身为1933年设立的"福建省立科学馆"，1953年改名成立"福建省博物馆"，1998年重建，2002年10月竣工开馆更为今名。

新馆占地面积6万平方米，建筑面积3.58万平方米，内设有15个展厅，馆藏文物、自然标本等近20万件，其中国家级珍贵文物6000余件。现已推出《福建古代文明之光》、《福建近代风云》、《福建古代外销瓷》、《工艺藏珍》、《福建戏曲大观》、《恐龙世界》、《动物万象》、《馆藏中国历代书画精品展》等固定和临时的展览9个。

作为博物院研究和服务的配套设施，博物院还设有藏书10万册的图书馆，以及371个座位，具备六声道同声传译、可放映电影、投影电视的多功能学术报告厅、影像厅、贵宾厅、会议室、茶艺室，"博园"文博培训中心，"博古斋"观众服务部等设施，为社会团体和观众提供参观、交流、会务、休闲、餐饮、住宿等全方位的服务。在对外宣传中，该馆备有中、英、日文陈列展览简介并提供解说。除中文讲解外，还为游客提供外语讲解和为残疾人提供轮椅等特

福建博物院外景

德化窑妈祖坐像 明

殊服务。该馆定期向国内外公开发行反映福建文物考古发现和研究成果的《福建文博》学术季刊，并备有《福建博物院藏文物珍品》、《福建博物院文物选粹》、《闽越国文化》、《闽越考古研究》、《福建陶瓷》、《福建历史文化与博物馆学研究》等专著或刊物供来宾选购。

开馆以来，已先后接待过泰国诗琳通公主，美国、法国、印度尼西亚驻华领事馆官员，日本茶道资料馆、日本小学馆、日本冲绳教育委员会、香港创价学会等中外来宾及观众近30万人。

作为中国东南沿海的地方性综合博物馆，该院对外交往历史悠久、关系密切。自20世纪80年代以来，该院与日本梅光女学院大学、日本庆应义塾大学、日本东洋陶瓷学会、日本关西近世考古学会、日本京都茶道资料馆、日本热海MOA美术馆以及日本东京国立博物馆、福冈市教育委员会埋藏文化课、堺市立埋藏文化中心、爱知县陶瓷资料馆，英国、法国东方陶瓷学会，德国国家博物馆，国立西班牙博物馆、国立西班牙水下考古研究中心，新加坡东南亚陶瓷学会等单位学者都有密切的学术交流和业务往来。1994年和1998年，该院还和日本茶道资料馆、热海市MOA美术馆及朝日新闻社分别在京都和热海举办过《唐物天目》和《交趾香合》陶瓷展，并多次与日本关西近世考古学会、日本堺市立埋藏文化中心等单位联合举办过福建青花、五彩、素三彩瓷器学术研讨会。与美国哈佛大学和夏威夷大学人类学系合作的"环太平洋南岛语族文

黄杨木雕文昌坐像 清

化研究"项目也产生了较大的影响。

随着文物博物馆事业的蓬勃发展，计算机技术得到了进一步开发，该院于2001年起就针对博物馆业务中的保管、陈列、宣教、考古、研究及行政管理等各个方面的电子事务系统进行开发研制，并逐步运用于实践。

在视听技术方面，该院还制作有《闽文化纵横》、《福建博物院》、《福建古外销瓷》、《积翠流芳》等音像宣传资料。

《春寒归牧图》宋

撰文：梅华全 摄影：卢金钊 杨作鉴

文化名城 珍宝荟萃

福州市博物馆

展厅一角

福州市博物馆创建于1987年，原址位于福州市区中心的于山大士殿内。新馆位于福州市文博路8号，1998年9月动工兴建，历时15个月建成，2000年元旦正式对外开放。新馆建筑面积11198平方米，其中展厅面积5457平方米、文物库房面积1533平方米。新馆建筑古朴、庄重、大方、具有浓厚的地方特色，成为福州市标志性文化建筑。

福州市博物馆融文物收藏、艺术欣赏、科学研究、社会教育于一体，主要通过陈列展览、文化交流等方式来展现福州辉煌的历史，弘扬福州独具特色的地方文化。首期推出的是三层展厅的《国家历史文化名城——福州》和《茶园村宋墓出土文物展》两个展览，展出面积近3000平方米。《国家历史文化名城——福州》以历史为脉络，以文物为主体（展出文物600余件），辅以图表（40多幅）、照片（500多张）、模型、塑像等，生动详实地介绍了福州从新石器时期至辛亥革命几千年的历史发展概况，成为观众解读福州这座历史文化名城的钥匙。《茶园村宋墓出土文物展》展出1986年在福州出土的南宋墓葬中的一些珍贵的丝、棉、麻织品和雕漆、金银器等随葬品，以及一对保存相当完好的古尸，这为了解和研究南宋时期福州地区的经济、文化和社会发展状况提供了宝贵的实物资料。整个陈列展览以立意新、品位高、内容丰富、主题鲜明、形式新颖而深深吸引了广大观众。展览运用了许多高科技手段，充分发挥声、光、电在展览中的特殊效果，还运用了一些新材料。这些

手段极大的增强了展览的观赏性、趣味性和感染力，把展览提高到新的档次。其中《国家历史文化名城——福州》获得"2000年全国十大陈列精品"提名奖。

2003年4月，福州市博物馆与福建省读一民间珍藏馆联手举办《福州民俗文物展》，展出面积近800平方米，内容分11个部分，展出各类民俗文物3000余件。该展览被誉为了解福州千百年民俗风情的窗口。

此外福州市博物馆还先后举办过《福州琉球友好关系史展览》、《福州传世流散文物展览》、《汉玉衣及古玉器展》、《楚国编钟乐舞展演》、《明清福州地区名人书画展》、《福州市文物保护工作十年成就展》、《福州文物精品展》等较有影响的临时展览。

福州博物馆新馆开放至今，共接待各级领导、团体上千批，观众数十万。广大观众给予了充分的肯定和高度的评价，取得了很好的经济效益和社会效益。如今，面临社会发展对博物馆提出的新要求、新任务，福州市博物馆加强了在管理制度、人才引进、陈列展览和科学研究等方面的工作，努力探索博物馆发展的新思路、新方法，在赢得更多观众的同时，促使博物馆事业更加发达，更好地服务社会。

展厅一角

撰文：谢在华

福州市博物馆

著名侨乡 人杰物丰
晋江博物馆

青花纹花觚《文王访贤》 明崇祯

晋江博物馆位于市区世纪大道东侧，主体建筑四层，正面是以"海上丝绸之路"为主题的大型锻铜墙雕，蔚为壮观。建筑面积1.7万平方米。除展厅、文物库房、办公室，还有学术报告厅、文物商店和停车场，集收藏、展示、科研、教育、休闲等功能为一体，是全国规模最大的县级博物馆。

晋江博物馆馆藏文物量居全省前列，展厅面积5500平方米。常年展出两大基本展览：一是以《晋江历史风景线》为主题，包括泉南首邑、海疆重镇、海上丝路、陶苑奇葩、桥甲天下、宗教圣境、海滨邹鲁、华侨之光等八个专题，展示晋江历史文化和社会发展的历程；二是以《新时代·新晋江》为主题的晋江经济社会发展成就展和工业精品展，展示晋江自1992年建市至今在经济建设和社会发展各个方面取得的成果，并有两个特别展厅可轮换举办各类专题展览。

晋江博物馆不仅是历史的再现、艺术品的殿堂，也是文化休闲的胜地，爱国主义教育基地。

"明教会"酱釉碗 宋

李仲芳制紫沙壶 明

晋江市博物馆

闽台聚宝 文化流香
厦门博物馆

厦门博物馆位于风景旅游胜地鼓浪屿北部。主楼为八卦楼，为典型的欧式建筑，掩映在葱郁翠绿的花树之中。该楼建于1907年，占地面积1.1万平方米，建筑面积为5000平方米，是厦门的标志性建筑之一，为中国近代著名的建筑，也是游客向往之地。初由银行家林鹤寿建为私家别墅，几经风雨，1983年由政府修葺辟为博物馆，1988年正式对外开放。现有藏品约1.3万余件，主要有陶瓷、书画、石雕、玉器、民俗文物等；展览面积为3100平方米，以常设历史陈列为主，辟有《厦门历史陈列》、《闽台民俗陈列》、《国际礼品陈列》、《厦门体育明星陈列》、《古石雕大观》等，其中《闽台民俗》陈列荣获1998年全国博物馆陈列十大精品奖。

馆内的古石雕大观

此外，还设有临时展厅供国内外博物馆前来举办临时展览。厦门博物馆已成为中国东南沿海重要的综合性博物馆，是中外游客参观、游览、学习的重要场所。

厦门博物馆外景——八卦楼一角

鲁东文化精华 闽南建筑风范
烟台市博物馆

社会综合馆

一级文物 御题蟠龙玉瓶 清乾隆
扁体 口径6~5cm 腹径18~6.8cm 高34.4cm

腹部乾隆题诗:
捞取和阗盈尺姿 他山石错玉人为
一珠泾寸骊龙护 守口如瓶意寓慈

一级文物 柯石双禽图轴 清 朱耷
纸本、水墨 长100.8cm 宽64cm

烟台市博物馆成立于1958年,位于烟台市中心毓岚街2号(福建会馆旧址)。1962年12月成立烟台专区博物馆,1983年原烟台地区改为烟台市,次年元月地、市两馆合并,为市属地方历史博物馆,命名烟台市博物馆。

馆内现有工作人员49人,其中研究馆员、副研究馆员10余人,馆员10余人。设有保管部、陈列部、群工部、考古部、展览部等业务部门和行政科室。业务部门担负文物征集、发掘、收藏、研究、陈列、宣教等项任务。经过数十年的积累,已成为烟台市历史文物的资料中心和研究中心。

馆内收藏古代文物有铜器、铁器、陶瓷器、玉石器、牙角骨器、书画、碑帖、古籍、考古标本及近现代文物约2万件,其中一级品62件。如本地出土的"齐中簠"、"已侯壶"、"□侯鼎"、"已华父鼎"等周代有铭青铜器,明文徵明《观瀑图》、唐寅《灌木丛篁图》、清朱耷《柯石双禽图》、明祝枝山、清王铎等名家的法书,清乾隆御题蟠龙玉瓶、象牙席等珍品。2003年荣获第五届"全国十大陈列展览精品"最佳内容设计奖。

馆址福建会馆,1996年公布为国家重点文物保护单位。清光绪十年(1884年)始建,光绪三十二年(1906年)建成,是福建籍商贾集会联谊之所。由福建船商集资,在当地预制构件,海运至烟台组装而成。时称"鲁东第一工程",会馆布局坐南面北,沿中轴线作对称排列,占地3500平方米,由大门、戏楼、山门大殿及左右廊庑组成。系砖石木结构,建筑风格具有浓郁的闽南特色,尤以木、石雕刻最富艺术性。

一级文物 已侯壶 西周中期
高34.5cm 口径6cm

福建会馆之山门

烟台市博物馆一景 福建会馆之大殿

撰文:吴宏涛

艺术殿堂　文明窗口
江西省博物馆

江西省博物馆于1953年筹建，1957年在南昌八一广场动工兴建，占地3300多平方米，建筑面积2500平方米，1959年10月1日正式对外开放。1999年，新中国成立50周年之际，一座多功能的现代化新馆建成，正式对外开放。

江西省博物馆新馆坐落在赣江与抚河环抱的新洲上。北邻江南名楼滕王阁，南靠江西省科技馆，处于历史名城南昌市文化景区中心地带，地理位置优越，交通便利，环境优美，是一个理想的参观、旅游、增长知识的文化休闲场所，更是爱国主义教育、革命传统教育、国情教育、科普教育的理想课堂。新馆占地4万平方米，建筑面积3.5万平方米，主体建筑根据景德镇明永乐官窑烧造的白釉瓷三管器造型，以圆、圆弧、圆柱体和回廊巧妙结合，构成一个以圆柱几何型的现代化建筑群。

江西省博物馆由历史馆、革命馆和自然馆构成。历史馆设有《灿烂的赣文化》基本陈列和《江西古代青铜器》、《江西古代陶瓷器》、《江西客家风情》三个专题陈列；革命馆展出《江西人民革命斗争史》；自然馆展出《赣域风貌》、《生命起源》、《恐龙世界》、《海洋生物》、《昆虫王国》、《地矿之光》六个专题。江西省博物馆建馆50年来，推出众多富有教育意义的陈列展览满足观众的精神文化需求，先后举办《江西省十年来社会主义建设成就展览》、《纪念红军长征五十周年图片展》、《纪念中国共产党成立七十周年展览》、《总设计师邓小平大型图片展》、《江西明代王墓珍宝特展》、《江西元明青花瓷展》、《崛起中的江西》等在省内外有广泛影响的精品展览。

江西省博物馆拥有古代、近现代、自然标本三大类文物10余万件；有线装古籍、历史、艺术、文学藏书5万余册，拥有一批文物研究鉴定和考古的高级专家；主办在国内外有重大影响的学术性期刊《南方文物》。

江西省博物馆是中共江西省委、省政府1994年命名的第一批爱国主义教育基地。新馆开馆至今，已接待海内外观众100余万人次，为英雄城、花园城市的建设，为江西的崛起，发挥了积极的作用。

集文物收藏、陈列展览、科学研究、社会教育、旅游休闲为一体的新博物馆，外观优美，内涵丰富，是对公民进行爱国主义教育、科学技术普及教育的基地，成为展示江西省精神文明成就的窗口，流连其间，可谓一步一百年，领略到的是推开历史之门的沉重和喜悦，感受到的是"物华天宝，人杰地灵"的辉煌，在这里，江西五千年文明的艺术精品得到最为完美的呈现，现代科技所表现的博大精深的历史文化将给人无尽的艺术享受。

赣文化馆一角

江西省博物馆

革命博物馆

自然博物馆

玉羽人　商
新干大洋洲出土

玉香笼　明

青花团龙纹盘　明
景德镇

海洋世界展厅

自然馆展厅

展厅一角

彩绘跃鹿纹盖罐 南宋 吉州窑

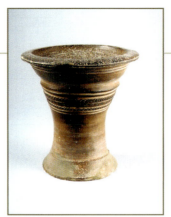

原始瓷豆 商

玉神人兽面 商 新干大洋洲出土

青白釉贴塑四灵盖罐
元 景德镇

青花松竹梅瓶 元 景德镇

青花缠枝纹梅瓶 明 景德镇

江西古代陶瓷陈列展厅

伏鸟双尾虎 商 新干大洋洲出土

提梁方腹卣 商 新干大洋洲出土

双面神人头像 商 新干大洋洲出土

带门双层底方鼎 商 新干大洋洲出土

齐鲁文化珍品 东方艺术神韵
山东省博物馆

　　山东省博物馆始建于1954年。1992年山东省博物馆新馆建成,占地3.3万余平方米,建筑面积2.1万平方米,陈列面积1.2万平方米。

　　山东省博物馆是全省文物、标本的收藏中心,多年来经过广泛文物征集和考古发掘,藏品数量不断增加和丰富,共收藏各类文物、自然标本10余万件,藏品大多为山东地区出土与传世的藏世珍品,具有浓厚的齐鲁地方特色。历史文物尤以陶瓷器、青铜器、甲骨文、竹简、画像石、书画、服饰等,构成鲜明的馆藏特色。史前部分藏有距今四、五十万年的沂源猿人头盖骨和牙齿化石,说明远古人类在很久以前,就劳动、生息、繁衍在山东这块古老的土地上。馆藏新石器时代的文物尤为丰富多彩,北辛文化、大汶口文化、龙山文化的精美器物,如玉器、石器、骨器、陶器等,造型多样,制作精美。馆藏2000余片商代甲骨,是研究古文字和商代历史的重要资料。商周时期的青铜器,精品纷呈。如制作精美的祖辛方鼎;造型庄重、气势雄浑、重达100多公斤的作宝鼎;战国时期嵌金银镶绿松石铜镜等,皆为稀世珍宝。这些精美的青铜器,不仅展示了古代齐鲁之邦发达的经济文化,也是研究山东古代历史的重要实物资料。明鲁王朱檀墓出土的1000余件珍贵文物,有冠冕服饰、琴棋书画、玉雕陶瓷、漆木家具、生活用品、仪仗桶群等。

　　除出土文物,传世文物也是馆藏的重要组成部分。其中数量可观的唐人写经弥足珍贵;宋元明清时期刊刻的1800余件种善本书,许多已成海内孤本;保存了数百种明清钞本、稿本、拓本、钤印本等乡邦文献和金石资料。另外,历代书画、陶瓷、货币、民众文物、近现代文物也有大量的收藏。

　　在馆藏自然标本中,古生物化石最具特色。其中泰安大汶口三叶虫、临朐山旺动物化石、诸城巨型山东恐龙化石等,都具有重要的科学价值。此外,馆藏动物标本也很可观,如大熊猫、金丝猴、鸭嘴兽等都属于珍稀动物,是难得的标本。

　　山东省博物馆是全国爱国主义教育基地和科普教育基地。现有《齐鲁瑰宝》、《石刻艺术展》、《宋元明清青铜艺术》、《明代大型战船陈列》、《馆藏书画展》、《古生物化石展》、《珍稀动物标本展》、《恐龙化石展》,均是首次与观众见面。展品中像龙山文化蛋壳黑陶杯、明鲁王墓出土的戗金漆盒和镶宝石金带扣、临沂银雀山竹简、汉画像石等，既有国宝级文物又有稀世珍品及珍稀化石标本。让观众领略到东方艺术的神韵，感受到齐鲁文化的风采。

自 1992 年新馆启用以来，举办了近百个临时展览，其中影响较大的有《东方巨人毛泽东》、《人民的好总理周恩来》、《珍爱生命、拒绝毒品》、《崇尚科学、反对迷信》、《世纪大阅兵》等大型展览。与兄弟馆合作举办了《马王堆出土文物展》、《长清双乳山西汉济北王陵出土文物展》等专题文物展和各种书画、摄影、雕塑等艺术展览。

山东省博物馆现有职工 120 多人，设有10 个部室，职工实行全员聘任、定岗位、定职责，实行竞争上岗，职工打破铁饭碗，干部打破铁交椅，充分调动干部和职工的积极性，加强行政管理，向管理要效益，增强经营意识，开源节流并重，制定了一系列管理制度。建立了以考勤考绩为核心的考核制度，努力建设一支纪律严明、具有较高业务素质和工作效率的干部、职工队伍。为弘扬中华民族优秀的传统文化，为社会主义精神文明建设和繁荣社会主义文化事业做出应有贡献。

"亚醜"铜钺 商 高32.7cm 宽34.5cm

蛋壳黑陶杯

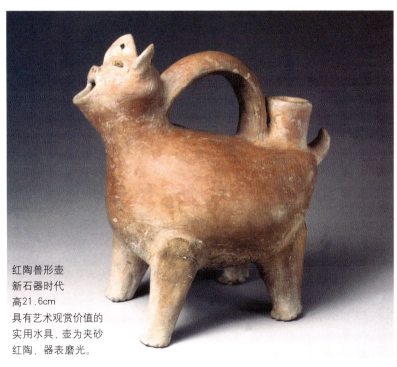

红陶兽形壶
新石器时代
高21.6cm
具有艺术观赏价值的
实用水具，壶为夹砂
红陶，器表磨光。

撰文：纪东

文物保护研究 与时俱进辉煌

济南市博物馆

原中共中央政治局委员、国务院副总理钱其琛参观文物展览。

中共中央政治局常委、中央纪委书记吴官正参观文物展览。

　　济南市博物馆始建于1958年12月，是山东省较大的地方综合性博物馆之一。主要担负全市可移动文物的收藏保管、陈列宣传和科学研究工作。四十五年来，在市委、市政府及市文化局的领导下，它迎着困难前进，经过几代人坚韧不拔的团结努力，在考古发掘、藏品征集、陈列展览、文物普查、古建维修、科学研究、队伍建设等方面做了大量的工作，为保护祖国历史文化遗产，弘扬民族文化作出了积极的贡献。该馆位于千佛山西北麓，经十一路30号，占地面积8500平方米，建筑面积6300平方米。

　　该馆创立之初参加了泰安大汶口遗址的发掘，其发掘的重大收获和对大汶口文化的命名，成为新中国考古工作的重大成果之一。通过考古发掘、专题征集和接受捐赠等主要方法，馆藏文物日益丰富，已达2万余件。其中，经国家鉴定确认的国宝级文物3件（组）、一级文物57件、三级以上文物逾千件。所藏文物尤以历代绘画、法书、青铜器、陶瓷器、碑刻及济南战役文物等较具特色和影响。该馆还先后在趵突泉和大明湖公园内，创建了李清照纪念堂和辛弃疾纪念祠；相继推出了数十个题材广泛、内容丰富的专题展览。1985年，成功地在日本和歌山市举办了《济南历史文物展》，开创了山东省在国外举办地区性文物展览的先河，对促进中外文化交流和提高济南市的知名度，起到了积极作用。此外，近年来实施

的北齐道贵壁画墓就地保护工程、元代壁画墓整体迁移保护工程和灵岩寺罗汉像绘画与研究，分别获得了省和国家文物主管部门的科技成果进步奖。结合各项业务工作的开展，以考古学、历史学、博物馆学、地方史及馆藏文物研究为主的科研工作也取得了显著成绩。历年主要编著有《大汶口》、《济南文物》、《济南战役》、《李清照年谱》等8本丛书及文集，在省级以上报刊发表论文和文章逾200篇，并多次获奖。

　　为了充分发挥博物馆的功能作用，弘扬主旋律，近年来该馆积极围绕"展"字作文章，采用内引外联等办法，先后成功地举办了《红岩魂》、《迈向21世纪的济南》、《目击暴行》、《航天科普巡回展》、《馆藏古代书画精品展》、《济南洛庄汉王陵首期出土文物精品展》、《古城辉煌——

济南市博物馆外景

何洪源馆长正在研究国宝级文物——彩绘乐舞杂技陶俑 西汉 长67cm 宽47.5cm

国宝级文物 彩绘陶载壶鸟 西汉
通高52.9cm 宽43.5cm

济南历史暨馆藏文物展览》、《即合·归心
——喜见四门塔阿閦佛造像修复》、《济南
县西巷出土佛教造像精品展》等60余个专题
陈列和展览，接待观众达70余万人次，受到
了省市主管部门的好评。

　　该馆现有职工42人，其中研究馆员1人、
一级美术师1人、副研究馆员10人。该馆在
科研方面取得了显著的成果，由馆长、研究
馆员何洪源主持完成并申报的"济南元代壁
画墓整体迁移技术"，于1993年8月被山东
省文化厅评选为1993年度"山东文物科技
进步一等奖"；又于1994年5月被国家文物
局评选为1993年度"国家文物科技进步四
等奖"。由一级美术师周群绘画并申报的"灵
岩寺罗汉像绘画与研究"，于2000年1月获
"山东省科技进步一等奖"。

国宝级文物 彩绘陶载人鸟 西汉
通高53.5cm 宽45cm

撰文：何洪源

绿岛青风 历史文脉
青岛市博物馆

明清书画陈列展厅

古代碑刻拓片陈列展厅

古代工艺品陈列展厅

古代瓷器艺术陈列展厅

近现代书画陈列展厅一角

明清书画陈列展厅一角

青岛市博物馆现位于青岛市崂山区梅岭路27号，整体建筑面积2万平方米，是一座集文物陈列、艺术展览、收藏研究、学术科研为一体的地志性综合类博物馆。它于1965年正式在青岛市南区小鱼山脚下原20世纪30年代建成的红十字会旧址建馆并对外开放。为适应人们对精神文化需求层次的提高，青岛市委、市政府于1997年投资兴建新馆，2001年全面对外开放。

青岛市博物馆现有馆藏文物10余万件，内容丰富、品质多样，共有书法、绘画、陶瓷类、青铜器、钱币、珐琅器、玺印、甲骨、竹木牙雕等30余个门类，其中书画、瓷器、玉器、钱币为馆藏特色。馆藏中不乏有许多珍品，如经郭沫若、胡厚宣先生鉴定的殷王

武丁为其妻占卜的甲骨、商代双螭附耳大铜盘、带有年号的隋人写经、元代手抄本《册府元龟》等。在馆藏书画中，有元、明、清以来的著名书画家的传世佳作4000余件。"明之文沈"、"清之四王"、"金陵八家"、"扬州八怪"的作品均有收藏。此外，任伯年、吴昌硕以及现代的齐白石、张大千、黄宾虹、徐悲鸿、潘天寿等诸家的大作，也均有收藏。馆藏货币从原始社会以来的贝币，到明清的铜币，共1.3万余件，其中齐国刀币藏量种类最为丰富。馆藏陶瓷、玉器也较为丰富，其中汉代"青釉鸟兽纹壶"、唐代"灰釉斑彩葫芦瓶"等有重要历史和科学艺术价值。馆藏重要的革命文物有义和团、大刀会和山东高密孙文领导的农民抗德斗争使用过的大刀、长矛、号角，以及反映青岛人民反抗殖民压迫、争取青岛解放使用过的传单、布告、武器等一批珍贵的革命历史文物。

青岛市博物馆整个建筑造型现代流畅，内部设施先进，展厅设计别具一格，共有大小展厅16个，陈列面积达6000余平方米，分布在三个楼层，现有《青岛历史文明之光》大型基本陈列和《馆藏明清书画陈列》、《馆藏古代碑刻拓片陈列》、《馆藏近现代书画陈列》、《馆藏古代瓷器艺术陈列》、《馆藏历代货币陈列》、《馆藏古代工艺品陈列》、《馆藏国际交往礼品陈列》、《扬州八怪 左臂巨椽——馆藏青岛籍画家高凤翰书画陈列》等8个馆藏文物专题陈列。这些展览内容丰富多彩，展品上起新石器时代，下至明清至近代，多为历代名作和精品，其中不乏有国之瑰宝，许多文物是首次对外展出。

青岛市博物馆以陈列展览为切入点，多种举措并行，着

《青岛历史文明之光》展厅

力搭建能够吸引观众的平台,通过举办不同风格多种样式的陈列展览传播历史、科学和文化知识,对广大群众进行爱国主义、集体主义、社会主义和革命传统的教育,已成为全市各中小学校素质教育基地,并与在青各高校艺术院系资源共享成为其教育教学基地。新馆在现有陈列的基础上,还先后举办了《第四届全国水彩、粉画展》、《青岛国际美术邀请展》、《中国当代优秀版画展》、《青岛国际版画双年展》、《全国中国画作品展》、《首届中国书法兰亭奖书法篆刻作品展》、《2003青岛首届动漫艺术展览会》、《全国第十二届'群星奖'美术、书法、摄影作品展》等一批具有国内外影响的大型艺术展览,它对提高岛城人民的艺术品味和欣赏水平起到了一定的推动作用。另外,青岛市博物馆还设有临时展厅,不定期地举办海内外不同类别的文物和艺术品展览。

为了方便观众参观,青岛市博物馆在展览大厅内设置了电子触摸屏,向广大观众介绍馆内情况;对陈列中的重点文物配备了能够输出中、英、日三种语言的语音导览器,为中外观众进行详细介绍。

青岛市博物馆作为青岛历史的缩影,正被大众所了解、熟知、接受,越来越多的人来到青岛市博物馆欣赏博大精深的传统文化、驻足青岛历史的灿烂历程、品味现代艺术的创作风采……

博物馆环廊

学术报告厅

贵宾接待室

撰文:宋跃

中央领导曾庆红参观潍坊市博物馆新馆，在民俗厅与民间艺人亲切交谈。

风筝故里　富藏精鉴

潍坊市博物馆

　　潍坊市治旧称维县，是清代著名金学家陈介祺故里，陈氏当年即以"富藏精鉴"而"宗仰海内"。潍坊市博物馆秉承乡风，创建于1962年，是集宣传、收藏、科研于一身的综合性博物馆。

　　该馆旧址坐落于清代乡绅丁善宝光绪十一年所建十笏园中，该园融我国南北方建筑艺术于一体，被国内建筑界誉为"北国园林，能饶水石之胜者，以此为最。"1988年被定为国家级文物保护单位。新馆位于市区东部，1999年落成开展，环境优美，为传统仿古建筑，是国内地市级规模之最大馆。

　　该馆现藏有历代文物达2万余件，其中以史前陶器、明清书画最为精绝。

中央领导吴官正参观潍坊市博物馆"十笏园"。

潍坊市博物馆新馆外景

潍坊市博物馆新馆简史厅

博物馆新馆古书画展厅

新馆下属三大展馆，一为潍坊简史馆，细分为文明曙光、三代英华、汉唐风韵、宋清撷珍与古城沧桑五部分，荣获过1999年全国十大展览精品提名奖。同时，该馆还辟有馆藏书画精品展和民俗展厅。民俗展厅集中明清至民国时期潍县的乡风社俗及旧物。同时，另外辟建腾云阁等临时展厅多个，可随时举办各种临时大中型展览。

二为古生物展厅，该展览展出临朐山旺古生物、诸城恐龙化石、有关县区出土的古菱齿象化石等近百件展品，配以声光电等营造出当时各种生物的生态环境，使人有身临其境之感。

三为科普馆，分生命奥秘、家园呼唤、科学真谛、地球纵横与智能超人等五大部分。该展以声、光、电和高科技实物载体，展示人类科技进步及人类与自然间的无穷奥秘。集观赏、参与实践和思考于一体，是中小学学生普及科学知识，唤起科学创造与发明欲望的最直接的课堂。

近半个世纪以来，该馆已举办各类文物、书法与绘画和民俗风情及形势教育的大中型展览近千次，为宣传潍坊的历史与文化做出了积极的贡献。并先后与中国社会科学院考古研究所、山东省考古研究所、北京大学、山东大学等联合进行考古调查与发掘，获得多方面的优秀成果，其中1996年参与发掘的青州龙兴寺佛教窖藏获当年全国十大考古奖。

该馆有研究馆员5名，各自在海岱地区史前考古、中国东方人类文明起源、夏商周考古、古文字、秦汉考古、中国东方人类文明起源、魏晋佛教造像艺术等方面勤勉耕耘，现已在国内外正式出版有关方面专著15部，发表史前考古、文明起源、三代古国、古文字、古钱币、古兵器与考古发掘等学术专业论文200余篇，获国家和省市级优秀科研成果奖50余项。

该馆先后获得山东省优秀博物馆、山东省爱国主义教育基地、

国家级重点文物保护单位潍坊市博物馆"十笏园"

山东省精神文明单位等多项荣誉，并多次受到国家文物局、公安部、中共山东省委、山东省人民政府、省文化厅和中共潍坊市委、市政府的表彰与奖励。

潍坊市博物馆科普馆二楼展厅

潍坊市博物馆科普馆内景

祭天圣地 五岳独尊

泰安市博物馆

岱庙内泰山刻石 秦

岱庙全景

泰安市博物馆坐落在泰山脚下的岱庙内，成立于1986年，是一所集文物、园林、古建筑为一体的综合性博物馆。岱庙始建于汉，恢拓于唐、宋、金、元、明、清多有重修，是中国古代帝王供奉泰山神灵，举行祭祀大典的场所，总面积9.6万平方米，是泰山上下现存规模最大的古建筑群。1988年，岱庙被国务院公布为全国重点文物保护单位。

泰安市博物馆现有馆藏文物1万余件，其中一级文物138件。藏品中一部分为古代帝王供祀泰山神灵的祭器，是博物馆藏品中的精华。另一部分为考古发掘出土和从社会征集来的各种历史文物，是泰山历史文化发展的实物见证。另外，博物馆还有库存古籍图书4万册。

泰安市博物馆现有陈列厅18个，面积3495平方米。基本陈列有：历代碑刻陈列、汉画像石陈列、泰山封禅告祭陈列、泰山历史文物陈列等。此外，每年还举办多次临时展览。年平均接待国内外游客40余万人。

泰安市博物馆自建立以来，在各级政府及上级文物部门的支持下，加大了对文物保

1987年 联合国科教文组织卢卡斯先生参观岱庙。

泰山祭器 珊瑚釉描金五供 清嘉庆

泰山祭器 铜胎掐丝珐琅天神八宝 清乾隆

护、利用、管理的力度。在积极做好古建筑维修保护的同时，恢复岱庙历史原貌的工作也取得了长足的进展。岱庙在泰山旅游业中发挥了重要作用，先后接待过许多著名国际友人，如新加坡总理李光耀、吴作栋、美国国务卿舒尔茨、联合国教科文组织卢卡斯先生、莫洛伊先生、泰国公主甘拉亚·瓦塔娜、加拿大总理皮埃尔·特鲁多，朝鲜国家主席金日成等。

泰安市博物馆作为保护、研究和展示泰山历史文化遗产的文化教育机构，宣传祖国悠久文化的一个重要窗口，在区域及国际间文化交流中正发挥着愈来愈重要的作用。

撰文：史欣

尽展中原文化 传承古代文明

河南博物院

国家主席胡锦涛参观展品

河南博物院是一座国家级现代化大型博物馆，占地面积10.4万平方米，展厅面积1万多平方米，是中原腹地最大的文物收藏、保护、研究、展示中心。主体建筑位于院区中央，呈金字塔形，其后为文物库房，四隅分布有电教楼、综合服务楼、办公楼、培训楼等。整个建筑结构严谨，气势雄浑，取九鼎定中原之寓意，体现了源远流长、博大精深的中原文化特征。

河南博物院是中国最早创建的博物馆之一，它的前身为河南博物馆。1927年7月，在时任国民革命军总司令、河南省政府主席的冯玉祥将军的极力主张下，成立了河南博物馆筹备委员会，并指定开封法院西街前法政学校校舍（今开封市三圣庙街）为馆址，将河南博物馆更名为民族博物院。1930年12月，恢复河南博物馆名称。1961年随省会由古都开封迁往郑州市。

河南博物院十分重视高科技手段的应用和现代化设施建设，除了完善的现代化基础设施外，还引进了安全技术防范技术、办公自动化管理系统、文物保护系统、电教系统、楼宇自动化系统等设施。利用自身优势创建了业务信息网络系统，主要包括藏品管理系统、资料管理系统和图书管理系统，并实现了内部局域网与国际互联网的连接。1998年8月又建成和开通了河南博物院网站，并成为河南博物院对外传播信息的一个重要窗口。多功能报告厅的投入使用，使得河南博物院的服务功能更加完备，其配套设施技术先进、功能齐全，具备了承接各类国际性学术会议和中小型演出活动的功能。

河南博物院馆藏文物13万余件，有各种不同规格的展厅19个，不仅能满足大型基本陈列与专题陈列的需求，而且可接待不同规模的临时展览。开馆以来，举办的展览丰富多彩，既有大型的基本陈列《河南古代文化之光》、《中原丰碑》，又有独具特色的专题陈列《河南古代石刻艺术馆》、《楚国青铜器馆》、《明清工艺珍品馆》、《河南古代建

筑明器馆》、《河南古代玉器馆》、《恐龙世界》等。这些陈列内容丰富，蔚为大观，从不同角度展示了中原文化的悠久与辉煌。尤其是《河南古代文化之光》，是70年来河南博物院规模最大、技术最先进、内容更充实的大型陈列，展厅面积达3200多平方米，展览文物1000多件（套），均属馆藏文物精品，重点展示了河南古代文化的光辉成就。其中《楚国青铜器艺术馆》荣获国家文物局评选的1998年度"全国十大陈列展览精品奖"殊荣。同时，河南博物院先后举办临时展览70多个，涉及历史、艺术、时事、科普、民俗等多个门类，在展览内容和形式上达到了新的高度，在社会上引起了强烈的反响。河南博物院积极组织和参与对外文化交流，先后到美国、法国、日本、德国、新加坡等十几个国家及香港、台湾等地区进行展览，为传播中华民族的传统文化发挥了积极作用。

展厅一角

河南博物院结合文物展览，复制河南古代乐器，组建"华夏古乐团"进行演奏，古乐风格古朴，曲调高雅，使河南博物院充满了动感和生机。

河南博物院文物保管、保护工作成绩显著。几年来征集文物3700多件，有效地补充了馆藏文物的不足；引进了文物藏品信息管理系统，实现了对保管文物的科学管理；成立了文物保护技术中心，配备有多台现代化的分析仪器，能满足各类文物材料保护和研究的需要。2002年，汉代"四神云气"壁画的修复，经国家文物局专家鉴定，达到国际先进水平。

河南博物院十分重视自身队伍建设，安排科研项目资金，资助业务人员搞科研，并经常召开各种类型的学术研讨会，以拓宽职工的视野，提高其业务水平。职工的论文、论著多次获奖，在全国文博系统产生积极和广泛的影响。自办刊物《中原文物》连续被省新闻出版局和省社科院评为"一级期刊"

和"社科核心期刊"，同时还广纳贤士，多渠道引进人才，几年中先后引进留学回国人员、硕士研究生等各类人才20多名。多次派出业务人员出国学习考察，科研队伍整体水平得到有效提高。

　　河南博物院自开放以来，以弘扬优秀民族文化，促进国际交流为宗旨，"外树形象，内强精神"，成为精神文明建设的阵地，展示中原文明的重要窗口，连接中原与世界文化的桥梁。吸引了大批中外来宾，党和国家领导人江泽民、李鹏、胡锦涛、温家宝等先后到河南博物院视察，赞誉精美的中原文物，对博物院给予高度评价。河南博物院先后获得"省级文明单位"、"全国文化工作先进集体"、"全国文物系统先进集体"、"全国爱国主义教育示范基地"、"全国科普教育基地"等50多项荣誉称号，为社会主义精神文明建设做出了贡献。

院领导班子

展厅一角　　贵宾室

河南博物院

铜神兽 春秋

社会综合馆

云纹铜禁 春秋

华夏古乐团在演奏

河南博物院主展馆

撰文：刘玉珍　摄影：阎新法　牛爱红

七朝古都 艺术宝库

开封市博物馆

开封市博物馆坐落在风光秀丽的包公湖畔南岸，是古都开封著名的文化艺术宝库和旅游景点、河南省著名博物馆之一、省爱国主义教育基地和开封市中小学德育教育基地。全馆占地面积1.6万平方米，建筑面积1万平方米，主体楼7000平方米，系呈"山"字形仿古建筑，单檐歇山顶，黄绿琉璃瓦覆盖，典雅庄重，宏伟壮观。其中，陈展楼面积5000平方米，展厅13个。

开封地处中原，是我国七大古都之一，七朝建都之地。悠久的历史，灿烂的文化和丰富多彩的文物古迹，是博物馆事业赖以生存的坚实基础。开封市博物馆目前已收藏有青铜器、陶器、瓷器、书画、碑帖、石刻墓志、历代货币及近代革命文物8万余件。其中的开封府题名记碑、开封犹太碑、嘉祐二体石经碑、女真进士题名记碑等弥足珍贵；宋拓十七帖、元颜辉山水楼阁人物图、明张弼草书千字文、清王铎草书轴、明宣德青花缠枝莲纹瓷盘以及清代宫廷用品等，皆为文物中的精品。

建馆以来，采取自办、引进和联办的方法，开封市博物馆先后举办了《宋代历史文化陈列》、《开封革命历史展览》、《开封犹太历史文化陈列》、《馆藏石刻精品陈列》、《中国历代货币展》、《明清书画展》、《明清工艺品展》、《没有共产党就没有新中国》、《香港的历史与发展》、《纪念焦裕禄逝世35周年展览》、《中国古代科技成就展》等数百个展览，观众每年达十余万人次。

佛手花插 清

博物馆外景

多年来开封市博物馆狠抓科研活动，先后出版了《古都开封》、《汴梁八景及其他》、《解放开封》、《包公正传》、《宋都御街春秋》、《中国犹太春秋》和《开封研究》等10多部专著，在《中国古都研究》、《中国博物馆》、《中国文物报》、《考古》、《文物》等数十家刊物上发表高质量的论文百余篇。

开封市博物馆积极参与国际文化及学术交流活动。多次选送文物精品参加出国展览，受到所到地比利时、新加坡等国家及香港特区政府的赞扬，也多次接待了美国、加拿大、法国、澳大利亚、德国、日本等国专家学者对该馆的参观和学术交流活动。

近年来，博物馆利用自己的优势，参与社区文化的塑造，连续主办了"文物夏令营"活动，多次举办开封革命历史故事大赛、中华古诗文朗诵会、建党80周年电视大赛、送展览下乡等活动，使博物馆成为开封地区精神文明建设的特殊基地。

二体石经 北宋

大晟钟 北宋

撰文：丁卫卫

千年古都 精品荟萃

洛阳博物馆

洛阳博物馆位于古都洛阳市中心繁华地段，西邻王城公园，是中国优秀地市级博物馆。

该馆是洛阳唯一的一座综合性历史博物馆，藏品数量浩瀚，时代蝉联，精品荟萃，尤以青铜器及唐三彩著称，在国内外享有盛誉。多年来洛阳博物馆始终坚持收藏保管、宣传教育和科学研究相结合，充分发挥藏品优势，经营筹办形式多样的综合或专题性的文物展览，新推出的《永恒的文明——洛阳文物精品陈列》由史前时期、夏商时期、两周时期、汉魏时期和隋唐时期五大部分组成，展示文物珍品近千件。其中的夏代青铜爵、战国时期的错金银铜鼎、北魏时期陶塑、唐代的三彩灯、三彩马堪称国之瑰宝。同时，结合运用多种现代化表现手法，赋予展品以新的生命力，使展览具有雄浑大方、精巧典雅的气势和风格，再现了千年古都特殊的历史地位，并荣获国家文物局"1999年度全国十大陈列展览精品奖"。

国宝级 错金银铜鼎 战国

洛阳博物馆充分发挥并积极拓展宣传教育职能，经常举办丰富多彩的临时展览。同时还走出国门，先后赴日本、韩国、美国、比利时等国家举办文物展览，将古都洛阳灿烂的古代文化推向世界。多年来出版有《洛阳唐三彩》、《洛阳文物精粹》、《建馆四十周年纪念文集》等大型专集和画册。

洛阳博物馆外景

展厅一角

《永恒的文明——洛阳文物精品陈列》

国宝级 三彩灯 唐

天圆地方 鼎立中原
郑州博物馆

《古代石刻艺术陈列》展厅一角

郑州博物馆馆藏文物丰富，有铜器、陶瓷器、石造像、碑刻、货币、画像砖、书画等多门类数万件藏品。藏品中原始社会时期至唐宋时代段的文物数量较大，具有代表性的商周青铜器、唐宋石雕等在国内外学术界享有盛誉。

长期以来，郑州博物馆始终坚持把社会效益放在首位，致力于郑州地区的历史研究、文物保护、陈列展览、社会教育，先后举办了上百个陈列展览，接待海内外观众数百万人次，成为展示郑州悠久历史和灿烂文化的重要窗口。

这里是一座知识的殿堂，漫步其中，接受深厚凝重历史文化的熏陶，将给参观者美的艺术享受。

郑州博物馆是一座地方综合性历史博物馆，创立于1957年，原址位于碧沙岗公园内。1997年郑州市政府拨出市中心绿城广场西侧黄金地段，兴建郑州博物馆馆舍，1999年底新馆落成开放。新馆占地近1万平方米，总建筑面积14206平方米。主展馆建筑面积8337平方米。主展馆以郑州出土的商代青铜方鼎为造型基础，配以圆形碟状屋顶，取"天圆地方，鼎立中原"之寓意，融民族文化和时代精神于一体，跻身现代化博物馆行列。

《古代石刻艺术陈列》展厅一角

郑州博物馆主展馆

荆楚文化　观览胜地
湖北省博物馆

湖北省博物馆筹建于1953年，是湖北唯一的省级综合性博物馆。馆址位于武昌东湖风景区，环境优美，交通便利。它是省内最重要的文物收藏与征集、陈列展览与宣传教育单位，也是省文物保护研究的中心和考古勘探、发掘的主要单位。近年来，配合国家大型建设，进行了一系列重要的考古发掘工作，如三峡（湖北段）考古、枣阳九连墩楚墓发掘等。目前拥有各类文物20余万件（含国家一级文物800余件）。

经过50余年的不断建设，该馆在海内外具有一定影响。尤其是20世纪90年代至今，在国家有关部门和地方领导的关怀下，面貌得到改观。1999年元月"编钟馆"的开放、周边环境的整治、馆舍环境的美化，使之日益成为海内外游人旅游观光、本地民众假日休闲、广大学子校外活动的首选之地。2000年湖北省博物馆被国家旅游局命名为ＡＡＡＡ级旅游景区。目前，总投资2.3亿元人民币的"楚文化馆"和"综合陈列馆"正在加紧建设，预计2005年5月"楚文化馆"对外开放、2006年新馆全部竣工并开放，届时馆区面积9.8万平方米、建筑面积3.3万平方米。新馆的落成和开放，将为全面展示湖北地区的古代文明和社会发展、为进行丰富多彩的文化交流，提供一个广阔的平台。

该馆一直把爱国主义教育作为办馆宗旨之一。建馆至今，已举办各种展览300余个，其中重要展览有《湖北出土文物》、《湖北革命文物》、《馆藏珍品展》、《董必武展》、《周恩来百年诞辰展》、《曾侯乙墓出土文物展》等。每年接待数以十万计的学生和群众，同时也不定期举办流动展览，到县区和学校巡回展出，取得了良好的社会效益，被省、市各级政府定为"爱国主义教育示范基地"，2000年被中央宣传部授予"全国爱国主义教育示范基地"称号。

该馆非常重视对外文化交流，曾先后20余次赴日本、英国、美国、新加坡、卢森堡、法国等国家及香港、台湾等地区举办（或参与）大型的文物展览，重要的有：《伟大的中国青铜时代》、《战国秦汉漆器》、《曾侯乙墓特别展》、《荆楚雄风——楚文物展》、《中国周代艺术珍品展》、《漆器描绘的神的世界——湖北出土漆器展》、《孔子时代的音乐》、《龙之声——中国钟铃艺术展》等。这些展览和随展举行的"编钟乐舞"演出，深受世界各国人民的欢迎。

湖北省博物馆外景

"编钟乐舞"演出情景

曾侯乙墓特别展厅

撰文：喻少柏 摄影：郝勤建

社会综合馆

江汉明珠

武汉博物馆

武汉博物馆正式成立于1986年，是收藏历史文物、举办陈列展览、进行科学研究的文化事业单位。2000年12月，位于武汉市汉口青年路373号的武博新馆落成。2001年10月1日正式对外开放。新馆总建筑面积17834平方米，陈列面积6000平方米，建筑为对称性结构，外观恢弘壮丽，集东方文化的典雅和现代化功能于一体。整个建筑分为前后两个部分，前部分是陈列展览区，共三层9个展厅，后部分是文物库房和辅助设施用房。同时博物馆主体建筑周围设有广场、宽阔的车辆通道、停车场等。

作为现代化的综合性博物馆，武汉博物馆集文物收藏、学术科研、宣传教育、文化交流以及休闲娱乐于一体。武汉博物馆现有文物藏品5万余件，涉及陶瓷、青铜器、书画、玉器、竹木牙雕、珐琅器、印章等众多种类。其中既有清宫造办处的御制秘器，也有历代名家高手的杰作；有考古研究价值极高的出土文物，也有工艺精湛的传世精品。如春秋蔡太史铜，为春秋时期的青铜贮水器，鼓腹平底，两侧有环耳，环耳两侧铸有匀整的铭文："唯王正月初吉壬午蔡太史秦年（作）其铜永保用。"在此之前，古书文献无见铜之名称，由于有了这件实证，不仅订正了器名，也为研究楚国文化及蔡国历史提供了珍贵资料；东汉诗经铭文重列式神兽镜，为圆形，镜面微凸，纹饰为浮雕神兽，分五段上下重叠排列，错落有序。此镜珍贵之处在于镜外缘一周隶书铭

青花四爱图梅瓶 元

此瓶土体纹饰为四爱图，即：王羲之爱鹅，陶渊明爱菊，周茂叔爱莲，林和靖爱梅、鹤。

武汉古代历史陈列展厅

文，铭文内容与《诗经·卫风·硕人》篇章相似，经我国著名金石学家罗福颐先生鉴定为失传一千七百多年的鲁诗。

武汉博物馆的陈列展览十分注重人文化色彩，目前展览有反映武汉历史的基本陈列《武汉古代历史陈列》、《走向近代的武汉》与《历代文物珍藏》、《古代陶瓷艺术》、《明清书画艺术》三个专题艺术展览；同时还不定期举办或引进各种临时展览。其中《武汉古代历史陈列》荣获第五届全国十大陈列精品奖。

武汉博物馆具有现代化的管理设施。文物收藏与陈列展览上均运用现代科技，在安防系统、供电系统、空调系统、采光照明系统、通信系统诸方面处于一流水平。青铜器的辉煌灿烂，玉器的晶莹温润，竹木牙雕的清新工巧，陶瓷器的东方神韵，书画艺术的深邃幽远打开了穿越历史的窗口，折射出悠远、凝重、丰富的古代文明和瑰丽多姿、八方交融的江汉文化。

武汉博物馆外景

蔡太史钸 春秋

凤纹方罍 商

诗经铭文镜 东汉

武汉博物馆序厅

《明清书画艺术》展厅

观众参观《历代文物珍藏》厅展览

撰文：彭建 摄影：曾智德

藏冠三湘　展通古今
湖南省博物馆

2003年8月29日，中共中央军委主席江泽民参观新陈列馆《马王堆汉墓陈列》。

湖南省博物馆位于长沙市开福区，与风景秀丽的烈士公园毗邻，占地面积5.1万平方米，公用建筑面积2.9万平方米，是全省最大的综合性历史艺术博物馆、全国爱国主义教育示范基地和湖南省最佳旅游景点之一。馆藏文物丰富，尤以马王堆汉墓文物、商周青铜器、楚文物、历代陶瓷、书画和近现代文物等最具特色。

湖南省博物馆内绿树成荫，环境幽雅，历年修建的老陈列馆、办公楼和新陈列馆等建筑古朴典雅，各具时代特点。20世纪末竣工的新陈列馆建筑面积1.4万平方米，造型古拙，气势恢弘，以其独特的风格展现出湖湘文化的丰富内涵，成为古城长沙标志性建筑之一。该馆通过空调和楼宇自动控制系统保持温度和湿度的恒定，设备先进；并设有陈列展室、学术报告厅、影视厅、半景画馆和贵宾室等，展示、接待功能齐全。2003年初，新陈列馆推出了全新的《马王堆汉墓陈列》、《湖南商周青铜器陈列》、《湖南名窑陶瓷陈列》、《馆藏明清绘画陈列》及《湖南十大考古新发现陈列》等五大基本陈列，展出的均为馆藏文物中的精品。新陈列馆正式对外开放后，观众络绎不绝，中共中央军委主席江泽民、原国务院总理朱镕基、中共中央政治局常委李长春、中宣部部长刘云山、国务院副总理曾培炎、国务委员陈至立等中央领导同志相继莅临湖南省博物馆视察工作，并对新馆的建设给予了较高评价。

湖南省博物馆荟萃了湖湘大地的文物遗珍，展现了湘楚文明的来龙去脉，在当今喧嚣日甚的都市内，不失为优雅宁静的文化休闲去处，是了解湖湘文化的最佳窗口。

湖南省博物馆新陈列馆外景

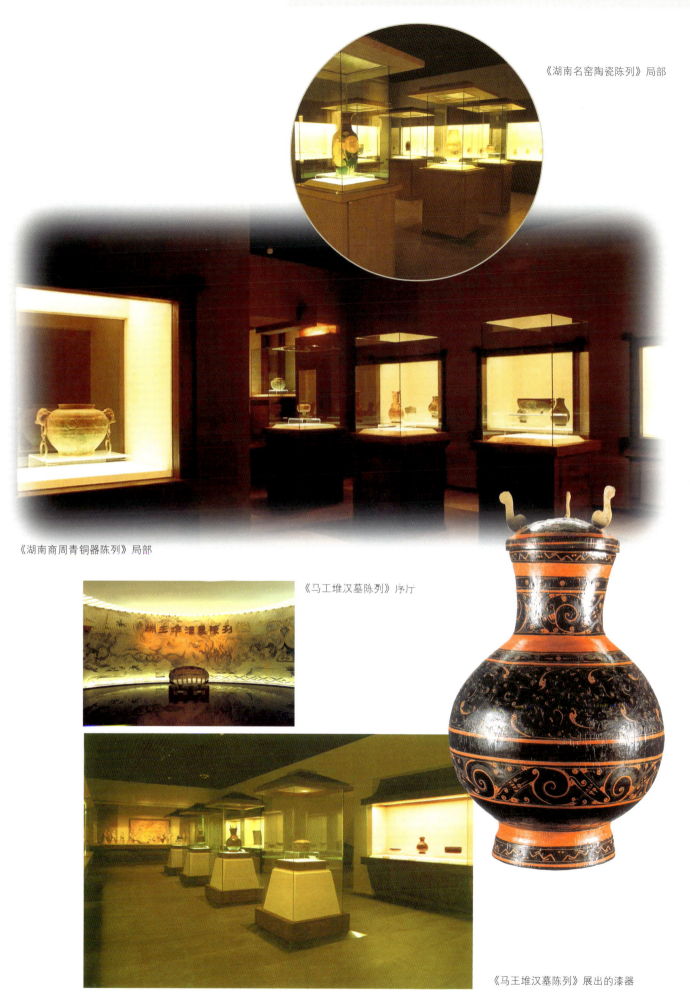

《湖南名窑陶瓷陈列》局部

《湖南商周青铜器陈列》局部

《马王堆汉墓陈列》序厅

《马王堆汉墓陈列》展出的漆器

岭南文化 神韵飞扬
广东省博物馆

广东省博物馆中庭

潮州木雕艺术展览序厅

　　广东省博物馆成立于1959年，位于广州市中心的文明路215号，是一座省级综合性地志博物馆。

　　广东省博物馆大院原是清代的贡院，大院占地面积4.3万平方米。院内有全国重点文物保护单位——国民党"一大"旧址（含革命广场）和广东省文物保护单位——红楼、中山大学天文台，并辖有广州鲁迅纪念馆。

　　目前，广东省博物馆藏品总数达13万余件（套），另外藏有地质文物、标本、化石2.5万余件（套）。馆藏中国历代陶瓷和书画数量多、质量精，居全国博物馆前列。另以广东出土文物、金木雕、端砚最为丰厚，也最具其地方特色。近年更注重三大民系的民俗文物的调查征集，进一步提高藏品质量，强化地域文化特色。

　　馆内基本陈列为：《广东历史大观》、《漆木精华——潮州木雕艺术展览》、《南海海上丝绸之路》、《广东珍稀动物展览》、《鲁迅生平与纪念》、《国民党"一大"与第一次国共合作史料陈列》等。这些根据广东历史文化特点和馆藏优势推出的展览，反映了岭南文化悠久的历史文化积淀和丰富的自然资源。

　　1993年，该馆建成一幢建筑面积为12300平方米的陈列大楼，陈列面积6000平方米。2003年，广东省委、省政府决定投资9亿元在广州珠江新城建设广东省博物馆新馆，并将它纳入广东省"十五"期间十大重点工程。新馆建设是广东省博物馆发展的一个重要历史契机，建设"国际先进、国内一流的现代化综合性博物馆"成为广东省博物馆今后的发展方向和目标。新馆以广东历史民俗、艺术、自然为三大主要陈列内容，以期形成广东省文物收藏、研究、保护和展示的中心，对全省乃至港澳地区将起着文化辐射作用。

石湾窑大师作品展一角

潮州木雕艺术展览一角

国民党"一大"旧址

钟楼外景

深圳历史 特区之窗
深圳博物馆
SHENZHEN MUSEUM

深圳博物馆成立于1981年，1988年11月开馆，是一座年轻的综合性博物馆，是深圳文物收藏和历史研究中心。主要目标是发展成"国内一流、国际知名"的现代化博物馆。该馆以面向大众的科学教育和知识传播为宗旨，通过展览、出版刊物、讲座和研讨会等形式向大众全面展示深圳的过去、现在和未来，从中领略中华民族的灿烂文化。

深圳博物馆环境优美，庭院幽深、水木繁花辉映成景，堪称古堡、花园式建筑。主体建筑展楼、文物库、办公楼和影视厅被曲折的长廊连成一体。展览大楼是一座五层的古堡式建筑，展楼前广场宽阔，南广场矗立的铸铜雕塑《闯》是深圳市标志性的著名雕塑。

该馆现有文物藏品2万余件，其中商周青铜器的数量和质量，位居广东省文博系统前列，史前彩陶征集收藏也卓有成效。特区创业史文物资料和客家民俗文物是该馆展品的特色。它展示了深圳改革开放走过的艰难历程和建设的巨大成就。

作为深圳市重点文化设施和青少年爱国主义教育的基地，该馆从建馆以来，不断丰富和完善基本陈列。在32个展室中，有反映深圳历史的《古代深圳》、《近代深圳》及《今日深圳》陈列。翔实的资料、生动的实物向观众全面展示了深圳六千余年的历史发展轨迹。它告诉人们，先人是怎样在这片热土上挥洒汗水，以勤劳和智慧、奋勇抗争的精神创造出无数奇迹。该馆的《海洋生物》和《野生动物》展览，以形态各异、造型优美、栩栩如生的动物标本给青少年提供了自然科学知识，让他们了解到周围的自然资源，教育人们保护生态环境，热爱大自然。

深圳博物馆主编出版的部分书刊

展厅环境典雅

越窑青釉瓜棱壶 五代

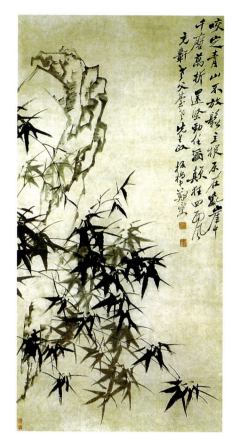

墨笔四面风竹图轴 清 郑燮

三彩陶大土俑 唐

深圳博物馆在做好基本展览的基础上还不断引进全国各地国宝级的文物精品展览和多种多样的现代艺术展览，年平均举办30至40个临时展览，以各流派艺术作品、爱国主义教育、伟人生平事迹展示等为主，让观众欣赏到全国的文物精华和艺术精品。该馆还经常性地把有教育意义的展览送到部队、学校、工厂、企业、劳教所等基层单位去巡展，产生了良好的影响。

鸟纹立耳铜鼎 西周晚期

该馆秉承服务社会和大众的宗旨，以弘扬民族历史文化、展示特区开放历程和成就为己任，年均接待中外观众达30多万人次，其中许多是来自港澳台地区、东南亚和世界各地的旅行团，成功接待过江泽民、田纪云、迟浩田、王光英、谷牧等党和国家领导人，以及国外80多个国家的首脑和政要。深圳博物馆已成为特区对外宣传的窗口和沟通中外文化的桥梁。

《国旗颂展览》在馆内展出

《今日深圳》展厅一角

博物馆近年来征集的部分地方民俗文物

社会综合馆

百年沧桑历史写真 一国两制惊世之举
中英街历史博物馆

中英街历史博物馆外景

第二展室

第一展室

　　历经百年沧桑的中英街，有着独一无二的人文景观和英国殖民主义者留给中国的屈辱伤痕。一百年来，中英街保持着世界上罕见的"一街两制"的格局，香港回归祖国后，它又是"一国两制"的交汇点，同时也是中国改革开放的窗口、有着购物天堂的美称。

　　中英街历史博物馆位于沙头镇内中英街一号界碑的东侧，于1999年5月1日正式开馆，新落成的博物馆展楼总建筑面积1688平方米，共分为五层，一层为迎宾大厅；二、三层为中英街历史陈列厅；四层为临时展厅，顶层是观景台可鸟瞰大鹏湾和香港"新界"自然风光。

　　中英街历史博物馆的基本陈列《中英街历史》采用了历史纪实与陈列复原的手法，形象、生动地再现了中英街的历史变迁。整个陈列展览形式独具匠心，它通过220余幅历史照片和100余件文物的陈列和详实的史料向人们讲述了百余年来中英街变迁和发展的历史。如：清末民初东和墟场景的复原，再现了晚清东和墟繁荣祥和的集市，共复制了25：1的房屋模型40余座，赶墟的群众模型200多人，仅道具就1000多个。其场景复原场面宏大、人物形象逼真、栩栩如生，把观众带入了晚清时期的东和墟。运用现代电子手段制作的香港、九龙新界及沙头角的全景沙盘，直观地再现了英国殖民主义者瓜分中国领土的罪恶行径。馆内还在前言版面和民俗场景复原中陈列了形态各异的仿真人物硅胶像，真实地反映了当地劳动人民从传统的农业经济向商品经济发展的进程。同时，展览还从精神文明建设、香港回归等方面表现了蓬勃发展的中英街新貌。

　　中英街历史博物馆吸引了一大批来自全国各地的参观者。现在，该馆已成为中英街新的象征，成为对人民群众和青少年进行爱国主义教育的良好场所。正如一位参观者在观众留言簿上所写的：永远记住这一段值得回味的历史，让它永远变成对后人进行爱国主义教育的活生生的教材。

第一展室

《历史的见证》——
鸦片战争与香港展览

深圳市中英街"3·18"警示日鸣钟仪式。

撰文：张培

93

藏宝

文物艺术相融 尽展东莞春秋
广东省东莞市博物馆

广东省东莞市博物馆

白釉贴花带盖瓶
底款：大明年造 广东东莞市出土

东莞市博物馆是地方综合性博物馆，前身为东莞县图书博物馆，成立于1931年，1959年10月在原址复馆。1989年5月由市委、市政府投资在新芬路择地建新馆大楼，1994年新馆落成并正式对外开放。全馆占地面积2700平方米，建筑面积5800平方米，有效展览面积3300平方米。一楼分大堂展厅和园林展厅，为艺术活动和流动展览场地，内设有古钟亭、经幢亭等组成园林式展线与之配套；二楼展室，定期轮换展出馆藏文物、引进外地高档次文物、莞籍全国著名书画家邓白、卢子枢先生捐赠的书画；三楼是基本陈列《东莞春秋历史文物展览》，这个展览以景观带文物、以文物带历史的展示方法，生动真实地反映东莞五千年的历史发展脉络。该馆下设一室五部（即办公室、技术部、保管部、陈列部、保卫部、群工部）和金鳌洲塔管理所共7个部门，分别负责文物征集、发掘、收藏、保管、研究、展示等业务。馆藏文物近万件，以书画为多。种类计有书画、陶瓷、铜器、玉器等，部分藏品极具历史价值和艺术价值。平均每年举办展览28次。

东莞市博物馆是东莞市进行爱国主义、社会主义教育的重要阵地，是东莞市中小学生开展乡土教育的好场所，文化休闲的好地方。

石经幢（镇象塔）北宋

东莞市博物馆管辖的金鳌洲塔

撰文：钟创坚　李满超

馆藏　邓尔雅书法《小篆七言》

95

五彩缤纷 民族文苑

广西壮族自治区博物馆

位于博物馆民族文物苑内的风雨桥

1978 年建成的博物馆大楼

　　广西博物馆创建于1934年，至今已有70年历史。现有职工104人，在民族考古、岩画、铜鼓、民族学研究等领域有突出成就。

　　该馆是广西收藏文物珍品最多的博物馆，设有4个约7000平方米的陈列展厅，有固定陈列展厅《古代铜鼓陈列》和《广西民族民俗陈列》在常年展览，还经常举办临时展览。馆藏珍贵文物5万多件，其中有新石器时代的大石铲、商代的铜卣、汉代能清烟尘的铜凤灯，绘有神话故事的漆绘铜盆、漆绘铜筒以及11米高的大铜马。

　　该馆铜鼓藏量居世界之首，其中有一面云雷纹铜鼓，面径165厘米，被誉为世界铜鼓之王。

　　广西区博物馆建造的民族文物苑作为民族民俗展览向室外的延伸和扩展，占地面积24万平方米。主要有壮楼、瑶族竹楼、苗族吊脚楼、侗族鼓楼、风雨桥、铜鼓、铜镇雕像等，建筑周围配以石林、水池、奇花名树、田园风光，具有鲜明的地方特色。民居内陈列各少数民族的生产工具，生活用品以及民族工艺品，还有民间榨油、制陶、蜡染、造纸、酿酒等技艺表演。在壮族戏台上，每天都有原汁原味的少数民族歌舞表演。演出侗族的多耶舞、壮族的板鞋舞、竹竿舞、苗族的芦笙舞等多姿多彩的民族歌舞。在苗楼、壮楼还可品尝到打油茶等少数民族风味小吃，并有可供游客选购的民族工艺品。

　　当您踏进民族苑，民族风情扑面而来，壮乡瑶村苗寨，可望可及，民族历史文化，有声有色，顿使你在有限的时间和空间里，领略到无限的民族风光和情趣，得到美的享受！

瓷腰鼓 宋 1979年广西永福县宋代窑田岭瓷窑出土

铜马 汉 1980年广西贵港市汉墓出土

铜鼓 西汉 1976年广西贵港市西汉墓出土

铜牺尊 春秋 1991年广西贺州市沙田乡岩洞墓出土

历史文化巨殿
重庆中国三峡博物馆

重庆中国三峡博物馆新馆效果图

重庆中国三峡博物馆夜景效果图

国家文物局副局长董保华视察新馆工地

市委书记黄镇东（右一）、市长王鸿举（左二）视察博物馆施工现场。

重庆中国三峡博物馆是保护、研究、展示重庆和三峡地区历史文化遗产与人类环境物证的公益性文化教育机构，是弘扬和培育民族精神的重要文化基础设施。重庆中国三峡博物馆与重庆市博物馆合并共建，今后将挂两块牌子。它位于20世纪亚洲十大经典建筑的重庆人民大礼堂的正西端，两者中间为4万平方米的重庆人民广场，三者共同形成"三位一体"的城市标志性建筑群。该馆已于2000年12月29日破土动工，将于2004年12月28日正式对外开放。

重庆中国三峡博物馆主体建筑气势宏伟，内涵高远。除正面与人民广场、人民大礼堂保持三位一体外，其余部分均顺地势地貌而建，并与山体融为一体，结合地势高差与建筑的围合与半围合，呈现出山水主题的园林景观，舒展平缓变化的体量似从山体中生长雕琢而成。工程总用地面积为2.9316万平方米，主体结构长157.3米，宽98.085米，

地面以上总建筑高度为25.2米，共5层，总建筑面积为42497平方米，为一类高层建筑，其中地下1层为文物库房、车库、设备用房，地上4层为展厅、报告厅、管理辅助用房。钢筋混凝土框架结构，抗震设防烈度为6度，框架抗震等级为三级，建筑结构安全等级及耐火等级均为一级，建筑耐久年限为100年以上。

重庆中国三峡博物馆的陈列展览由4个基本陈列、6个专题陈列、1个360度全周电影厅、1个半景画陈列、1个观众实践中心和3个临时展厅构成。

4个基本陈列分别是：反映三峡历史文化和人文精神的《壮丽三峡》，反映重庆地方历史文化源流的《远古巴渝》，反映20世纪重庆城市变迁的《重庆：城市之路》，反映重庆抗战文化的《抗战岁月》。

6个专题陈列分别是：《李初梨捐赠文物陈列》、《历代名家书画陈列》、《历代瓷器陈列》、《汉代艺术陈列》、《历代钱币陈列》、《西南民族民俗文物陈列》。

《大三峡》360度全周电影主要展示大三峡的自然风光和人文景观。

"重庆大轰炸"半景画陈列主要再现重庆大轰炸的悲壮和惨烈。

重庆中国三峡博物馆以"西部领先、全国一流、世界影响"为目标，是重庆城市文化的象征、城市文明的窗口和城市精神的名片。

《远古巴渝》陈列效果图

《壮丽三峡》陈列效果图

山城文物殿堂
重庆市博物馆

重庆市博物馆

重庆市博物馆大门

重庆市博物馆是一座历史类综合性博物馆，位于重庆渝中区枇杷山。正在建设的"重庆中国三峡博物馆"坐落在重庆市人民广场（重庆市人民大礼堂对面）。

重庆市博物馆建于1951年，原西南博物院。1954年西南大区撤销，改为现名。由于重庆文博事业的不断发展，逐渐从该馆划分出了重庆歌乐山烈士陵园纪念馆、红岩革命纪念馆、重庆自然博物馆。20世纪90年代，该馆又筹建了重庆"史迪威旧居博物馆"、"大韩民国临时政府旧址陈列馆"。目前，该馆下属有"宋庆龄旧居陈列馆"、"重庆黄山陪都遗址陈列馆"（蒋介石旧居、马歇尔旧居）。

重庆市博物馆陈列展厅3000余平方米，50年来共举办过200多次陈列展览，接待中外观众1000万人次以上。外国元首布什、福特夫妇、李光耀夫妇、海部俊树等曾来馆参观。基本陈列有：《迈向21世纪新重庆展厅》、《古代雕刻艺术展》、《历代文物艺术展》等。

经五十年的努力，该馆已具相当规模，拥有各类文物藏品10余万件、各类珍贵图书、资料10余万件，展厅3000余平方米，藏品库房4000余平方米。在该馆藏品中，有国家一级文物429件、二级文物909件、三级文物数万余件。在博物馆丰富的藏品中，出土文物以巴蜀文化遗物、汉代画像砖及画像石、汉代陶俑、元末大夏开国皇帝明玉珍墓葬文物较

展厅一角

为驰名；传世文物中，宋代以来名家书画、历代名窑瓷器、明清紫砂器、历代钱币及碑帖、玉器、雕刻、刺绣、西南少数民族文物等，均有较系统的收藏。近现代文物藏品也丰富而有特色，尤其是抗战陪都时期的文物与资料，在国内首屈一指。仅书画藏品一项，就有近万件，其中一级品144件，二级品385件，在国内省级博物馆中名列前茅。

该馆设有历史部、保管部、编资部、社教部、陈列部等14个部门，在职职工110名。正高级职称4人，副高级职称22人，中级职称30人，70%以上的职工具有大专以上文化程度，分别从事博物馆管理、文物征集、考古发掘、文物保管、技术制作、文物研

展厅一角

究、陈列设计等工作。该馆编辑出版的著作和馆刊主要有《重庆历史与文化》、《四川汉阙》、《重庆大轰炸》、《重庆千年图典》、《重庆旧影》、《李初梨珍藏书画选》、《巴蜀史迹探索》、《巴史新考》、《重庆市博物馆汉画像砖选录》、《重庆简史与沿革》、《明玉珍及其墓葬研究》、《近代川江航运简史》、《重庆文物总目》、《巴渝文化》等30余种，发表论文及调查发掘报告400多篇。

雕刻艺术展厅

撰文：阮浩

巴蜀文物传世 现代新馆诱人
四川省博物馆

说唱陶俑 东汉

四川省博物馆新馆位于成都市青华路与浣花南路丁字路口西南侧，北邻青华路、南面为规划的图书馆，东邻浣花南路、西侧是规划的大片城市绿地，属浣花溪历史文化风景保护区。区内有杜甫草堂、青羊宫、文化公园、隋唐窑址、浣花溪、百花潭古河渠、十二桥商周古建筑群遗址等古迹名胜，新馆即处在青羊宫、文化公园到杜甫草堂之间，与送仙桥艺术城相邻。

川博新馆的规划用地规模约为5.33万平方米，建筑密度25%，绿地率45%；根据《成都市总体规划（1995～2020年）（历史文化名城保护规划）》等的要求，该地建筑物局部限高25米，容积率0.5—0.6。

新建成的四川

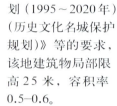

兽面象首纹罍 西周

水陆攻战铜壶 战国

石雕观音头像 唐

省博物馆将充分展现四川省历史悠久、幅员广阔的地域文化特点，造型古朴、典雅、庄重、大方，具有巴蜀文化特征，又有新、奇、特的特点，是历史与未来、传统与现代的有机结合体，富有强烈的吸引力和感染力，与周围环境相协调，符合城市总体规划要求。博物馆的建筑风格将与该馆的性质及展览内容相统一，内部设计符合博物馆活动本身的要求，重视博物馆多种功能发挥的有效性和便利性，注重周边的环境和气氛，实现整体均衡和协调。建成后，将成为历史文化名城——成都市的标志性文化建筑。四川省博物馆将建成西南地区乃至全国一流的博物馆，跻身于全国十大博物馆之列。

四川省博物馆新馆

黔境民族风采汇展 高原文物考古大观
贵州省博物馆

铜车马 东汉 通长112cm 高88cm

贵州省博物馆原为贵州省人民科学宫，于1953年11月改为贵州省博物馆筹备委员会，1958年5月1日新馆建成正式命名开放。五十年来省博物馆在贯彻执行国家文物政策、发展地方文博事业方面，做出了可喜的成绩。改革开放以来，省博物馆积极投身两个文明建设，自觉以宣传民族文化、区域文化为目标，以社会热点为重点，以加强革命传统教育，弘扬民族精神为己任，以文物展览见证历史、凝聚人心鼓舞斗志，促进发展的直观形式，推出展览上百个。《贵州矿产资源展览》(1958年)、《可爱的贵州》(1983年)、《贵州民族风情摄影展》(1996年)、《贵州文物精华》(2000年)、《纪念贵州建省·明清文物展》(2003年)等展览，深受社会各界好评。省博物馆在收藏、保护、管理国有文物的同时，加强对馆藏文物及其文化内涵的科学研究工作，近二十年来，编辑出版了数十种图书，为进一步推动文博工作，奠定了良好的基础。作为省爱国主义教育基地，已连续五年坚持将小学生们喜爱的科普、革命传统教育等专题展览送到市属小学进行巡展。目前，省博物馆全体干部职工面对新世纪、新阶段、新机遇，决心在馆领导班子的带领下，艰苦奋斗，开拓进取，与时俱进地做好各项工作。

"黔府"青花大瓷罐 明万历 通高53.5cm
口径22.7cm 腹径40cm 底径25.1cm

文物荟萃 异彩纷呈

云南省博物馆

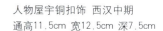

人物屋宇铜扣饰 西汉中期
通高11.5cm 宽12.5cm 深7.5cm

云南省博物馆展览大楼

牛虎铜案 古滇国
高 43cm 长 76cm
宽 36cm

　　云南省博物馆位于昆明市五一路，1951年筹建，1959年开馆，现有藏品13万余件，其中以青铜器、佛教文物和少数民族文物最具特色。主要陈列有《云南奴隶社会》、《云南少数民族乐舞展》、《中国古代铜鼓展》、《云南青铜器》、《云南古代佛教文物》、《云南少数民族工艺品》。还曾到德国、意大利、奥地利、瑞士、日本、美国等国展出。

　　该馆在考古发掘方面，主持发掘了晋宁石寨山和江川李家山古墓群等遗址，修复了崇圣寺三塔等古建筑。在科研方面，出版了若干学术专著如《云南晋宁石寨山发掘报告》、《滇国与滇文化》、《云南艺术史》等。1973年创刊出版了《云南文物》，博物馆研究人员多次应邀到国外讲学，扩大了云南省博物馆在国内外的影响。

金阿嵯耶观音像 宋 高28cm

西藏博物馆主楼

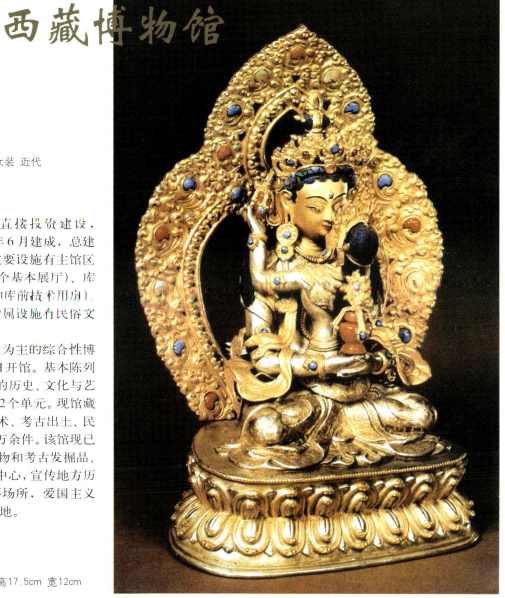

雪域高原 宝藏之家

西藏博物馆

拉萨女装 近代

　　西藏博物馆由国家直接投资建设，1993年开始筹建，1999年6月建成，总建筑面积25510平方米。主要设施有主馆区（含序厅、临时展厅和11个基本展厅）、库房区（含28间文物库房和库前技术用房）、办公楼及学术报告厅；附属设施有民俗文化苑和综合楼。

　　西藏博物馆是以人文为主的综合性博物馆，于1999年10月1日开馆。基本陈列分为史前文化、不可分割的历史、文化与艺术和民俗文化4大部分、22个单元。现馆藏有西藏历史文化、宗教艺术、考古出土、民间民俗等类别的文物约3万余件。该馆现已成为历史、革命、民俗文物和考古发掘品、动植物标本的收藏、研究中心，宣传地方历史文化和自然资源的重要场所，爱国主义和社会主义教育的重要基地。

银铸无量寿佛像 清 高17.5cm 宽12cm

华夏宝库 博大精深

陕西历史博物馆

陕西历史博物馆位于西安市南郊大雁塔西北侧,馆区占地6.5万平方米,建筑面积5.56万平方米,筹建于1983年,1991年6月20日正式建成开放。

作为陕西最大、最重要的综合性博物馆,陕西历史博物馆馆藏文物集中了陕西地区近几十年来出土的各类文物37万余件,它们大都是中国历史文化遗产中特别值得珍视的精品,如商周青铜器、历代陶俑、唐代金银器以及唐代墓室壁画等。在这些精品中,仅国宝级文物就达18件(组),一级品更是多达829件,故有"华夏宝库"的美誉。陕西历史博物馆的馆藏文物不但数量多、种类全、品位高,在工艺技术、艺术创造等方面分别代表了当时全国的最高水平,而且还因其无与伦比的典型性、完整性和序列性,充分体现了中国历史的悠久灿烂和古代文明的博大精深。

作为综合性历史类博物馆,基本陈列《陕西古代史陈列》是陕西历史博物馆最重要的陈列。它以时代为序,将陕西古代史划分为史前、周、秦、汉、魏晋南北朝、隋唐、宋元明清七个阶段,从馆藏文物中精选了2000余件最具代表性的文物,以周、秦、汉、唐为重点,在6000平方米的面积、2000余米长的展线上系统地展现了自蓝田人至鸦片战争前人类进化发展的艰难足迹以及几千年来陕西古代文明的兴衰和沧桑,被誉为"浓缩的中国古代史"。除《陕西古代史陈列》外,陕西历史博物馆还利用馆藏优势并与国内外文博机构合作,在东、西展厅举办了《陕西古代青铜器珍品展》、《陕西历代陶俑精华展》等十几个主题鲜明、内容专一、品位高雅的专题陈列和临时陈列,既从多角度、多侧面向广大观众揭示了历史文物的丰富内涵以及华夏民族博大精深的文明成就,同时也形成了自己互为补充、交相辉映的陈列体系。

作为国家旅游局确定的全国首批AAAA级旅游景点之一,陕西历史博物馆的旅游服务设施齐备,服务全面。主要服务项目有:图书资料室、导游讲解、旅游纪念品商店等。运用视听技术和多媒体技术提供的社会教育和服务主要有:多媒体导览系统、电视录像、多功能报告厅、各种以文物和展览为主的音像制品等。目前,每年接待游客60多万人次。开馆12年来,已累计接待国内外观众700多万人次,其中包括江泽民、杨尚昆、朱镕基、胡锦涛、温家宝等党和国家领导人以及美国总统克林顿、法国总统希拉克、日本明仁天皇等数十位外国元首、政府首脑及大批国际知名人士。

作为展示陕西及中国古代文明的重要窗口,陕西历史博物馆在热情欢迎来自世界各地游客的同时,还在国家文物局和陕西省文物局的支持下,或独立或与有关单位合作,先后在日本、韩国、美国、英国、法国、澳大利亚、新西兰、墨西哥、巴西等十几个国家和地区举办了近40个文物展览。不少展览都在当地引起了巨大轰动,在不同程度上掀起"中国热",为我们与不同国度、不同民族、不同语言、不同肤色的人们之间的交

序言展厅

国宝级 兽首玛瑙杯 唐
口径5.6cm 长15.5cm

国宝级 鸳鸯莲瓣纹金碗 唐
高5.3cm 口径13cm

流架起了一座桥梁，真正实现了让世界了解陕西，让陕西走向世界，同时也为弘扬辉煌灿烂的中华文明做出了贡献。通过文物对外展览，陕西历史博物馆还与世界许多著名的博物馆、美术馆、研究机构建立了密切的交流合作关系，并由此进一步奠定了在世界博物馆中的重要地位。

陕西历史博物馆的藏品无论对微观和宏观的历史研究，还是对认识中国传统文化并评估其在世界文化史中的地位均具有重要意义。尤其是对于周秦汉唐研究来说，陕西历史博物馆具有其他博物馆无法比拟的得天独厚的优势。开馆以来，陕西历史博物馆充分利用这一优势，以周秦汉唐考古、历史、文化研究为中心，编辑出版了10期《陕西历史博物馆馆刊》、近百部各种学术著作以及数百篇学术论文，同时举办了西周史学术讨论会、唐墓壁画国际学术研讨会、秦汉史国际学术研讨会等大型国际学术会议，其学术水平和地位已为国内外学术界广为认可并被视为周秦汉唐研究的重要信息交流中心之一。

国宝级 狩猎出行图 唐
章怀太子墓壁画 150 x 185cm

国宝级 鎏金鹦鹉纹提梁银罐 唐
通高24.1cm 口径12cm

国宝级"皇后之玺"玉印 西汉 高2.8cm 边长2.8cm

国宝级 多友鼎 西周
高51.5cm 腹径50cm

顺应数字化博物馆的发展趋势，陕西历史博物馆也建立了局域网、网站，实现了宽带上网。2002年7月，在北京举办的全国首届数字化建设成就展上，陕西历史博物馆作为国家文物局特别推荐的全国9家博物馆之一参加了这个展览，说明数字化的陕西历史博物馆同样在全国具有特别重要的地位。

作为中国第一座大型现代化博物馆，陕西历史博物馆无论在建筑功能、陈列展示还是文物收藏保护技术和设施等方面，均代表了20世纪90年代中国博物馆事业发展的最高水平，它的建成开放被视为中国博物馆事业走向现代化的标志和中国博物馆事业发展的里程碑。

撰文：霍晓丽

世界第八奇观
发现发展不断
秦始皇兵马俑博物馆

秦陵铜车马

江泽民总书记视察秦俑博物馆

秦始皇兵马俑博物馆是在秦陵兵马俑坑遗址上建立的遗址性专题博物馆。1979年10月1日正式开馆。1986年以后又投资近2亿元进行二期扩建，三号坑遗址展厅、二号坑遗址展厅、环幕影院和秦始皇陵文物陈列厅先后落成开放。如今，一座集考古发掘、文物保护、科学研究的陈列展览、宣传教育为一体的现代化遗址博物馆已形成规模。

秦俑博物馆的发展始终得到了党和国家领导的关怀。叶剑英元帅为博物馆题写了馆名，邓小平、李先念、胡耀邦、杨尚昆、江泽民、李鹏、朱镕基、李瑞环、尉健行、李岚清、吴官正、李长春等中央领导先后来馆视察。从1995年至今，秦俑博物馆被文化部评为全国文化系统先进单位，被人事部、国家文物局评为全国文博系统先进单位，被中央文明委表彰为全国精神文明建设先进单位，被中华全国总工会授予全国"五·一"劳动奖状，还被评为"全国旅游四十佳"，全国百个爱国主义教育师范基地之一，连续多年保持省级文明单位、陕西省文物局系统先进单位等多项荣誉。

开馆以来，秦俑博物馆的科研队伍逐渐发展壮大，现有科研人员141人，其中高中级职称近百人。24年来，出版专著60余部，发表论文200余篇，多项科研项目、科研成果获得国家、省部级奖励，其中"秦陵一号铜车修复技术"获得省科技进步一等奖，国家文物局科技进步二等奖，国家科技进步二等奖；秦俑二号坑考古发掘工作获得国家文

秦俑博物馆外景

物局田野考古一等奖;"秦俑博物馆计算机多媒体文物资料管理系统"获得国家文物局科技进步三等奖;"秦俑彩绘保护技术研究"获得省级科技一等奖。秦俑博物馆组织编写了《秦俑·秦文化丛书》,已出版《秦文字类编》、《秦史人物论》、《秦俑学》等18本。《秦文化论丛》已出版10辑。《博物馆学研究丛书》已出版6本。这些书刊在学术界有相当影响。

1999～2003年,秦俑博物馆先后引进了《重现的文明——玛雅文化展》、《南越王墓文物精品展》、《董作宾商文化学术研究展》、《周原青铜器精品展》、《咸阳文物精品展》等多项临时展览,不断丰富更新陈列内容,使观众常看常新。2000年春季,配合《勿忘国耻——圆明园文物回归展》,对有组织来馆参观的大、中、小学生实行免费接待,受到了社会的广泛好评。

1998年12月,陕西省委省政府决定成立秦始皇陵博物院,受到了国家领导人江泽民的赞同。2002年7月,国家发改委正式批准建设秦始皇陵遗址公园。遗址公园由秦陵博物院和周边环境绿化等组成,面积2.13平方公里,连同秦俑博物馆馆前区环境改造工程预计总投资近7亿元,将于2005年建成。

二号坑出土的彩绘俑

世界第八大奇迹——秦始皇陵兵马俑一号坑军阵

撰文:田静 摄影:夏居宪 郭燕

中国博物馆

皇陵之冠 气势非凡
乾陵博物馆

无字碑 乾陵

述圣纪碑

翁仲 乾陵石刻

华表 乾陵石刻

　　乾陵是唐高宗李治（628～683年）和中国历史上唯一的女皇帝武则天（624～705年）的合葬陵，是陕西唐十八陵中规模最大、保存最完整的一座。1961年公布为全国第一批重点文物保护单位，乾陵陵园东南隅有陪葬墓17座。1961年成立乾陵文物保管所，1978年8月更名为乾陵博物馆，２００１年被国家旅游局公布为ＡＡＡＡ级旅游景区。据文献记载和考古资料证实，乾陵可能是迄今为止唯一未被盗掘的唐代帝王陵墓。

西曰白虎门，北曰玄武门，总面积约230万平方米。城内有献殿、偏房、回廊、阙楼、狄仁杰等六十朝臣像祠堂、下宫等辉煌建筑378间。陵园内现存有精美绝伦的大型石刻

乾陵博物馆

　　乾陵是唐代皇帝陵葬制的典范，按照"依山为陵"的葬制，寝宫修建于海拔1047.9米的梁山主峰之中。整个陵园仿唐长安城格局营造，规模宏大，建筑雄伟富丽，堪称"历代诸皇陵之冠"。据《唐会要》记载，乾陵陵园"周八十里"，占地15万余亩。陵园原有城垣两重，内城置四门，东曰青龙门，南曰朱雀门，

石狮 乾陵石刻

124件，从南乳峰之间沿司马道主轴线往北，依次对称排列，计有华表1对、翼马（天马）1对，高浮雕鸵鸟1对，仗马及驭手5对，戴

乾陵司马道及石刻

翼马 乾陵石刻

冠着袍拄剑的中郎将石像（又称翁仲）10对、石碑2通（无字碑和述圣纪碑）、蕃臣像61尊（东群29尊，西群32尊），内城四门外各置石狮2尊，北门外另有石马及驭手3对，号称"六龙"。这百余件大型石刻，堪称盛唐石刻艺术的露天展览馆。

该馆馆藏文物3900余件，主要是永泰公主李仙蕙、章怀太子李贤、懿德太子李重润、右武卫将军李谨行、中书令薛元超等5座陪葬墓的出土文物和征集文物，其中大型壁画、唐三彩、陶俑、金玉饰器、贴金铠甲骑马俑、玉质哀册、铜镜等均属罕见的文物精品，是研究唐代历史的珍贵实物资料。在这些文物中，有178件定为国家一、二级文物，1295件定为三级藏品。永泰公主、章怀太子、懿德太子三座墓内的1200平方米壁画，堪称"盛唐绘画艺术的地下画廊"，经保护性整修后常年对外开放，供中外游客参观。

1992年，该馆成功地举办了中国"乾陵杯"首届海内外书法篆刻大展，展出书法篆刻精品221幅。1993年与咸阳市文物局举办了《咸阳文物精华展》，展出文物精品144件。1999年，乾陵博物馆重新调整了该馆陈列，开放了《乾陵文物精华展》、《乾陵陪葬墓出土壁画线刻画精品展》、《永泰公主墓石椁展》等基本陈列。从1984年至今，永泰公主、章怀太子、懿德太子等陪葬墓出土的文物精品，被送往美国、日本、德国、新加坡等国家及香港地区参加各种展览和文化交流活动，受到世界各国人民的赞叹。馆内基本陈列展出的文物精品，参观者更是络绎不绝。自开馆以来，已先后接待中外观众累计达1700多万人次。老一辈革命家陈毅、郭沫若、董必武等幸临指导工作；党和国家领导人李瑞环、田纪云、李铁映、宋平、钱其琛等同志亲临视察并指导乾陵文物保护工作。

近年来，该馆科研队伍不断壮大，现有高级职称2人，中级职称15人，初级职称50余人，为乾陵博物馆的科研队伍补充了新的血液。该馆以研究乾陵及其陪葬墓主人、陵园文物、陪葬墓出土文物为重点，先后出版了《武则天》、《武则天与乾陵文化》、《乾陵楹联荟萃》、《乾陵》、《中国乾陵》、《中国乾陵文物精华》、《乾陵之谜》、《睡美人》、《唐代帝王陵墓》等专著。成功地举办了"首届武则天学术研讨会"、"第五届国际武则天学术研讨会"、"'99咸阳国际武则天学术研讨会暨第八届年会"等大型学术研讨活动。

该馆目前正在实施"乾陵景观生态绿化工程"、"乾陵陵园内城旅游环线工程"、"乾陵陵园考古调查以及乾陵文物保护总体方案的编制"等，为营建盛唐文化旅游区和乾陵旅游的新格局打下了坚实的基础。

乾陵博物馆集文物展示、参观、科研、购物、餐饮、住宿、娱乐等于一体，功能齐全，服务上乘，是参观游览的绝佳去处。

撰文：刘向阳

彩绘乐舞骑马俑 唐

天王俑 唐三彩 乾陵

宫女图 唐 永泰公主墓壁画

客使图 唐 章怀太子墓壁画

悠久辉煌的远古文明　璀璨夺目的丝路瑰宝
甘肃省博物馆

甘肃省博物馆是我国最早成立的综合性地志博物馆之一，是甘肃省对外文化交流的重要窗口，也是甘肃省爱国主义教育基地。

2000年，甘博展览大楼改造扩建工程破土动工，预计2005年竣工。新建的展览大楼建筑面积2.8万平方米，是集办公、藏品库房、展览为一体的智能化建筑。

新馆建成后，将向社会推出三个常设主题展览：《甘肃彩陶艺术展》、《古丝绸之路的文明展》、《甘肃古生物化石展》（包括"黄河古象"、"马门溪龙"）。以后逐年推出《甘肃佛教艺术展》、《甘肃文物精品展》、《甘肃少数民族文物展》、《甘肃古代书法源流展》、《甘肃考古新发现成果展》等展览，并根据社会与观众的需要举办各种临时性展览。

甘博有正式职工143人。其中副研以上25人，中级、初级职称82人。建馆以来，甘博专业人员结合本职工作，积极进行科学研究与学术探索，取得了丰硕成果，集体、个人撰写发表的论文等约千余篇，出版著述、图录、论文集、报告20多种，如《甘肃彩陶》、《中国彩陶图谱》、《敦煌遗书书法选》、《西夏谚语》、《西夏文物研究》、《中国文物鉴别与科学保护》、《甘肃古生物化石与旧时代考古》、《甘肃恐龙》、《中国藏族服饰》、《甘肃博物馆藏品保存环境标准》等。承担并完成国家文物局下达的科研项目6项，其中"PS-C风化砂岩石雕加固材料的研究"，1989年获得文化部科技进步二等奖；1996年获得国家科委科技进步二等奖；"潮湿环境下壁画加固保护与霉菌防治研究"，1996年获国家文物局科技进步二等奖；"嘉峪关魏晋5号壁画墓搬迁及异地复原研究"，1996年获得国家文物局科技进步三等奖；两个国家级科研项目"潮湿环境下地仗加固保护技术研究"及"中国北方干燥地区土糟朽漆器保护研究"，2002年被确定为达到国际领先水平。

甘博自建馆以来，通过考古发掘、征集和捐赠获得藏品8.2万余件。其中一级品744件（国宝级16件）。彩陶、简牍文书、佛教艺术品是甘博藏品的三大特色。特别是武威雷台汉墓出土的铜奔马和车马阵、武威磨嘴子汉墓出土的仪礼简、旱滩坡出土的医药简、泾川唐代大云寺的舍利金棺、敦煌藏经洞北宋淳化二年"报父母恩重经变"绢画等等，是蜚声海内外的文物珍宝。古生物化石标本中，黄河古象、马门溪龙闻名世界，影响巨大。

建馆以来，甘博先后举办了各种大小展览约300个。如：《甘肃历史文物展》、《甘肃自然富源展》、《丝绸之路——甘肃文物精华展》、《黄河古象》等。此外，在日本、克罗地亚、美国等国家及广州、台湾、香港等地多次举办展览。所有展览都是精品展，充分体现了甘博的业务水准，得到国内外观众和同行的一致好评。

几十年来，甘博各类展览共接待国内外观众1250万人次以上，国外观众约200万人次，党和国家领导人邓小平、乔石、杨尚昆、尉健行、李铁映、邹家华、杨汝岱、郭沫若、费孝通、赵朴初及许多省部级领导、著名学者、外国元首、驻华大使、国际友人均到过甘博。

甘肃省博物馆随着新馆的建设，不久将以崭新的面貌，展现在世人面前，面向新世纪，迎接更加美好的未来。

甘肃省博物馆新馆大楼——效果图

铜奔马 东汉

旋涡锯齿纹彩陶壶 半山文化

三角纹圜底彩陶罐 齐家文化

三彩镇墓兽 唐

石雕观音造像 隋

撰文、摄影：王琦 贾建威

典藏历代艺术精品 传承大宗文化精华
青海省博物馆

青海省博物馆是隶属于青海省文化厅的公益性事业单位，承担着全省文物的征集、收藏保管、科学研究、陈列展览、宣传教育等工作。1986年9月26日建馆。1999年4月21日，省博物馆新馆工程动工，2001年5月1日正式对外开放。1996年9月，被青海省委、省政府命名为"省级爱国主义教育基地"，同年10月，被省教委命名为"学校德育教育基地"，1997年被国家文物局系统评为"全国优秀爱国主义教育基地"。

青海省博物馆新址位于省会西宁市西关大街58号、新宁广场东侧，占地面积1.7万平方米，建筑面积2.08万平方米，内设展厅9个，展出面积9146平方米，是集展区、办公区、文物库房区为一体的具有现代化功能的大型博物馆。该馆与正门前设计高雅大方的新宁广场相映成辉，共同构成了古城一道亮丽的风景线，被誉为西宁最具特色的形象工程。

青海省博物馆致力于地方历史、民族文物的搜集，现馆藏珍贵文物已达万余件，其中不少珍品是举世瞩目的国之瑰宝，国家一级文物达150余件。在开馆之初推出了《青海史前文明展》、《青海民族文物展》和《藏传佛教艺术展》三个专题陈列。这三个陈列，以时代先后为序排列，集中反映了青海地区远古历史文化的概貌，同时也是青海省博物馆收藏特色的集中体现。

青海省博物馆现下设：办公室、保管研究部、展览部、宣传教育部、

信息发展部、设备管理部、文物安全部。现有在编职工46名，工作人员90名，具有副高以上职称者7人（李智信：研究馆员、馆长；马伟明：副研究馆员、书记；祝君：副研究馆员、副馆长；董志强：副研究馆员、宣教部主任；余玉龙：副研究馆员、办公室主任；叶玉梅：副研究馆员；李琪美：副研究馆员）。青海省博物馆自筹备起，积极组织各类学术活动，进行了唐蕃古道考察、藏传佛教专题考察和省内少数民族聚居区民族文物的考察征集活动。主要成果有：《唐蕃古道史料集》、《唐蕃古道资料汇编》、《唐蕃古道考察记》、《唐蕃古道》、《唐蕃古道志》、《藏传佛教高僧传》、《藏传佛教密宗大观》、《藏传佛教佛像素描》、《青海古城考辨》、《青海史前文明精粹》、《青海民族文物精华》、《青海藏传佛教文物精品》。参与编纂了《青海文化艺术志》、《中国博物馆志》。另外在国内外学术期刊上，发表有关青海民族史地方面的学术论文近百篇。

青海省博物馆在新世纪以崭新的面貌展示世人，又谱写出一曲博物馆事业的精彩华章。

《青海民族文物》展厅一角

青海省博物馆外景

舞蹈纹彩陶盆 宗日文化 新石器时代

铜镜 齐家文化 新石器时代

金牌饰 汉

圆点网格纹彩陶壶 马家窑文化 新石器时代

至元通行宝钞,"贰贯"两旁印有八思巴文各一行,左书"中统元宝",右为"诸路通行"。

坛城 清

鎏金铜佛像 明

撰文:董志强 摄影:付平 邵金才 董志强

塞上江南华章 西夏文明摇篮

宁夏回族自治区博物馆

西部，广袤、荒凉、神秘；
　它有已成废墟的楼兰古国，
　　有已了无踪迹的丝绸之路，
　　　还有曾盛极一时险被人遗忘的西夏王国
　　　……

为宁夏回族自治区重点保护文物。该馆环境优美，馆外风声、鸟声、铜铃声，声声入耳；极目眺望，苍柏、古塔、闲逸亭，万象更新。馆内亭殿朱漆碧瓦，雕梁画栋，古塔清秀挺拔，铜铃悦耳，满目是葱郁的树木和草坪，是旅游观光的理想去处。

宁夏回族自治区博物馆是集收藏、保管、研究、陈列宁夏境内的文物为主的综合性博物馆。馆藏有历史文物、革命文物和民族文物3万件之多，其中，经鉴定的国家一级文物共144件。历史文物中，有水洞沟遗址中出土的旧石器时代晚期的石器；有新石器时代的"菜园文化"以及"细石器文化"的彩陶和石器；有浓郁游牧民族风格的春秋战国时期的青铜器、马具和汉代匈奴透

彩塑罗汉像 西夏（1038～1227年）高50cm　　　彩陶罐 新石器时代　　　阿拉伯文铜炉

宁夏回族自治区博物馆，地处塞上名城银川市。修建基础是始建于1050～1055年的西夏著名皇家寺院——承天寺。后几经修缮，基本形成了以山门、前大殿、后大殿为中轴线，两侧配以厢房、凉亭，后院为库房楼和办公楼的整体建筑格局，馆址面积2.24万平方米，建筑面积7000多平方米，展陈面积2000多平方米。承天寺塔是十一层八角形的楼阁式砖塔，始建于西夏，清嘉庆二十五年（1820年）重修。该塔总高64.5米，是目前我国唯一有修建年代记载的西夏古塔，已被列

雕铜牌、唐代胡旋舞墓门石刻等，都已成为弥足珍贵的稀世之宝。

宁夏回族自治区博物馆为充分突出地方特色、展示文化遗存、更好地宣传宁夏、广泛吸引和接纳海内外游客，近年来，该馆的研究人员和创制人员，在馆领导的支持下，对馆内现有的《西夏文物精品展》、《回族文物习俗展》、《贺兰山岩画展》、《宁夏党史陈列展》四个基本陈列，进行了大幅度的充实、完善和提高，把宁夏的悠久历史和独特地方特色、民族特色，真实地浓缩在有限的展陈空间内，使观众徜徉在远古与现实中，感怀历史，感悟明天。仅以2001年为迎接建党八十周年而举办的《宁夏党史陈列展》为例，该展览所有出展的300余件文物中，一级文物就达40余件，生动地再现了血雨腥风的革命年代。历年来，宁夏回族自治区博物馆曾先后推出了《宁夏出土文物精品展》、《固原北周李贤墓出土文物展》、《馆藏古代书画展》、《贺

鎏金铜牛 西夏
长120cm 宽44cm
高57.5cm 重188公斤

兰山岩画展》等10余个展览。

　　宁夏回族自治区博物馆完善的基础工作、独特的馆藏、良好的信誉和优质的服务理念得到了党和国家领导人江泽民、李瑞环、王震、迟浩田的赞誉；亦在区内外、乃至国外的同行间，赢得了广泛的交流与合作机会。如与国内兄弟馆联合在西安、北京、香港等地举办了《汉唐丝绸之路文物展》、《贺兰山岩画展》、《神秘的西夏王国文物展》等展览。先后在日本、克罗地亚等国举办了《敦煌西夏文物展》、《中国宁夏回族文物展》和《大黄河文物展》等展览。大大提高了宁夏回族自治区博物馆在省外及国外的知名度。2002年8月成功推出的《西夏文物

1991年6月，江泽民总书记来馆参观并题词。

绿琉璃鸱吻　西夏
（1038～1227年）
高152cm　宁夏
银川西夏皇陵
出土

精品展》，在广州南越王墓博物馆首展后，迄今已在我国沿海城市深圳、温州等地展出，引起了很大反响，赢得了社会各界的关注，从而取得良好的社会效益和经济效益。

　　宁夏回族自治区博物馆几十年的发展历经艰辛与坎坷，而宁博人，在以李进增同志为核心的领导班子带领下，历练了"团结为本、踏实敬业"的工作作风。现如今，一个初具规模、日臻完善的省级博物馆已经建立。在岗职工63人，其中研究馆员2人，副研究馆员和高级政工师6人，馆员16人，助理馆员17人，主要从事着宁夏历史文物、近现代文物、回族文物的研究、保管、保护、陈列设计、宣传教育等工作。历年来各专业人员在全国和省级报刊上发表的学术文章多达数百篇。

　　西部大开发，宁夏要争先。开放后的宁夏回族自治区博物馆，正以全新的面貌，立足中国，走向世界，为促进宁夏文化事业的发展，做出积极的贡献。

承天寺塔

丝路明珠 原州瑰宝
宁夏固原博物馆

2003年9月6日，国务院副总理回良玉参观宁夏固原博物馆。

陈列展览，形成了基本陈列、专题陈列和临时展览互为补充的陈列模式，从多角度、多方面向广大观众揭示历史的丰富文化内涵，展现固原历史文化的独特风貌。同时，以开放的姿态走出国门，馆藏文物先后赴日本、美国、克罗地亚等国展出，将灿烂辉煌的固原古代文明呈现给世界人民。

宁夏固原博物馆馆藏上起原始社会新石器

　　宁夏固原市，位于祖国大西北黄土高原腹地，六盘山脚下，地处西安、兰州、银川的三角交汇地带，泾河、清水河发源于此，是宁夏回族自治区南部山区政治、经济、文化中心。这里已经发现了三万年前人类居住的痕迹，新石器时代以菜园遗址著称，西周时称大原，《诗经》记载，周宣王派兵"薄伐猃狁，至于大原"。春秋战国青铜文化内涵丰富，特色鲜明。秦长城横卧城西北。汉时号称"高平第一城"。三国两晋南北朝时期为敕勒、鲜卑、柔然等五胡争雄地。隋唐中亚粟特人沿漫长的丝绸之路落户于原州。宋夏"好水川之战"爆发在德顺军辖区之笼竿城。元时忽必烈建造规模宏大的安西王府于城南之开城。明时为"九边重镇"之一。地理位置险要，自古为兵家必争之地，又是"丝绸之路"必经之道。先后生活该地的十多个北方少数民族和外来民族，在长期频繁交往中与汉民族一起创造了辉煌灿烂的文化。丰富的文化遗存，深厚的文化积淀，形成了固原独特的历史文化风貌。宁夏固原博物馆就坐落在这古文化之乡。

　　宁夏固原博物馆成立于1983年，主体建筑主要由陈列大楼、古墓复原馆、石刻艺术馆、钟厅及国家级文物库房组成。整个馆址占地面积4万余平方米，建筑面积1.4万多平方米，整体为仿古建筑，主次井然有序，高低错落有致，格调幽雅，风格古朴，融民族传统和地方特色于一体，是一座以收藏保管、科学研究、宣传教育为主的综合性省级博物馆。建馆以来，举办了各种形式的

一级文物 镇墓武士俑 唐显庆三年（公元658年）通高85cm

时代的石、骨器，下至近现代社会生活的各类历史、民俗文物万余件，其中国宝级文物3件，一级文物120余件；波斯鎏金银壶世界独一无二，春秋战国动物纹样金铜牌饰、兵器、马具精美绝伦，北魏漆棺画品位高，历代陶俑千姿百态，北魏至隋唐时期的壁画特点突出，罗马金币和波斯银币藏量国内首屈一指。可谓精品荟萃，风格独特。

宁夏固原博物馆基本建设中规模最大的是陈列区。陈列大楼为四角攒尖宝刹大屋顶，两侧为阙样，四周为城垛状的女墙，象征固原为历代边防军事重镇。展厅主体为两层，共有1个序厅和10个展厅。陈列楼设备齐全，举办基本陈列《固原历史文物展》与专题陈列《丝绸之路在固原》两个固定展览。古墓复原馆，地面入口处由"一"字形长廊和方厅构成，外以石人、石马、石羊、石狮、拴马桩构成景区。按照1：1的比例复原过去

在本地经过科学发掘有代表性的西周、春秋战国、北魏、北周、隋、唐、宋、元等各个时期墓葬。石刻艺术馆陈列有北周至明清碑刻百余件，尤以北周柱国大将军、大都督原州刺史李贤夫妇墓志、田弘墓志、隋唐"昭武九姓"之一中亚史国人墓志；宋东山寨修城记等最富有史料价值，可补史阙；清代董福祥墓神道碑、故里碑、豁免派买粮碑、重修三关口车路碑记、书法家吴大澄隶书三关口车路碑记（四屏）均为近现代国家一级文物。钟亭为八角重檐，内置一口铸有宋靖康元年（公元1126年）铭文大铁钟，钟高2.36米，口径1.7米，重约7吨，上铸有436字铭文及各种图案，对研究北宋铸造工艺有重要参考价值。

宁夏固原博物馆作为国家级精神文明单位，在不断地充实宣教内容，加强精神文明暨爱国主义教育基地建设的同时，非常重视科学研究工作。二十年来，该馆研究人员先后在文物考古及地方历史的研究上取得了很大成绩，在国内、国际学术刊物上发表报告、论文、简报百余篇。其中有些报告、论文引起国内外学术界的瞩目，多项成果分别获宁夏社会科研成果一、二、三等奖，有的论文被高等学校文科学报文摘收录，也有论文被大型丛书收录，并获特等奖。与兄弟单位合作的无底仗墓葬壁画揭取修复、彩绘陶俑固色新技术两项分获1986年文化部文化科技成果四等奖。已经出版和将要出版的专著、报告、简

博物馆外景

一级文物 偏口彩陶罐 新石器时代（5000年前）口径8cm
腹径27cm 底径10cm

一级文物 铜簋 西周（约公元前11世纪－前771年）
高13.5cm 口径19.7cm 腹深10cm

国宝级文物 玻璃碗
（公元569年）
高8cm 口径9.5cm
腹深6.8cm
下腹最大径9.8cm
重245.6克

国宝级文物 漆棺盖板漆
画（公元486年）残长
180cm 宽105－87cm

介有《固原北魏漆棺画》、
《固原南郊隋唐墓》、《原州
古墓集成》、《唐史道洛
墓》、《北周田弘墓》、《固原
博物馆陈列简介》、《原州
瑰宝》、《宁夏固原出土历代
文物精品图录》、《丝路明珠——宁夏固原博物馆》等。

　　获得1997年全国文物陈列提名奖的宁夏固原博物馆，以其特色
鲜明的地方文物，优美的环境、优质的服务，吸引着中外学者和游客
纷至沓来，已成为宁夏精神文明建设和对外交流的重要窗口。目前，
馆藏品的管理正向数字化方向迈进。相信在不久的将来，古丝绸之路
上这颗璀璨的明珠将以充满生机和活力的崭新面貌，在人类的物质文
明和精神文明建设中闪烁出更加灿烂的光芒。

一级文物 石造像碑 北魏建明二年（公元531年）高48cm 宽20.7cm 厚3.7cm

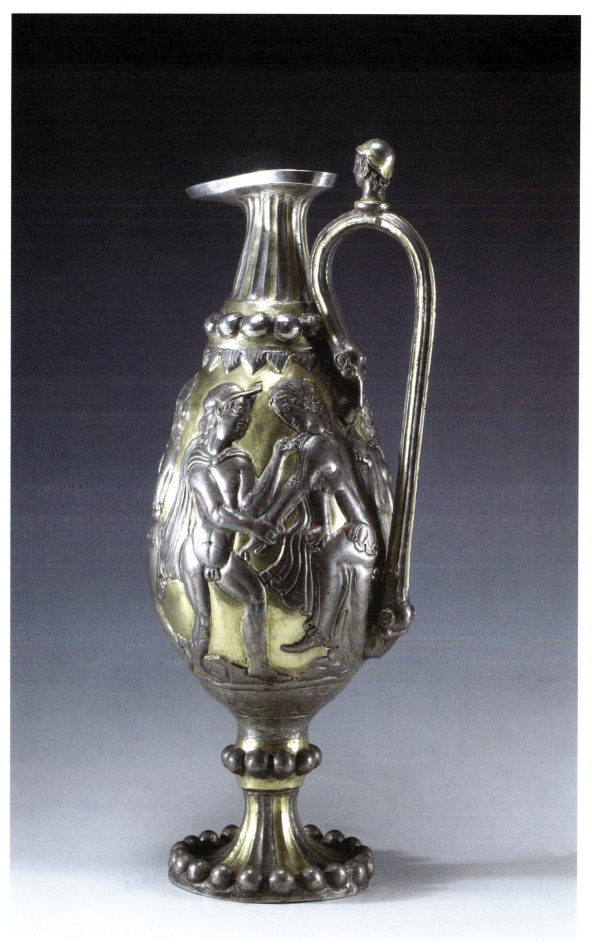

撰文：苏银梅

国宝级文物
鎏金银壶
（公元 569 年）
高37.5cm
重1.5公斤
最大腹颈12.8cm

民族风采 文博奇葩
新疆维吾尔自治区博物馆

绿地对鸟对羊灯树纹锦 长24 宽21cm 南北朝

新疆维吾尔自治区博物馆是新疆唯一的省级综合性博物馆，1959年落成，1963年正式对外开放。员工由维吾尔、汉、哈萨克、回、蒙古、锡伯、满、俄罗斯、撒拉、壮10个民族组成，长期以来肩负着文物收藏、保护、研究、陈列展览、宣传教育、对外文物交流的重要使命。建馆四十多年来，共举办了各种形式和题材的专题性和临时性的大小陈列展览80余项，接待国内外参观者人数千万人次，还先后赴日本、马来西亚、韩国、美国等国家及香港、澳门、北京、上海等地，举办了多项文物展览，有效的宣传了新疆古代历史文化和民族风情，取得了良好的社会效益，因此先后被中央六部委、自治区、乌鲁木齐市人民政府授予爱国主义教育基地称号。

新疆博物馆主要收藏历史文物、艺术品、革命文物（包括社会主义革命和社会主义建设时期）、民族民俗文物、自然标本等。该馆是自治区文物和标本的主要收藏机构，截至目前收藏的各类文物和标本5万余件，国家一级文物400多件。文物种类有陶、瓷、铜、铁、木器，纺织品、雕塑、各种古文字文书、钱币、金银器、绘画和古代人体标本等，并以丝织品、毛织品、绢画、纸画、文书、铜器、金器、雕塑、木器和古代人体标本最具特色。这些文物在全国博物馆馆藏文物中具有鲜明的特点，不仅成为我国博物馆领域的一朵奇葩，而且在研究东西文化交流和正确阐述新疆历史、民族与宗教的演变进程方面具有重要价值。

新疆博物馆一直非常注重科研工作，多年来通过各种途径培养了一大批学有所长的专业人员，在史前文化、丝绸之路、石窟艺术、草原文化、体质人类学、丝毛织物、古文书、古钱币、民族民俗、博物馆学、文物保护技术等方面进行了积极的探索和研究，

龙纹金带扣 汉 长9.8cm 宽6cm 重50克

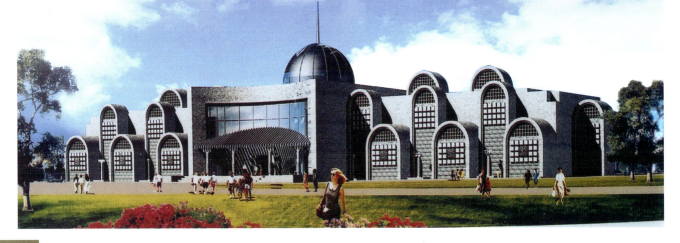

取得丰厚的科研成果,发表了多部具有较高学术价值的专著和一批高水平的学术论文。

2000年,在国家计委、国家文物局、自治区党委、人民政府的关心支持下开始了新馆建设。新建新疆博物馆位于原址,建筑面积1.73万平方米,主体建筑高度18.50米,地面二层,地下一层。新馆一层为两个大型基本陈列,即《新疆历史文物陈列》、《新疆民族民俗展览》;二层为四个中型展览,即《新疆古尸陈列》、《新疆草原文化展览》、《新疆石窟壁画艺术展览》、《新疆革命文物史料展览》。两个小型展览为《新疆书画雕刻艺术展览》、《新疆自然化石展览》。以上几项展览的推出,将充分发挥公益性文化基础设施和精神文明重要窗口的作用,促进新疆旅游事业的发展,弘扬祖国优秀历史文化,并以独具的风采和魅力吸引更多的中外游客。

彩绘天王踏鬼木俑 唐 高86cm

铜武士俑
公元前5世纪 - 公元前4世纪
高40cm

女舞俑 唐 高31cm

彩绘驼夫俑 唐 高56cm

仕女弈棋图 唐

彩绘劳动俑群(5件俑)唐 高7cm 宽16cm

撰文:段福兰

社会综合馆

欧亚文明驿站 西部文化窗口
伊犁哈萨克自治州博物馆

三区革命政治文化活动中心

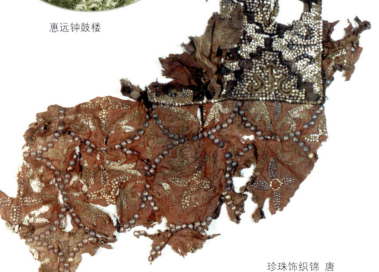

惠远钟鼓楼

珍珠饰织锦 唐

三足铜鼎 春秋战国

镶宝石金罐 唐

镶宝石虎柄金杯 唐

镶宝石金面具 唐

彩陶钵 春秋战国

伊犁哈萨克自治州博物馆与伊犁林则徐纪念馆同属州文物保护管理所,展厅面积200平方米,文物库存房面积50平方米。馆藏文物2700余件,经鉴定的11件文物中一级文物7件。藏品中尤以1997年出土于昭苏74团的一批金银器最为精美,数量较大种类较多的青铜器最具特色。目前,新的博物馆正在筹建中。

林则徐纪念馆位于伊宁市开发区福州路,占地8000平方米,建筑面积1500平方米,展厅面积780平方米,收藏有关林则徐文物1000余件,建馆以来已接待来宾20多万人次,在弘扬爱国主义精神,促进边疆民族团结等方面起到了不可替代的作用,同时也是伊犁对外开放和交流的重要文化窗口。

伊犁,历史悠久,自然条件得天独厚,长期以来一直是多民族聚居、文化更替频繁之地。考古发现和历史资料表明,早在新石器时期这里就已有了人类活动,青铜时代以后人类活动更为频繁,公元前7世纪起就已成为欧亚大陆、东西方文明的重要通道。西汉时,乌孙西走大月氏,建立了西域36国最为强盛的乌孙国;之后,匈奴、突厥、厌哒等相继而入,出现过西突厥贺鲁部和突骑施部、西辽哈喇契丹强盛时期;13世纪,成吉思汗将"东起维吾尔之地及海押立,西抵只浑河两岸"分封给其子察合台,成为元帝国四大分封政权之一——察合台汗国;乾隆二十七年,清政府为巩固西北边防,在伊犁设置"总统伊犁等处将军",兴建伊犁将军府,使惠远成为清代新疆的政治、军事、文化中心。

有史以来先民们在这里生产、生活、斗争,留下了许多十分宝贵的文物资源和珍贵的历史文化遗产。这些文物中有古代城址、墓葬、岩画、石刻、建筑等等。不可移动文物以古代墓葬和古城址最多,据1999年文物复查仅伊犁地区就有古代早期墓葬2万余座,古城址20处,全州馆藏文物7000余件。这些文物对研究新疆乃至中亚历史都有着极其重要的意义。

乌讷恩苏珠克图旧土尔扈特部西部盟长之印 清

人面兽足铜方盘 春秋战国

青铜武士俑 春秋战国

撰文:王林山 李溯源

127

精湛雕塑　民俗豪宅
大邑刘氏庄园博物馆

博物馆外观

藏品 张大千行书对联

大型艺术泥塑《收租院》，雕塑家把西方的科学写实技术与中国传统雕塑技艺融合一体，在118米长的展台上，塑造了114个栩栩如生的艺术形象；二是1988年利用庄园公馆旧址创办的川西民俗博物馆民俗陈列；三是1993年利用刘文成公馆旧址创办的庄园文物珍品馆馆藏精品陈列；四是2003年在刘氏家族老屋基原址举办的刘氏祖居复原陈列。庄园的建筑、馆藏及已成体系的基本陈列是认识和研究中国半封建、半殖民地社会政治、经济、文化以及四川军阀史、民俗学、近代民居建筑的重要实物资料，是启迪和教育年轻一代的重要基地，是中国近现代社会发展史的一个断面。

刘氏庄园博物馆馆藏文物具有丰富的数量和内涵，其中三级以上文物2770件，国家一级文物39件。如清道光年至1949年遗存的地房契、账簿、佃户名册、田赋执据、税收执据及样式众多的描金嵌玉家具、金银珠宝和古玩字画等，既是反映近代地主对农民进行经济剥削的实物，又是研究中国近代封建地主经济及生活形态的一处典型场所。

大邑刘氏庄园博物馆地处成都平原西部，坐落于四川省大邑县安仁镇，距成都市48公里。庄园由清末四川大地主刘文彩及其兄弟陆续修建至民国末年完成的五座公馆和一处祖居构成，占地总面积达7万余平方米，房屋共545间，是集中国封建豪门府邸遗风和西方城堡及教堂建筑特色于一体的典型民居建筑群。

1958年10月，大邑地主庄园陈列馆正式成立。1996年11月，作为中国近现代重要史迹和代表性建筑之一，大邑地主庄园被国务院公布为全国重点文物保护单位，并更名为大邑刘氏庄园。2000年5月，大邑刘氏庄园被共青团中央命名为全国青少年教育基地。2001年11月，刘氏庄园被国家旅游局评为国家AAAA级风景旅游区。

大邑刘氏庄园博物馆自建馆以来，已接待旅游者近亿人次，在国内外产生巨大的影响。作为一座社会历史类的专业博物馆，大邑刘氏庄园博物馆经过多年的调整、充实和发展，已形成了四大基本陈列：一是庄园老公馆刘文彩及其家人生活现场的复原陈列以及名扬世界的

大型雕塑《收租院》

中式会客厅

老公馆内院

MUSEUM OF
REVOLUTIONARY
COMMEMORATION

革命纪念馆

历史丰碑 岁月长歌
中国人民革命军事博物馆

油画《决战前夕》

中国人民革命军事博物馆是中国唯一的大型综合性军事历史博物馆，占地面积8万多平方米，建筑面积6万平方米，展馆陈列面积近5万平方米；主楼高94.7米，正门上方"中国人民革命军事博物馆"匾额是毛泽东主席亲笔书写，建筑巍峨壮观，气势雄伟。常设陈列有《古代战争馆》、《近代战争馆》、《土地革命战争馆》、《抗日战争馆》、《全国解放战争馆》、《抗美援朝战争厅》、《兵器馆》、《礼品馆》、《程允贤雕塑艺术展》九个分馆。此外，还经常举办有关国防、科技、文化、艺术等领域的专题性临时展览。特色突出、内容丰富、气势恢弘。

军博位于北京西长安街延长线的复兴路上。地铁与公共汽车1路、特1路、4路、特5路、特6路等均在此设站，四通八达、极为便利。

军博服务设施完善，主建筑前可同时停放大客车、小汽车数百部，入门口为残疾人、婴幼儿备有专用车，馆内与广场上都设有专门商店，出售各种有军事特点的旅游纪念品。

军博全年开放，每天开放时间上午8时至下午17时。学生半票，军人、离休干部、残疾人免票。平均每年接待国内外参观旅游者在300万人次以上。先后获得国家有关部门颁发的"全国优秀爱国主义教育示范基地"、"全国优秀国防教育基地"、"优秀科普教育基地"等称号。

空军战斗英雄王海驾驶的歼击机

博物馆外观

130

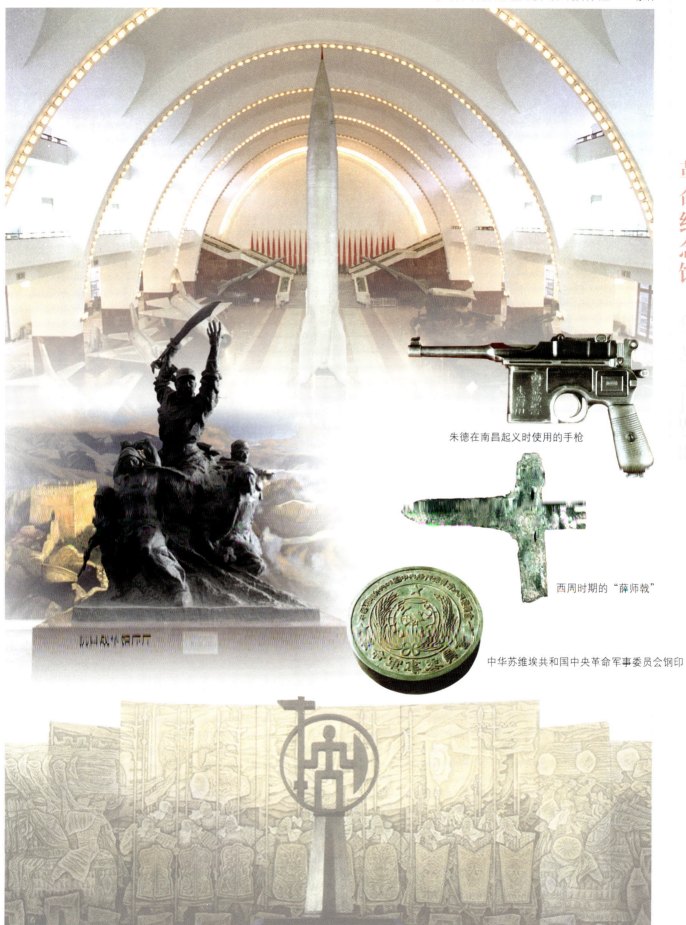

1万多平方米的兵器馆大厅，展出各种兵器1000余件

朱德在南昌起义时使用的手枪

西周时期的"薛师戟"

中华苏维埃共和国中央革命军事委员会钢印

古代战争馆序厅

撰文：张研

虎门抗英功勋铸 禁毒爱国始为先

鸦片战争博物馆

鸦片战争博物馆坐落在东莞市虎门镇，与虎门林则徐纪念馆、海战博物馆是一个单位，沙角炮台管理所、威远炮台管理所是该馆属下部门，林则徐销烟池旧址和虎门炮台旧址为全国重点文物保护单位。管理面积达80多万平方米。

由江泽民同志亲笔题写馆名的"海战博物馆"，坐落在威远岛上，建筑面积1万平方米，由陈列大楼、宣誓广场、观海长堤等组成纪念群体。该馆销烟池旁露天陈列抗英功劳炮，再现当年虎门抗英斗争历史情景。以具有炮台神韵的门楼、陈列大楼造型，抗英雕塑群像、林则徐铜像、虎门销化鸦片纪念碑等直观性的建筑物，营造浓郁的历史气氛，使观众在不知不觉中接受了中国近代史教育，培育了爱国主义情操。

该馆所管理的虎门炮台旧址——沙角炮台、威远炮台、靖远炮台、镇远炮台、南山炮台、蛇头湾炮台和鹅夷炮台都是十分重要的战争遗迹。这些炮台旧址分布在虎门沙角、威远岛的西南面，靠山临海，形势险要，规模宏大，且大部分保留较完整，是一个不可多得的寻觅历史、缅怀先烈、接受爱国主义教育的大课堂。

"濒海台"炮台旧址

"沙角"炮台门楼旧址

"捕鱼台"炮台旧址

林则徐销烟池旧址

鸦片战争博物馆、虎门林则徐纪念馆部分外景

撰文：谢滨

该馆筹办的基本陈列《林则徐禁烟与鸦片战争史实陈列》、《鸦片战争虎门海战陈列》以大量的文物史料、历史照片、采用画物结合、虚实结合，集中反映了林则徐、关天培等爱国将领的历史功勋，热情讴歌了中国人民抗击外来侵略的崇高民族气节和强烈的爱国主义精神。《虎门海战》半景画馆以现代科技手段再现虎门军民英勇抗击英国侵略者的悲壮场面。

如今，鸦片战争博物馆已成为融纪念性、教育性于一体的爱国主义宣传教育的重要基地，又是全国三大禁毒教育基地之一。自1990年以来，1000多万观众到该馆参观学习，胡锦涛等50多位党和国家领导人先后视察过该馆，对该馆充分利用文物开展爱国主义教育给予了高度评价。1993年国家文物局授予该馆"全国优秀社会教育基地"称号；1995年共青团中央授予该馆"全国青少年教育基地"称号；1996年中央六部委联合命名该馆为"全国爱国主义教育基地"；1997年6月中共中央宣传部公布该馆为"全国爱国主义教育示范基地"；2000年广东省精神文明建设委员会、广东省委宣传部共同授予该馆"广东省爱国主义教育基地"称号。

《虎门海战》半景画馆

威远炮台旧址

海战博物馆外观

凭海临风雨 励志卫海权

中国甲午战争博物馆

北洋海军提督署，建于1887年，占地1.7万平方米。清式砖木举架结构，按中轴线建三进院落，每进有中厅、东西侧厅和厢房。各厅、厢、院落之间，廊庑相接，曲缦回环，画栋雕梁，浑然一体。

北洋海军提督署正门

济远舰前主锚 高200厘米 重1.5吨
1988年打捞出水

提督丁汝昌寓所，建于1887年，占地面积14000多平方米，包括寓所主体建筑及前后花园。院内一棵百年紫藤，系丁汝昌所植。

东泓炮台临海雄姿

　　位于山东半岛最东端的威海卫与刘公岛，是清朝北洋海军基地，也是中日甲午战争的主要战场。建有北洋海军指挥机构、军事防务、后勤供应、教育训练等设施。1888年北洋海军在此正式成军，1895年亦在此全军覆没。1988年1月13日，国务院公布"刘公岛甲午战争纪念地"为第三批全国重点文物保护单位。

　　"刘公岛甲午战争纪念地"共包含28处保护遗址，分布于刘公岛、威海湾南北两岸及日岛，范围达100多平方公里。分别是北洋海军提督署、龙王庙与戏楼、丁汝昌寓所、威海水师学堂、水师养病院、刘公庙、电报局与电灯台、工程局机器局屯煤所和鱼雷修理厂、铁码头、石码头、麻井子船坞、黄岛炮台、公所后炮台、旗顶山炮台、迎门洞炮台、南嘴炮台、东泓炮台（包括雾炮台）、皂埠嘴炮台、鹿角嘴炮台、所城北炮台、旗墩（信号台）、杨枫岭炮台、摩天岭炮台、沟北船坞（包括弹药库）、炮队营遗、黄泥沟炮台、北山嘴炮台（包括信号台）、日岛炮台等遗址。

　　中国甲午战争博物馆是"刘公岛甲午战争纪念地"专门的管理保护机构，是以北洋海军和甲午战争为主题内容的纪念遗址类博物馆，是全国爱国主义教育示范基地，馆址就设在北洋海军提督署内。文物藏品以北洋海军和甲午战争的历史文物及图片资料为特色。

北洋海军"济远"舰前双主炮，德国克虏伯厂制造，炮身长735厘米，口径21厘米，每门重达20多吨。1986年从沉没于旅顺口的"济远"舰上打捞出水。

旗顶山炮台，建于北洋海军时期，位于海拔153.5米的刘公岛制高点上。炮台设240毫米口径平射炮4门。

撰文：王记华　摄影：毕可江　赵义龙　施玉森

碧血千秋 昭显忠魂

马江海战纪念馆

马江海战纪念馆大门

昭忠祠大门

反映福建水师官兵浴血边关的雕塑

馆内主要陈列分为三大部分。一、法军东犯边陲危机；二、泣天动地马江战役；三、驰骋海疆威镇边关。展览以大量珍贵的历史文物、照片图表等资料，全面反映了马江海战烈士浴血奋战的情景，是对广大人民群众，特别是青少年进行爱国主义教育的大课堂。整个展览通过300多件的革命文物、烈士遗物、历史照片、拓片、碑石等，以大量的史实记载了清光绪十年七月初三（1884年8月23日）强行陈兵于马尾港的法国舰队突袭福建水师，挑起震惊中外的甲申中法马江海战，讴歌面对强敌福建水师官兵和沿江十三乡人民为保卫祖国、保卫家乡，万人请战，英勇抗击，同法国入侵者展开了气壮山河的反侵略斗争，体现了中华民族可歌可泣、不屈不饶的奋斗精神。

纪念馆西侧的烈士陵园，苍松翠柏，清静肃穆，长方形的墓道安息着739名为国捐躯的铁血男儿。墓道东侧的"追思亭"矗立其间，与著名的罗星塔遥相呼应。亭前方池，水波荡漾，睡莲依依。亭后翠嶂如屏，竹影参差，崖壁上是民国早期船政官员的题刻。厅内小憩，游廊漫步，有置身于画中之感。

祠后马限山顶的古炮台建于清同治年间。它是甲申中法马江海战史实的见证，在近代中国抗日战争期间遭侵华日军的破坏。1991年古炮台重修，现为全国重点文物保护单位。

马江海战纪念馆系革命历史类纪念馆。位于福州市经济技术开发区（马尾）马限山东麓。红墙碧瓦，前后两进，是一座清代建筑风格的祠宇，占地2.43万平方米。为纪念甲申中法马江海战阵亡烈士，1885年1月5日由署理船政大臣张佩纶奏疏清廷，迄1886年12月落成。祠中设神龛、灵位，大殿及两庑以祀殉难官兵739人，祠西奠为烈士陵园。1920年海军当局及船政校友从京、沪等地募款2000余元，予以重修，添建戏台、楼阁、花厅、回廊等，并将甲午中日海战牺牲的福建籍官兵亦列入置祭，将原来九冢及马尾造船厂坞侧一批烈士骨殖迁入陵园，合葬于一垄，重竖墓碑表志，上书"光绪十年七月初三马江诸战士埋骨之处"。1984年重建。辟为"马江海战纪念馆"，为全国重点文物保护单位，福建省爱国主义教育基地，福州市首批青少年德育教育基地，福州市国防教育基地。

甲申中法马江海战烈士墓

摧毁封建帝制 奠基共和大业
辛亥革命博物馆

馆藏文物——刘静庵画像

辛亥革命博物馆是依托中华民国军政府鄂军都督府(即武昌起义军政府)旧址而建立的纪念性博物馆。位于湖北省武汉市武昌阅马厂,占地1.8万平方米。1981年建馆。因旧址红墙红瓦,俗称武昌红楼。

红楼原为清朝政府设立的湖北咨议局局址,于1910年(清宣统二年)建成,1911年(农历辛亥年)10月10日,孙中山先生领导下的湖北地区的革命党人,成功地发动了武昌起义,次日,在此组建中华民国军政府鄂军都督府,宣告废除清朝宣统年号,建立中华民国;义声所播,全国响应,从而一举结束了在中国绵延2000余年的封建帝制,为中国的进步打开了闸门。红楼因此被誉为"民国之门",成为一处辛亥革命武昌起义典型性和代表性的史迹,是中国历史结束帝制、开创共和的标志。

早在1961年,鄂军都督府旧址即被国务院公布为首批全国重点文物保护单位。

2001年,辛亥革命博物馆对旧址进行了全面的整修,更新了展览,改善了环境,提升了文化品位。目前馆内现布置有两个基本陈列:一个是以鄂军都督府旧址,也就是武昌红楼为载体,布置的《鄂军都督府旧址复原陈列》,再现了中国第一个共和政权——鄂军都督府成立初期的机构和格局;另一个是布置于西配楼的《辛亥革命武昌起义史迹陈列》,它展现了武昌起义的历史过程。

辛亥革命博物馆馆藏特色鲜明,收藏有民国建立前后的文物、照片资料2万余件;在职高级技术职称人员15位,编辑有季刊《辛亥革命研究动态》,在学术界交流;编辑出版专业书籍及普及读物数十种,其中大型画册《辛亥革命大写真》荣获2002年度中国图书奖。

目前,辛亥革命博物馆正逐步向辛亥革命的纪念中心及其史迹文物资料的保护收藏、陈列展览和研究中心的目标迈进。

辛亥革命博物馆

辛亥革命武昌起义史迹陈列场景
总司令黄兴

鄂军都督府旧址复原陈列场景
鄂军都督府旧址

唤起农民千百万
毛泽东同志主办的中央农民运动讲习所旧址纪念馆

毛泽东同志主办的中央农民讲习所旧址位于武汉市武昌红巷13号，是第一次国共合作时期毛泽东同志倡议创办并主持的一所培养全国农民运动干部的学校。校舍建于1904年，由四栋砖木结构的房屋组成，中间有一个大操场。农讲所旧址是武汉市现存唯一保存完好的晚清学宫式建筑，当初为张之洞创办的北路小学堂，1927年为中央农民运动讲习所校址。

武昌农讲所的领导机构是常务委员会。邓演达、毛泽东、陈克文担任常务委员。毛泽东实际主持工作，参与制定教育方针和教学计划，亲自聘教员，讲授《农民问题》、《农村教育》等主要课程。许多著名的共产党人、国民党左派和知名人士如瞿秋白、李立三、恽代英、彭湃、方志敏、李达等在农讲所任教。

农讲所对学员的培养目标是训练一批能领导农村革命的人才。1927年6月18日，农讲所举行毕业典礼。大多数学生被委任为农民协会特派员，深入开展农民运动，犹如星星之火，燎原于神州大地，大革命失败后，他们积极投身于各地的工农武装起义，如著名的八一南昌起义、湘赣边秋收暴动、黄麻起义以及参与创建湘鄂西等革命根据地的斗争，为中国革命做出了巨大的贡献。

距农讲所200米远的都府堤41号，是毛泽东1927年主持农讲所工作并在武汉从事革命活动时的旧居，也是毛泽东、杨开慧一家最后团聚的地方。毛泽东在这里完成了

他的光辉著作——《湖南农民运动考察报告》。

1958年中共湖北省委决定复原旧址纪念馆。同年12月，周恩来题"毛泽东同志主办的中央农民运动讲习所旧址"馆标。1963年纪念馆正式开放。1982年农讲所被公布为湖北省文物保护单位。2001年由国务院公布为全国重点文物保护单位。1997年国家文物局、中宣部分别授予武昌农讲所纪念馆全国优秀爱国主义教育基地、全国百个爱国主义教育示范基地称号。

30多年来，武昌农讲所、武昌毛泽东旧居已接待国内外观众2000多万人次，成为观众游览瞻仰的圣地，成为学习研究中共党

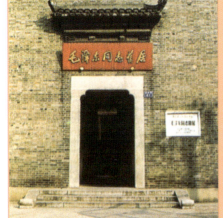

毛泽东旧居大门

农讲所

138

史、中国革命史，特别是农民运动史的课堂和进行爱国主义、革命传统教育的基地。

全馆人员编制为38人，下设陈列宣教部、资料保管部、办公室、总务科、保卫科。现有人员中，研究馆员1人，副研究馆员3人，高级会计师1人，馆员11人，助理馆员7人，管理员2人。

全馆有得天独厚的宣传教育阵地。阵地展览有毛泽东同志主办中央农民运动讲习所旧址复原陈列、《农民革命的大本营》基本陈列。现对外开放的复原陈列有常委办公室、总队部、教务处、庶务部、财务部、大教室等和毛泽东同志旧居复原陈列（包括毛泽东和杨开慧、蔡和森、彭湃、毛泽覃、夏明翰、杨开慧母亲及幼时的毛岸英、毛岸青的卧室及前堂屋和后厅等展室），除此之外该馆还开辟了面积1000平方米的临时展厅，以适时围绕主旋律举办临时展览。

毛泽东同志主办的武昌农民运动讲习所旧址纪念馆现有藏书3000册，照片底片资料1万余张；文字资料3000余份；复制件1300余件，文物原件594件。其中一级文物10件，二级文物48件，三级文物266件。参考品273件。有毛泽东1927年撰写的《中国佃农生活举例》、农讲所编印的《规约》、学生佩带的《证章》等。为了充分利用馆藏文物进行爱国主义教育，该馆经常举办各种临时阵地展览和形式多样的流动展览，近几年来举办的展览有《毛泽东与武汉》、《中国共产党武汉市历史80年》、《公

毛泽东旧居卧室

常委办公室

总队部

民道德建设》展览、《雷锋精神永恒》展览等。与此同时该馆还引进适应形势需要、受社会欢迎的展览，如《抗美援朝保家卫国》展览、《毛泽东中南海遗物》展览、《中华传统美德》展览。1990年至今，该馆共举办了25个各类展览，从全国各纪念馆引进展览13个，累计接待观众150余万人。

在毛泽东同志诞辰110周年之际，由武汉市人民政府投资对农讲所旧址和毛泽东旧居进行了维修及环境整治，同时举办《人民领袖毛泽东》大型图片展览，充实修改农讲所基本陈列和原状陈列。农民运动讲习所旧址纪念馆以丰富的展出内容和热情周到的服务接待来自全国各地的观众。

撰文：周斌 万琳

中国革命摇篮
井冈山革命博物馆

《井冈山会师》作者 何孔德

井冈山革命博物馆是1959年建成对外开放的我国第一个地方性革命博物馆，是国家文物局重点管理的84家博物馆之一。

井冈山革命博物馆珍藏有革命文物5863件、文献文字资料5000多份，历史图片4000多幅，此外，还收藏墨宝真迹数百幅，保存老红军战士的电视录像和无产阶级革命家毛泽东、朱德重上井冈山的电影资料等30余件。井冈山革命博物馆还担负着管理黄洋界哨口工事等10处全国重点文物保护单位、大井朱德、陈毅旧居等3处省级重点文物保护单位和16处市级文物保护单位的任务。

建馆40多年来，井冈山革命博物馆接待了来自158个国家和地区的国际友人、侨胞、港澳台同胞和国内观众近3000万人次，其中有毛泽东、朱德、邓小平、彭真、郭沫若、江泽民、李鹏、朱镕基、李瑞环、胡锦涛等180多位党和国家领导人，全国各大专院校学生和青少年儿童500余万人次。如今，井冈山革命博物馆已成为爱国主义和革命传统教育的重要基地，先后被命名为全国爱国主义教育示范基地、

红四军二十八团某营用过的军号

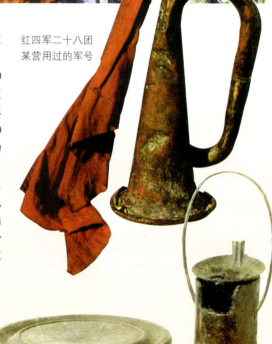

一级藏品 王佐使用过的青龙指挥刀

毛泽东使用过的油灯、砚台

全国中小学爱国主义教育基地、全国优秀社会教育基地、全国青少年革命传统教育基地，同时，还是许多部队、厂矿和大中专院校的革命传统教育基地。

目前，井冈山革命博物馆10个部室处，共有干部职工93人。多年来，井冈山革命博物馆十分注重员工的培养培训工作。特别是近年来，开展了"内强素质，外树形象，争创一流"的系列教育活动，努力提高员工的综合素质，初见成效。

井冈山博物馆正门

革命纪念馆

1938年，参加井冈山战斗的部分同志在延安的合影，上面为毛泽东的亲笔题字。

毛泽东题词

井冈山革命博物馆陈列内景

黄洋界保卫战胜利纪念碑

茅坪毛泽东故居
——八角楼

茅坪革命旧址群

继承和发扬光荣的井冈山革命传统

江泽民

一九八九年十月十二日

1989年中共中央总书记江泽民视察井冈山时题词

红旗烈 军魂壮

古田会议纪念馆

古田会议纪念馆位于福建省龙岩市上杭县古田镇，是以1961年国务院第一批公布的全国重点文物保护单位——古田会议会址为依托建立起来的专题类纪念馆。始建于1964年，1972年兴建新馆，40多年来，古田会议纪念馆始终坚持高举革命传统教育的旗帜，高扬爱国主义主旋律，在社会主义精神文明建设中发挥了重要作用，累计接待观众近300万人次，其中包括胡锦涛、江泽民、温家宝、曾庆红、尉健行等30多位党和国家领导人。先后荣获"全国文化工作先进集体"、"全国十大优秀社会教育基地"、"全国百家爱国主义教育示范基地"等称号，小被古政府命名为"级边标纪念馆"。

1929年12月28日至29日，毛泽东、朱德、陈毅等老一辈无产阶级革命家在上杭古田曙光小学领导召开了中国共产党红军第四军第九次代表大会，即彪炳史册的古田会议，120多位代表参加了会议。古田会议是我党我军建设史上的一个重要里程碑，会议讨论通过的毛泽东亲自起草的《古田会议决定》，这一建党建军的纲领性文献。正如1989年12月22日江泽民总书记亲临古田会议纪念馆参观视察时所指出的：《古田会议决议》是个宝，至今还有重大的指导作用，有强大的生命力，要温故而知新，学而时习之。"他还题词"继承和发扬古田会议精神，加强党和军队的建设。"中共中央总书记、国家主席胡锦涛也曾参

观视察过古田会议纪念馆，他明确指出："我们要继承和发扬古田会议精神，充分发挥思想政治工作这个优良传统和政治优势，确保党的政治任务的顺利完成。"

古田会议纪念馆在工作中注意发挥自身优势，切实弘扬古田会议精神，拍摄制作了《古田会议》等电视专题片，在中央电视台、省电视台播出，并正拟拍20集电视连续剧《古田会议》，编纂出版了《军魂——古田会议纪实》等10余种著作及《闽西革命史文献资料》等丛书。同时，该馆还开展了"走出去、请进来、送上门、勤服务、善创新"等多种多样的教育活动，该馆展出的"古田会议"专题，主题鲜明、内容丰富、形式新颖，在该馆管辖的各处革命旧址内均设有辅助陈列。此外，该馆经常结合重大的纪念活动和节庆活动举办临时展览，制作陈列版面，组织宣传小分队巡回宣讲；经常举办夏令营活

2000年1月23日，CCTV"心连心"艺术团在古田会议会址前慰问演出。

动，聘请老红军、老同志到馆给观众作革命传统报告；同驻闽部队、武警部队、厦门大学以及全市范围内的30余所中小学签订了文明共建和德育教育协议书，使古田会议纪念馆成为广大部队官兵和青少年进行爱国主义、集体主义和革命传统教育的生动课堂，取得了良好的社会效益。

古田会议纪念馆占地8万多平方米，建筑面积1万多平方米，附设有宾馆、酒店等设施，集参观学习、旅游度假、休闲娱乐于一体。该馆管辖有古田会议会址、中共闽西"一大"会址、中共闽西特委机关旧址、毛泽东写作《星星之火可以燎原》旧址、红四军前委机关和政治部旧址等5处革命旧址，互联为有机的统一整体，成为福建红色之旅的龙头。

古田会议纪念馆管理科学，设施完善，环境优美，气候宜人，四季如春，已经通过了ISO9001质量管理体系、ISO14001环境管理体系的论证，正逐步走上事业发展的快车道。

中共中央总书记、国家主席胡锦涛亲临参观古田会议纪念馆。

1989年12月22日，中共中央总书记、中央军委主席江泽民参观古田会议纪念馆并题词。

继承和发扬古田会议精神 加强党和军队的建设

江泽民

一九八九年十二月

全国爱国主义教育示范基地——古田会议纪念馆

中共闽西"一大"旧址、毛泽东旧居——蛟洋文昌阁

毛泽东写作《星星之火可以燎原》旧址——古田赖坊协成店

全国重点文物保护单位——古田会议会址

中共闽西特委机关旧址、毛泽东旧居——古田苏家坡树槐堂

红四军前委和政治部机关旧址，毛泽东、陈毅旧居——古田八甲松荫堂

撰文：傅柒生　摄影：傅柒生　黄瑞龙

闽西革命先锋
苏区文化起点

龙岩博物馆

龙岩博物馆新邱厝外景

博物馆所属：东肖新四军二支队纪念馆

博物馆所属：邓子恢纪念馆

龙岩博物馆位于福建省龙岩市区北门和平路32号，1975年8月建成开馆，原址是省级文物保护单位"中共红四军前敌委员会旧址暨毛泽东旧居新邱厝"，是龙岩市新罗区文化体育局下属的事业单位。

新邱厝原系明末刑部左侍郎王命璿府第，1908年由龙岩商人邱洽子购得并重修。新邱厝坐北朝南，占地1741.8平方米，为三进式二厢房土木结构平房建筑，是具有龙岩地方特色的典型民居。1929年6月19日，红四军第三次攻克龙岩城后，前委设此，毛泽东和夫人贺子珍住在右边房。前后二十天里，毛泽东亲自指导了闽西和龙岩县的革命斗争。

龙岩博物馆属社会历史和革命纪念类综合性博物馆，现有馆藏文物5100件，资料、图片5000余册（卷）。该馆利用新邱厝设立《龙岩人民革命史迹陈列》和《龙岩民俗文物展览》，另外还在其他革命旧址设立东肖后田暴动纪念馆、邓子恢纪念馆、新四军第二支队纪念馆、龙门郭滴人纪念馆、曹溪邱金声烈士纪念室等基层馆室。此外，博物馆大厅每年举办20余场美术、书法、摄影、集邮、钱币等临时展览。上述陈列和展览均免费对社会公众开放，全年接待观众6～8万人次。

龙岩博物馆承担着龙岩市、区文物的保护、收集、宣传和科研工作，现有编制8人，其中高中级职称3人。新罗区文物管理委员会办公室设此。龙岩博物馆在中央苏区革命史、地方民俗史和苏区邮票的研究和鉴定方面具有领先地位。近10年来，先后有10多篇论文发表在国家级刊物上，有30多篇论文发表在省级刊物上。该馆收藏的闽西赤色邮花邮票、南唐大铜钟和晋代瓷器等在福建省具有重要影响。馆刊《龙岩文博》和简讯与全国40余家兄弟馆进行交流。2001年，龙岩博物馆被福建省文化厅授予省三级达标博物馆，被龙岩市授予首批爱国主义教育基地。

龙岩博物馆入口

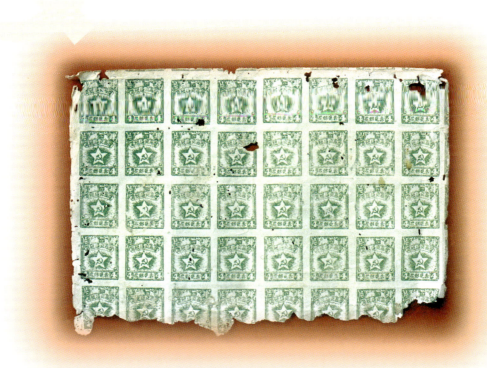

馆藏文物精品：闽西赤色邮花邮票

英雄百色
百色起义纪念馆

百色起义纪念馆，由张云逸大将提议，经广西壮族自治区党委批准，成立于1961年，原名"右江革命文物馆"。1996年11月1日，经江泽民同志题写，正式改名为"百色起义纪念馆"，管辖中国工农红军第七军军部旧址（粤东会馆）、百色起义纪念馆、迎龙山公园。

中国工农红军第七军军部旧址（粤东会馆）始建于1720年，此后一直是粤商赴百色经商的落脚点，久负盛名。会馆以前、中、后三大殿为主轴，两侧配以相互对称的四进厢房和庑廊、厅堂、天井、月门、甬道、阁楼，布局雄伟，结构严谨，雕梁画栋，占地面积2331平方米，建筑面积2661平方米，融古建、书法、雕塑、绘画艺术于一体。1929年12月11日，邓小平同志发动和领导百色起义时，把总部设在这里。旧址内有邓小平办公室兼住室、参谋处、经理处、秘书处、军部食堂（会堂）、副官处、军医处等。中国工农红军第七军军部旧址（粤东会馆），已经成为人们缅怀邓小平等老一辈无产阶级革命家和百色起义伟大功绩，接受爱国主义教育和革命传统教育的重要场所，也是人们追忆岭南悠久历史文化，欣赏前人高超建筑艺术的宝地。自1978年12月正式对外开放以来，先后接待了江泽民、李鹏、朱镕基、李瑞环、乔石、李铁映等40多位党和国家领导人，观众300多万人次，遍及全国所有省市和世界十几个国家和地区。1997年6月，旧址被中宣部确定为第一批全国爱国主义教育示范基地。

百色起义纪念馆坐落在风景秀丽的迎龙山公园内，总投资3000多万元，馆建面积5000多平方米，展厅面积2200平方米，展线长800米，寓馆于园，馆园结合。固定陈列展览《百色风雷》共有7个展厅，以宏大的气势，全面、立体、生动地展示了1929年12月11日，邓小平

2002年4月1日，国家领导人胡锦涛参观百色起义纪念馆陈列展览。

1990年11月20日，国家领导人江泽民参观中国工农红军第七军军部旧址时签名留念。

同志发动和领导的百色起义这一重大历史事件，展出文物陈列品1400多件（幅）。此陈列荣获国家文物局2000年度全国博物馆十大陈列展览"精品奖"。百色起义纪念馆自1999年12月正式对外开放以来，先后接待了胡锦涛、温家宝、贾庆林、罗干、李长春等中央领导同志，观众达100多万人次，观众遍及国内省市和美国、加拿大、泰国、英国、德

以壮族图腾青蛙为原型的百色起义纪念馆

二级文物 右江壮族人民的革命领袖韦拔群使用过的时钟 高4.3cm 口径6cm

二级文物 邓小平同志在百色起义时使用过的马鞭 长81cm 头径2cm

中国工农红军第七军政治部旧址"清风楼"

精品奖

全国重点文物保护单位 中国工农红军第七军军部旧址"粤东会馆"

二级文物 红七军使用过的军号
高25cm 口径11.5cm

国等国家及香港、台湾、澳门等地区。在配合自治区"邓小平足迹之旅"、两广青年"八千里两广怀旧、功臣里顺意进取"、湖南老区青少年"传革命圣火，为党旗增辉"等重要活动中，发挥了重要作用。2001年6月被中宣部确定为第二批全国爱国主义教育示范基地。

迎龙山公园占地100由，其亚热带园林造景和富有地方特色的植物、景观，有效配合纪念馆革命传统教育的氛围，位置优越，风格独特，正以自身的魅力吸引着八方的宾客沿着邓小平的足迹来百色观光旅游。迎龙山公园被自治区建设厅、旅游局、文明委确定为全区十大文明风景区示范点。

百色起义纪念馆近年来科研成果显著，独著或参与编写多部图书。《英雄的百色》、《百色红旗》、《广西改革开放20年》、《中华民族精神丰碑》、《右江革命根据地人物志》等先后由中国大百科全书、中共党史出版社、中央文献出版社、广西人民出版社、广西民族出版社等出版；发表的论文有：《试论邓小平领导百色起义的历史作用》、《邓小平"共耕""分耕"的启示》、《20年代右江金融状况对百色起义的影响》、《论博物馆的行业优势和博物馆的发展》、《民族地区民族博物馆建设新思考》、《依托资源优势建设有特色的博物馆》、《粤东会馆建筑及其吉祥文化》、《桂北文化的发展趋势及其思考》等。

百色起义纪念馆在提高对文物保护和利用水平及馆建方面取得了显著的成效。1997年以来，该馆先后被国家文物局授予1999～2001年"郑振铎－王冶秋文物保护奖"，被自治区文明委授予自治区级文明单位，被自治区公安厅、文化厅授予"全区文物安全工作先进集体"，被百色市委授予文明"右江万里文明河谷"先进单位等多项光荣称号，并被多家新闻媒体予以报道。

革命圣地 红都延安
延安革命纪念馆

　　延安革命纪念馆成立于 1950 年 7 月 1 日，占地 10 万平方米，位于延安市城西北延河北滨的王家坪，是全国解放后成立最早的革命纪念馆，也是内容最为丰富的党的革命历史博物馆，在全国享有特殊的地位，经过 50 年的发展和完善，已经成为全国著名的大型革命纪念馆，现有《延安革命史》、《南泥湾大生产运动》、《西北革命斗争简史陈列》三个基本陈列，展出面积 6900 平方米，展线 700 米，馆藏文物 3.5 万多件，图书 1.3 万余册，历史照片 1.8 万余张，资料卷百余册，同时还管理着革命遗址 130 余处。对外开放的有凤凰山、枣园、杨家岭、王家坪、南泥湾等 6 个革命遗址建筑群。延安革命纪念馆作为延安的一个重要窗口，担负了时代所赋予的历史重任，受到了各级各方面的赞誉和肯定。1961 年国务院把延安革命遗址公布为第一批全国重点文物保护单位；1997 年《延安革命史》陈列被国家文物局评为全国文物系统十大精品陈列提名奖；1998 年延安革命纪念馆、枣园、杨家岭、王家坪、凤凰山等旧址被中共中央宣传部列为全国百名爱国主义教育示范基地之一；1999 年被陕西省人民政府评为全省先进旅游景区，同时被延安市委、市政府评为"五星级单位"；2000～2002 年连续 3 年被省委、省政府评为创佳先进单位，到 2002 年，连续 9 年被评为省级文明单位。2002 年国家旅游局批准延安革命纪念馆、枣园旧址为 AAAA 级景区，杨家岭旧址为 AAA 级景区。王家坪旧址、凤凰山旧址为 AA 级景区。

　　延安革命纪念馆以优美的环境，丰富的资料、图片、实物、遗址和生动形象的"讲、唱、跳"宣讲形式，发挥着爱国主义、社会主义、革命传统教育的伟大功能，是爱国主义教育的重要基地。

延安革命纪念馆

中共中央旧址——凤凰山麓

占地 16.2 亩，1957 年修复，1959 年开放参观，共展出文物 85 件。位于延安城内的凤凰山麓，是党中央初进延安的驻地。党中央在这里领导了中国革命由土地战争转入抗日战争。

中共中央旧址　杨家岭

占地面积 101 亩，1953 年修复，1959 年开放参观，共展出文772 件。位于延安城西北 3 公里处。是中共中央 1938 年至 1947的所在地。1938 年 11 月，因日本飞机轰炸延安，中央机关由内搬到杨家岭。党中央在这里居处期间，领导了大生产运动和安整风运动；召开了党的第七次全国代表大会；著名的延安文座谈会也是在这里举行的。

南泥湾旧址

占地面积 1.5 亩，1978 年修复对外开放共展出文物 101 件。有毛东、朱德视察南泥湾时住过的旧居，同时有《南泥湾大生产运动陈列。

中共中央书记处旧址——枣园

占地面积80亩，1953年修复，1959年开放参观，共展出文物815件，位于延安城西北15华里处。是书记处1943年10月到1947年3月的驻地。书记处在这里继续领导了大生产运动和整风运动，筹备了党的"七大"，并领导全国军民为争取民主、和平、同美蒋反动派进行了斗争，为粉碎国民党发动的全面内战作了充分准备。

中共中央军委、八路军总部旧址——王家坪

占地面积60亩，1956年修复，1959年开放参观，共展出文物291件，是军委和总部1937年1月至1947年3月的所在地。军委和总部在这里领导抗日战争取得伟大胜利，粉碎了国民党的全面进攻，指挥了全国的解放战争。

撰文：杨健

青山埋忠骨 英名万世存

川陕苏区将帅碑林

将帅碑林园内的标牌碑

200余位红军将士将忠骨安放在巍巍青山之中

红四方面军主要将领徐向前、陈昌浩、王树声、李先念、倪志亮、曾传六、傅钟纪念像园一隅。

　　为了纪念和缅怀红四方面军将士的丰功伟绩，1993年9月，四川省人民政府批准川陕苏区将帅碑林建在巴中市城内南龛山顶，占地7万余平方米，与全国重点文物保护单位南龛摩崖造像、全国青少年教育基地川陕革命根据地博物馆相毗邻。
　　将帅碑林"十大碑区"现已全面建成，有红四方面军主要将领徐向前、陈昌浩、王树声、李先念、倪志亮纪念像园，刘伯坚烈士纪念像园，碑林长廊，楹联长廊，川陕苏区红军将士英名纪念碑，吴瑞林将军纪念碑，红军陵园，奉献碑，观景台。区内安放"歼六"战斗机一架，"三七"高炮二门。共嵌碑3688块，刻红军英名10万人。其中：红军

广场红军将士英名纪念碑刻有红军英名10万余人

将士个人纪念单碑2666块、楹联碑500块（1000副）。在此竖立个人纪念碑的红军将士原籍分布在29个省、市、区。其中四川720人，北京488人等。当中有：元帅1人，国家级领导18人，大将3人，上将28人，中

将86人，少将360人，省军职922人，地师职1448人；有女红军167人，夫妇红军138人。刻入英名纪念碑的9.6万人中省军职948人，地师职2998人，1927～1937年牺牲的师团职烈士1124人，红军烈士9万人，西路红军、失散红军1200人，知名女红军138人。

将帅碑林成立以来，先后接待了温家宝、洪学智、杨汝岱、杨国宇、徐向前之子徐小岩等近百名重要领导、高级将领和全国各地的2000多名红军将士与亲属及社会各界数百余万人次陆续前来参观。

10年来，碑林负责人在没有专人、专款、专用办公室、专门电话的艰苦条件下，先后70次行程20余万公里拜访了800多个单位和2000多位红军将士及亲属，征集到中央领导和解放军高级将领江泽民、乔石、刘华清、张震、张万年、迟浩田、洪学智、李德生、张爱萍等的题词500余件；掌握有红四方面军将士名录6550人，烈士名录10万余人，红军史料1亿字以上；收集红军将士简历、照片、手迹5000余件；总计集资400余万元。同时编印《碑林专刊》1至9期，《碑文集》（上、中、下、续册）、《红军将士作品选》、《碑林大事记》、《将帅碑林楹联长廊联集》等18本专著共6万册，近300万字。

川陕苏区将帅碑林已成为重要的爱国主义教育基地，重点文物保护单位，中国最大的红军碑林。

2001年3月国务院副总理温家宝、公安部长周永康视察将帅碑林。

四川省委书记张学思视察将帅碑林，认真听取碑林办公室主任张崇鱼的汇报。

碑林办公室全体工作人员

观景台

革命纪念馆

勿忘历史 面向未来

上海淞沪抗战纪念馆

让我们回眸历史，
轻轻地走近已经远去的战争；
让我们聆听回音，
深深地缅怀中华民族不屈的英灵……

淞沪馆全貌外景，纪念塔"宝山塔"，
高53.6m，共9层。

接待室

多功能影视厅

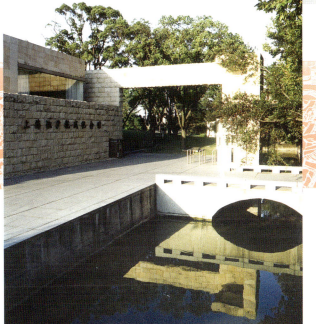

《淞沪魂》长卷

《淞沪抗战史事撷英——血沃淞沪》陈列

上海淞沪抗战纪念馆是位于宝山临江公园内的塔馆合一的大型陈列馆。建筑面积3490平方米，纪念馆主体是一座高53米具有现代建材结构和传统建筑形式美的纪念塔。

上海淞沪抗战纪念馆共12层。1—2层为陈列区，主要有：概要介绍淞沪抗战历史的《抗日战争与上海》陈列；以场景、多媒体等高科技为手段，与文物紧密结合介绍《淞沪抗战史事撷英——血沃淞沪》陈列；以及《抗战文化系列——张明曹抗战美术作品展》和影视放映厅等。3层为观众休息厅。4层以上为灯塔，11层设观景室，这里可远眺长江口，俯瞰宝山城。

上海淞沪抗战纪念馆环境优美，山水辉映，塔林交融。这里有30米长的花岗岩主题画墙、大型雕塑、曲晓墙等艺术品，有文化广场和大草坪；有陈化成纪念馆、姚子青营牺牲处等人文历史景点。

上海淞沪抗战纪念馆，是华夏儿女回眸历史、感受生活的胜地。

《淞沪抗战史事撷英——血沃淞沪》陈列

《义勇军进行曲》曲谱墙

展厅内用照片和实物等展示了上海抗战史

《淞沪抗战军民》大雕塑

以史为鉴 勿忘国耻 振兴祖国
中国人民抗日战争纪念馆

中国人民抗日战争纪念馆坐落在北京西南丰台区卢沟桥畔的宛平城内，占地面积3万多平方米，总建筑面积近2万平方米，展览面积6000平方米，是全国唯一一座全面反映中国人民抗日战争历史的综合性大型纪念馆。一期工程始建于1987年，二期工程完成于1997年。纪念馆主要建筑分为三部分，即：主馆、资料中心和南北四合院。主馆是一座牌坊式建筑，有6个展厅、1个半景画馆、1个多功能厅和2个恒湿恒温文物库房。东西两侧的南北四合院与资料中心，均为仿明清建筑与宛平城楼相呼应，与主馆相映衬。1987年7月7日开放至今共推出大型基本陈列3个，专题展览18个，藏品达1万余件，接待国内外观众1200余万人次，在社会上产生了很大的影响。

中国人民抗日战争纪念馆是在中央及北京市委、市政府的领导下，在社会各界的大力支持下建立和发展起来的。1995年8月15日，中国抗日战争暨世界反法西斯战争胜利五十周年之际，江泽民总书记等党和国家领导人参观了抗日战争纪念馆，并作重要批示。与此同时，江总书记还亲自批示抗日战争纪念馆的二期扩建工程。1997年7月7日二期工程竣工开放，中国人民抗日战争纪念馆以崭新的面貌迎接海内外的观众。

中国人民抗日战争纪念馆的二期基本陈列《中华民族的抗日战争》展览，总投资1500万元，陈列形式新颖、独特，深受观众喜爱，荣获国家文物局"1997年十大精品陈列展览"。

《中华民族的抗日战争》陈列共分6个展馆，综合编年史陈列为3个展馆，专题馆为"日军暴行馆"、"人民战争馆"和"抗日英烈馆"。再现了从1874年日本帝国主义侵略中国，到日本投降以及中日建交的历史过程，突出表现了1937年在中国共产党倡导的抗日民族统一战线的旗帜下，全民族团结抗战和中国共产党的中流砥柱作用，讴歌了无数革命先烈为民族解放、国家独立而英勇牺牲的感人事迹。深刻地揭露了日本侵略者在侵华战争中犯下的滔天罪行。陈列展览共展出历史珍贵照片600张，实物500件，大

中国人民抗日战争纪念馆外景

半景画——卢沟事变

型景观8个，影视屏幕5组，还有模拟地道一组。

建馆15年来，抗战馆向社会推出大批科研成果。有：《中国抗日战争纪念馆文丛》6册、《抗战小英雄》、《迁都重庆的国民政府》、《中国远征军》、《纪念馆七七事变55周年论文集》、《卢沟桥事变与八年抗战》、《晋察冀画报影印集》、《日本在华特务机构》、《抗战期刊录》、《中国抗日战争画史》、《抗日战争大辞典》、《赵登禹将军》、《佟麟阁将军》、《中国抗日战争史丛书》41卷等。还定期出版有《抗战史通讯》刊物（赠阅）。这些著述一部分是抗战馆自身力量研究的成果，一部分是与馆外学者合作的产物。十五年间，以抗战馆名义举行大型学术研讨会有7次，加强了各地学者之间的联系，促进了战争历史研究的进步。抗战馆不仅仅推出了一大批研究成果（其中不少还填补了国内外的空白），更重要的是锤炼出了一批有水平的研究人员，他（她）们既是抗战馆业务的骨干，又是抗战馆进一步开展科研和展览的中坚。

中国人民抗日战争纪念馆的社会教育工作经过10年来的摸索与实践，有了长足的发展。"以史为鉴，勿忘国耻，振兴祖国"是该馆永恒的教育主题。特别是江泽民总书记在对该馆的两次重要批示中指出："忘记过去就意味着背叛，特别是日本人至今仍有一些人对当年军国主义罪行毫无认识，我们必须要使后代人牢记这个历史，保持足够的警惕……"；1995年8月15日江总书记又在参观该馆时讲到，抗日战争纪念馆的陈列再现了中国人民抗日战争的历史风云，记载了中国人民战斗的胜利历程，为抗日战争胜利而献身的中华英烈永垂史册。要充分发挥抗日战争纪念馆和卢沟桥抗战遗址的作用，把它作为爱国主义教育基地，对青少年进行爱国主义的教育，1997年5月又为该馆题词："高举爱国主义旗帜，以史育人；弘扬中华民族精神，振兴祖国。"成为该馆开展爱国主义教育工作的指针。

16年来，抗战馆以展览、出版研究专著，开展夏令营及其他纪念活动等手段，介绍抗日战争史，在弘扬民族精神，开展爱国主义教育等方面发挥了越来越重要的作用。先后被评为全国、北京市爱国主义教育示范基地，并被一些大专院校和中小学校定为国防教育基地。

中国抗日战争是世界反法西斯战争的重要组成部分。16年来，以相互交流、共同研究、促进友谊、维护和平、反对战争为宗旨，抗战馆将对外交流放到了重要的位置。先后接待了村山富士、小泉纯一郎两届日本首相的参观来访。与日本、韩国、朝鲜、新加坡、加拿大、美国、俄罗斯等国家及台湾、香港、澳门等地区的研究机构和学者建立了联系，共同开展研究，协作推出展览和互访等等。先后有30多个代表团出访日本、韩国、朝鲜、德国、法国、泰国、马来西亚、新加坡、美国、俄罗斯等国家及台湾、香港、澳门等地区，扩大了抗日战争纪念馆影响，宣传了中国抗日战争的伟大意义。

序厅——铜墙铁壁

暴行厅——南京大屠杀

少先队队会

感受抗日战争烽火 领略明清古建文化

新四军军部旧址纪念馆

2001年5月21日，国家领导人江泽民视察新四军军部旧址。

新四军军部旧址纪念馆位于革命圣地安徽省泾县云岭镇，这里记录了1938年8月2日至1941年1月4日中华民族优秀儿女、新四军将士为中国解放事业谱写的悲壮诗篇，党和人民在这块被烈士鲜血染红的热土上，设馆保护，建立爱国主义教育基地。该馆历经40余年努力，复原陈列旧址8处，新建纪念建筑4处。保护面积24余平方公里。如今的云岭阳光灿烂，再现了当年叶挺军长曾赞誉的"云中美人雾里山"的奇妙俊秀。古悠悠的旧址，斑驳的院墙上烙印着当年新四军抗日的荣耀与沧桑，古祠堂、古殿庙的石雕木刻，镌刻着中华民族的文化精粹。

该馆现已复原开放的旧址陈列为：司令部旧址、新四军军部大会堂旧址、修械所旧址、战地服务团俱乐部旧址、政治部旧址、中共中央东南局旧址、教导总队部旧址、叶挺桥。

司令部旧址包括种墨园和大夫第。种墨园是地主陈冠平的宅院，建于清末，坐北朝南，整体呈船形。叶挺军长随部队迁此居住、办公。种墨园的西边新辟有《叶挺将军摄影作品展》和《叶挺将军生平图片展》。大夫第建于晚清，系地主陈福骥的庄园。屋檐下的徽砖浮雕，龙、凤、花、鸟楼台、阁及人物图案等，工艺精湛。项英副军长、军部秘书长李一氓、参谋长张云逸等曾在此居住、办公。

新四军军部大会堂旧址位于陈氏宗祠内。陈氏宗祠建于清初康熙年间，是泾县保存最好最大的祠堂之一。整个祠堂建筑宏伟、壮观，祠内木雕形态各异，文曲星笑迎文人雅士，武曲星震慑门厅孽徒；青狮、白象、天神、八仙等，似行似坐，似立似蹲，各展其威；"忠、孝、节、义"四个木雕大字，赫赫醒目，庄严肃穆。这里曾为新四军军部召开大型会议、开展文化娱乐活动的重要场所。陈氏宗祠另辟有《新四军在皖南》陈列馆。2000年荣获全国十大陈列精品奖。

修械所旧址即关帝殿，原系云岭陈氏供奉关帝的殿庙，建于明代万历年间，此殿为典型的地方建筑风格。修械所是新四军小河口兵工厂的分支机构，中国的"保尔"吴运铎同志曾在此工作过。

战地服务团俱乐部旧址设在"佑启人文"敞厅，原系新村陈氏家族公房，建于清末咸丰八年。服务团俱乐部团员曾在此排戏、开会、学习，新四军政治部曾在这里召开全军"二七"政工会议。

政治部旧址建于民国，新四军政治部主任袁国平、副主任邓子恢、秘书长黄诚曾在此居住、办公。

中共中央东南局旧址建于民国初年，设在云岭丁家山村。中共中央东南局副书记曾山、饶漱石，青年部长陈丕显，秘书长温仰春曾在此居住、办公。

教导总队旧址建于清光绪年间，原系中村董氏民宅。总队长周子昆，副队长兼教育长冯达飞曾在此居住、办公。

叶挺桥位于云岭南麓罗里村东首的枣树坝下，该桥是1938年底叶挺军长亲自设计，副官处负责建造的一座长8米，宽2米的木质结构桥。叶挺军长亲手在桥栅栏上书写了"军民合作，抗战到底"八个大字。

新四军抗日殉国烈士纪念墓、碑分别位于云岭南堡村黄龙岗，南陵县土塘。

新建纪念建筑有云岭碑园，是为纪念新四军建军60周年而建。园内有党和国家领导人、新四军将领、新四军知名人士和国际友人为新四军及纪念馆题词碑刻60块。1991年纪念皖南事变新四军将士殉难50周年建造的叶挺铜像广场。2001年为纪念皖南事变殉难烈士60周年而建造的项英铜像广场。

摄影/撰文：胡平葆

新四军军部旧址分布图

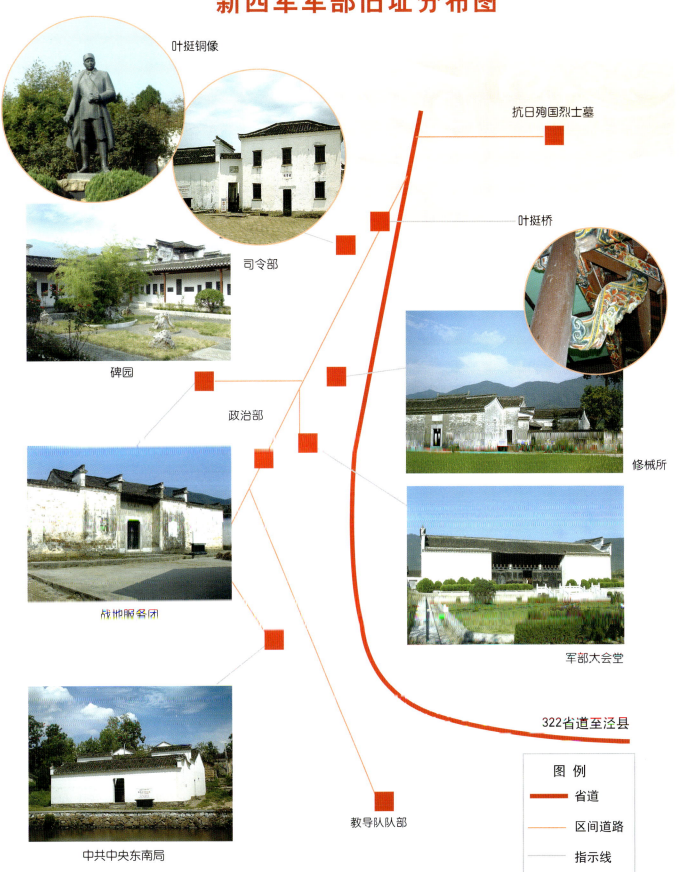

叶挺铜像

抗日殉国烈士墓

叶挺桥

司令部

革命纪念馆

碑园

政治部

修械所

战地服务团

军部大会堂

中共中央东南局

教导队队部

322省道至泾县

图 例

省道

区间道路

指示线

2001年8月，江泽民总书记视察八路军太行纪念馆。

巍巍太行　八路雄风

八路军太行纪念馆

1995年8月山西省纪念抗战胜利50周年大会盛况

八路军简史陈列厅展览一角

参加全国第六届八路军新四军学术研讨会的部分
代表进行学术交流

八路军精神宣讲小分队在表演文艺节目

八路军太行纪念馆位于革命老区山西省武乡县城，于1988年建成开馆，由邓小平同志亲笔题写馆名，现为全国重点博物馆之一、全国爱国主义教育示范基地。主要参观项目：八路军简史陈列厅、八路军将帅厅、抗日影视中心、八路军游击战术演示厅、八路军抗战纪念碑、八路雄风碑林公园和青少年德育培训基地等，是我国唯一一座全面再现八路军和华北各根据地八年抗战史实的大型军事专题纪念馆，也是中国北方集教育、科研、观光、休闲为一体的著名红色旅游景区。

该馆用大量篇幅多方位多角度地展现了八路军的抗战文化，再现了抗日时期八路军将士用鲜血和生命铸就的艰苦奋斗、无私奉献、爱国为民、团结御侮、勇于牺牲的可贵精神，极大地丰富与发展了中华民族精神。八路军抗战纪念碑刻石铭记八路军将士在中国革命史上的辉煌战绩；八路军将帅厅采用图片展览与文物陈列相结合的方式，再现抗日战争时期800多位八路军高级将领的丰功伟绩与革命风范；八路军游击战术演示厅以"一公里窑洞战景观"为主线，突出反映了八路军与华北各根据地民众精诚团结、抗日御侮的悲壮场面；八路雄风碑林公园镌刻了许多八路军抗日将领与新中国成立后党和国家领导人的题词墨宝。游人漫步其间，将领略到历史的沉重、民族的豪气，感受到爱国主义精神的熏陶。

革命纪念馆

八路军抗战纪念碑

身穿八路军服装的中小学生在参观英烈墙

撰稿：魏国英

抗战圣地 民族英魂

台儿庄大战纪念馆

台儿庄大战纪念馆全貌

展厅一角

影视厅

　　1938年春，爆发了震惊中外的台儿庄大战，中国军队重创日军两个精锐师团，歼敌万余人，打破了日军迅速灭亡中国的野心，并进一步鼓舞和坚定了中国人民抗战胜利的信心，台儿庄这块英雄的土地从此为世人所瞩目。

　　台儿庄大战纪念馆坐落在风景如画的山东省枣庄市台儿庄区古运河畔，占地面积3.4万平方米，建筑面积6000平方米，整个建筑气势恢弘、巍峨壮观，馆内绿草如茵、鲜花烂漫、松柏长青、环境幽雅，是一座高品位、园林式的爱国主义教育场所。纪念馆集展览馆、影视馆、书画馆、布景画馆、全景画馆于一体。展览馆内陈列着大战时中日双方珍贵的实物、资料千余件；影视馆主要播放当年战地记者拍摄的珍贵纪录片《台儿庄战役》、电影《血战台儿庄》以及《参战访谈录》、《铸造民族魂的工程》、《风光旖旎的台儿庄》等录像；书画馆珍藏着参战将士和亲属以及著名书画家、政界人士的书法美术作品近千件；"今日台儿庄"布景画馆展示了经受战火洗礼后的台儿庄，特别是改革开放以来的巨变；"血战台儿庄"全景画馆是我国唯一一家以抗战为题材的全景画馆，它是18边形的筒式建筑，高28米，直径43米，建筑面积3100平方米，全景画馆以绘画、地面塑形、灯光、音响和解说，将历史真实与艺术融为一体，生动地再现了中国军队在台儿庄以阵地战痛击日军，浴血奋战，直到取得胜利的历史过程。整个画面高16.5米，周长124.1米，画面首尾相连，成全周形，巨幅画面与逼真的塑形有机结合，并配以特殊现代科技，给人以身临其境之感。

　　台儿庄大战纪念馆自1993年4月8日开馆以来，在海内外产生了强烈的反响，共接待中外游客300多万人次。1995年被山东省委宣传部命名为"山东省爱国主义教育基地"；1996年9月被国家教委、文化部等六部委命名为"全国中小学爱国主义教育基地"；1997年6月被中宣部命名为"全国百家爱国主义教育示范基地"；2001年被中国侨联评为"中国侨联爱国主义教育基地"。

"大战台儿庄"全景画

烽火连天颂英烈 东湖抗战涌洪波
八路军武汉办事处旧址纪念馆

八路军武汉办事处（简称"武汉八办"）是抗战初期中国共产党在国民党管辖区设立的一个公开办事机构，1937年经董必武筹备建立，其旧址为日商大石洋行，占地面积1776.96平方米，建筑面积2252.6平方米。原建筑于1944年日军占领期间被美国飞机炸毁。1978年在原址按原貌复建。1979年3月5日八路军武汉办事处旧址纪念馆正式对外开放，叶剑英为纪念馆题写馆名。1982年湖北省人民政府公布为省级文物保护单位。

国家一级文物：八路军武汉办事处工作人员佩戴过的证章

1938年周恩来同志在武汉

纪念馆对外开放的复原陈列有副官室、接待室、办公室、会客室、会议室、电台室、机要科、周恩来和邓颖超、董必武、叶剑英、秦邦宪（博古）的办公室兼卧室，共展出文物复制品30件，代用品93余件；辅助陈列《武汉抗战》设在一楼半封闭式大厅内，展出文物、照片、图表等219件。纪念馆通过复原陈列和辅助展览全面地反映了武汉抗战的重大历史事件，真实地再现了中共领导人周恩来、董必武、叶剑英等老一辈无产阶级革命家为民族独立和人民解放事业奋斗的风采。同时展出的还有《新四军与武汉》、《孩子剧团》等专题展览，对外放映抗战初期荷兰著名电影导演尤里斯·伊文斯拍摄的资料片《四万万人民》。建馆以来先后举办了《日军侵华暴行图片展》、《老同志书法作品展》、《叶挺将军摄影作品展》、《人民的好总理周恩来百年诞辰纪念展》、《武汉地区革命英烈事迹展》、《抗战初期的八路军武汉办事处》、《辉煌50年》、《迎接澳门'99回归》等临时展览和流动展览。

纪念馆有馆藏文物84件，其中国家一级文物6件（包括八路军武汉办事处工作人员佩戴的证章、彭雪枫赠送给周恩来的平型关战斗中缴获日军的毛毯、董必武抗战初期在武汉用的公文包、中共中央长江局交通员用的牛皮箱、国民政府军事委员会政治部抗敌宣传二队队旗、八路军武汉办事处处长钱之光名章等）。馆藏文物资料1335份，历史照片1420多张。建馆以来，许多当年在这里工作过的老同志张爱萍、方毅、伍修仅、王首道、郭述申、童小鹏、曾志等来馆参观并欣然题字，为纪念馆留下了一批珍贵的墨宝。二十多年来，纪念馆先后接待了中央、省、市领导及外宾和社会各界人士、青少年学生达190多万人次。

该馆编辑出版《抗战初期的八路军武汉办事处》、《八路军武汉办事处人事记》、《抗战初期国共合作大事记》、《武汉抗战史料》、《八路军武汉办事处》、《武汉人民爱国故事选》等书。纪念馆业务人员撰写和公开发表文章40余篇。纪念馆还成功举办了"全国八路军办事处纪念馆第二届学术讨论会"，与湖北大学联合举办"纪念武汉抗战暨中山舰遇难60周年国际学术研讨会"。

八路军武汉办事处旧址纪念馆

永存的丰碑

淮海战役纪念馆

淮海战役纪念馆

淮海战役总前委群雕

淮海战役碑林

淮海战役纪念馆位于江苏省徐州市南郊。淮海战役纪念馆与淮海战役烈士纪念塔同时兴建,1965年落成开放,陈毅元帅题写馆名。建筑面积3950平方米,馆内陈列面积2800平方米。陈列分前厅、序言厅、战役厅、支前厅、烈士厅、后厅六部分,共展出珍贵文物、历史照片以及油画、国画、雕塑等2000余件,包括毛泽东同志为中央军委起草的《关于淮海战役作战方针》的电报手稿,淮海战役总前委指挥作战用的电台,韩联生等86名烈士的遗像、遗物等。展出文物丰富,重点突出,布局合理。纪念塔设备先进。

淮海战役烈士纪念塔

铸铜雕像《走向胜利》

群雕《人民支前》

浮雕墙《团结奋战》

永存的丰碑

平津战役纪念馆

平津战役纪念馆是党中央决定修建的，是全面展现平津战役的专题纪念馆。

1994年8月，中共中央政治局常务委员会会议作出在天津修建平津战役纪念馆的决定，并确定由北京军区牵头，会同北京市、天津市负责修建工作。纪念馆从1995年初开始筹建，当年11月29日奠基动工，于1997年7月中国人民解放军建军70周年前夕建成开馆。中共中央总书记、国家主席、中央军委主席江泽民和中共中央、中央军委的领导同志分别为纪念馆题了词。

平津战役纪念馆由纪念广场、纪念馆和多维演示馆三个部分组成。纪念馆主体共分6个展厅，展线总长740米，通过2500多件珍贵的历史文物和一些由著名艺术家精心创作和制作的图表、景观、雕塑、绘画等辅助展品，准确、客观、全面地反映了平津战役的作战过程，热情讴歌了中共中央、中央军委和毛泽东主席的战略战术，讴歌了解放军指战员英勇顽强的战斗作风，再现了广大人民群众踊跃参战支前的高度思想觉悟和无私奉献精神。

平津战役纪念馆主题思想鲜明，陈列内容详实，环境艺术高雅，展示手段先进，是缅怀革命先烈、开展爱国主义和革命传统教育的良好场所，是进行社会主义精神文明建设的重要基地。

群雕《并肩战斗》

难以忘却的沧桑 爱国教育的典范
旅顺日俄监狱旧址 博物馆

组织员工学习

　　旅顺日俄监狱旧址位于中国辽宁省大连市旅顺口区向阳街139号，1902年由沙俄侵略者始建，1907年由日本殖民统治者扩建而成。这是人类历史上唯一的一座由两个帝国主义国家在第三国先后建造的同一所监狱，它是帝国主义列强侵华和反人类的铁证。旅顺日俄监狱总占地面积为22.6万平方米，围墙内有牢房275间，分别设有检身室、刑讯室、绞刑室和15座工场。围墙外还设有强迫被关押者服苦役的窑场、林场、果园、菜地等。历史上许多中国和朝鲜、日本、俄罗斯、埃及等国家的仁人志士曾被囚禁于此。1945年，世界反法西斯战争胜利，旅大光复，监狱解体。1971年，监狱旧址经修复后，作为展览馆对外开放，现名为"旅顺日俄监狱旧址博物馆"。1988年国务院公布为全国重点文物保护单位。现馆藏文物2000余件，其中国家一级文物10件。

　　该馆的基本陈列为监狱旧址陈列，同时还辟有《铁窗英魂》展和《日俄侵占旅大罪证》展等。每年接待观众约60万人次。该馆在立足现场阵地陈列的基础上，还自筹资金，制作图片展览，常年坚持义务送展到农村、海岛、部队、学校、社区，取得了良好的社会效益。1994年以来，旅顺日俄监狱旧址博物馆先后被市委、市政府、辽宁省和国家文物系统评为优秀爱国主义教育示范基地，获得了优秀旅游城市先进单位、巾帼文明示范岗、先进集体等

全国重点文物保护单位
旅顺监狱旧址
中华人民共和国国务院
一九八八年一月十三日公布
辽宁省人民政府立

1988年被国务院公布为全国重点文物保护单位

多项光荣称号。

旅顺日俄监狱旧址博物馆在历史文化研究和对外交流上也下了很大功夫。在担负监狱旧址的保护、研究与宣传任务的同时，作为大连地区近代史研究中心，该馆还肩负着甲午战争、日俄战争、日本殖民统治旅大40年和大连地方党史研究任务，

2003年成立了大连市近代史研究所。近几年来，全馆编撰出版了《难以忘却的一页——旅顺日俄监狱》、《旅顺日俄监狱旧址陈列馆藏品集》、《沧桑岁月——旅顺日俄监狱旧址陈列馆建馆三十周年》、《血·魂》、《永矢不忘——旅顺大屠杀》、《日俄旅大争夺战图鉴》等十几部专著和《旅顺日俄监狱旧址》光盘。该馆还建立了自己的自主网站发布平台，分别用中、英、日、韩、俄五国文字，向世界各地发布有关本馆的资料、信息等。

旅顺日俄监狱旧址博物馆全体员工满怀信心昂首迈进新时代

革命先辈的代言人

——旅顺日俄监狱旧址博物馆主要事迹

旅顺日俄监狱旧址博物馆紧密结合工作实际，认真贯彻落实"三个代表"的重要思想，牢记"两个务必"，加强职工队伍建设；加强爱国主义教育基地建设。以"文物安全为立馆之本，阵地展览为发展之本，科学研究为振兴之本"，取得了良好的社会效益和经济效益。

一、坚持代表先进文化的发展方向，加强职工队伍建设

旅顺日俄监狱旧址博物馆党支部组织全馆职工认真学习"三个代表"的重要思想，坚持落实"三会一课"制度，激励员工爱岗敬

旅顺日俄监狱旧址博物馆成为对青少年进行爱国主义教育的大课堂

二、坚持代表先进文化的发展方向，加强阵地展览的宣传作用

旅顺日俄监狱旧址博物馆始终不辱使命，作为全国重点文物保护单位、全国文物系统及省市优秀爱国主义教育基地，始终坚持把社会效益放在首位，坚持对当地驻军、演习部队、中小学生、残疾人、离休干部、70岁老人实行免费参观，在儿童节、老人节、"八·一"建军节、全民国防教育日里均实行免费参观。为充分发挥监狱旧址的爱国主义教育基地作用，密切与社会各界的联系，该馆把关心、支持本馆发展建设的社会各界人士组织起来，成立"博物馆之友"联谊会。在保持原监狱旧址陈列的基础上，重新布置了"铁窗英魂展"、"日俄侵占旅大遗物展"；引进了"詹洪阁收藏日本侵华罪证展"等。在辽宁省委命名"大连中华工学会旧址"为党史教育基地后，又自筹资金，对大连中华工学会旧址进行了全面维修，在旧址上布置陈列展览。省委、市委领导及党史研究专家在观看后给予了很高的评价，市委领导赞誉该馆为一支肯吃苦、能战斗的队伍。自2002～2003年来，该馆共接待观众100余万人次，经济收入年均630万元。

业，做好"革命先辈的代言人"。在学习中，馆领导学习十六大的体会文章在《大连日报》"学习与探索"上发表，获得中国理论创新优秀学术成果一等奖。由于馆党支部坚持细致的思想政治工作，全馆上下形成了争先进、比干劲、创成绩的浓厚氛围。在现有的19名员工中，除原有3名党员外，提出入党申请的有15人，两年中有4名同志被吸收加入中国共产党。并组建成立了团支部。在2003年的争优创先活动中，馆党支部被评为先进党支部、支部书记被评为先进党务工作者并同时被授予大连市优秀共产党员荣誉称号。单位在2002年被市政府授予先进集体、大连市"三八"红旗集体、大连市2002年度旅游工作先进单位荣誉称号。在全省近代纪念馆、博物馆类的评估中荣获第一名。

三、坚持代表先进文化的发展方向，做好监狱旧址的维护和文物征集工作

监狱旧址已有百余年的历史。在它的身上，有我们民族的耻辱，更有我们民族的斗争精神。弘扬爱国主义的主旋律，监狱旧址是一部最好的教科书。要让这座百年建筑不

倒不塌，关键要给予积极的保护。该馆坚持每年投入超过百万元的巨资，对监狱的围墙、屋顶、防雨设施、防盗工程给予重点建设，目前监狱旧址是在非常良好的基础上进行有序的合理利用。同时该馆还注意加强对近现代文物的征集。其中重要的有"监狱旧址大正年间的管道图"、"黄龙墓碑额"、"日本海军贮水池阀门"、"日本侵占东北三省图"等。这些文物，不仅丰富了馆藏，也为爱国主义教育基地的建设提供了更具形象的教材。

四、坚持代表先进文化的发展方向，加大科研工作力度，扩大监狱旧址博物馆的影响

市九次党代会后，市委提出建设学习型城市的号召，该馆结合自身特点，提出建设学习型博物馆的目标和计划，为员工每人配备了一台电脑，号召员工每人多读一本好书，多写一篇专业文章，多出一部好书。并在馆内建立了局域网，用中、英、日、俄、韩五国文字向世界各地发布信息介绍旅顺日俄监狱旧址博物馆的情况。为全面提高员工素质，该馆聘请专家学者来馆授课，并在讲解员中推行用日、俄、英语进行讲解的活动，7名同志在专业技术职务中晋升到一个新的档次。近年来，该馆编著了大

数字化监控系统

自主网站发布平台

连近代史研究丛书（第一辑）共计14种，目前已出版9种。其中有的图书荣获大连市社科专著二等奖，被法国卢浮宫博物馆永久收藏。该馆实现近代史研究所与博物馆合署办公，另正式挂牌成为吉林大学教学实习基地。2002年成功地举办了旅顺监狱"百年变迁学术研讨会"，反响甚为强烈。该馆还结合"大大连发展规划"制定了该馆未来十年的发展规划，决心为加大文化事业和文化产业的发展贡献自身的力量。

旅顺日俄监狱旧址博物馆主要科研成果

旅顺日俄监狱旧址博物馆（大连市近代史研究所）在承担监狱旧址的保护、研究与宣传任务的同时，作为大连地区近代史研究中心，这里还肩负着甲午战争、日俄战争、日本殖民地统治旅大40年、大连地方党史和大连工运史研究的任务。

为保证科研工作的长盛不衰，旅顺日俄监狱旧址博物馆将全市文博界的精英集于麾下，从社会上聘请了关捷、董志正、田久川等著名学者为本馆资深研究员，指导本馆的研究工作，他们均是研究甲午战争、日俄战争和大连地方近代史方面的权威和在学术研究方面有突出建树的专家；馆内还聘请刘俊勇、王宇、韩行方、曲传林、周祥令等一批高级专业研究人员，组建专家组，主要负责对馆内的重大科研决策、专业研究课题的立项进行咨询论证；馆内目前有高级专业研究人员2名（郭富纯、王珍仁）、中级专业研究人员3名（潘茂忠、周爱民、尹淑杰），主要从事监狱史、甲午战争、日俄战争、

日本殖民地统治旅大40年、大连地方党史和大连工运史的研究。建馆30多年来，已在各级刊物上发表文章百余篇，并编撰出版了《旅顺日俄监狱旧址》、《日俄战争在旅顺》、《辽海文物学刊》（增刊）、画册《难以忘却的一页——旅顺日俄监狱》、《旅顺日俄监狱旧址陈列馆藏品集》、《沧桑岁月——旅顺日俄监狱旧址陈列馆建馆三十周年》、《血·魂》、《永矢不忘——旅顺大屠杀》、《日俄战争旅大图鉴》《旅顺监狱旧址百年变迁学术文集》等十几部研究专著。其中画册《难以忘却的一页——旅顺日俄监狱》荣获2001～2002年度大连市第十届社会科学优秀学术成果专著二等奖；大连市人民政府对外优秀宣传品一等奖。

科研成果之一《旅顺日俄监狱旧址陈列馆精品集》

難以忘却的沧桑　爱国教育的典范

旅顺日俄监狱旧址博物馆

旅顺日俄监狱旧址博物馆
藏品征集与管理

　　旅顺日俄监狱旧址博物馆十分重视近代历史文物、历史资料的征集与调查工作。现有馆藏历史文物2000余件、文献资料200余册。在这些珍贵文物、文献资料中，经国家文物局文物鉴定委员会认定的国家一级文物就有10件，其余均为二、三级文物。此外，经多年的走访调查，还整理出调查笔记资料800余册。为地方近代史的研究、陈列和宣传，打下了坚实的基础。

监狱旧址

一级文物　小村寿太郎碑

中国博物館

革命纪念馆

一级文物 美国纽约MFG汽车公司制造的蒸汽汽车

手铐

脚镣

狱中被关押者用过的饭碗

一级文物 金州南山乃木希典题诗碑

一级文物 剑山碑

刑用地界桩

狱中被关押者穿过的囚衣

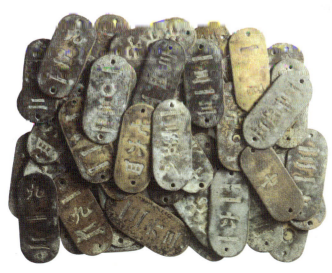

狱中被关押者胸前佩戴的铜制号牌

撰文：郭富纯　王珍仁

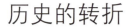
历史的转折

遵义会议纪念馆

毛泽东（1936年）

遵义会议会址

红军总政治部旧址

  遵义会议是1935年1月红军长征途中，中共中央在贵州省遵义市举行的一次政治局扩大会议。1955年由文化部批准组建遵义会议陈列馆。该馆原是30年代修建的一座砖木结构曲尺形洋房。红军长征到达遵义后，总司令部即设于此。遵义会议会址是1961年国务院首批公布的全国重点文物保护单位，保护范围还有遵义会议期间毛泽东、张闻天、王稼祥住处；红军总政治部旧址；秦邦宪（博古）住处；苏维埃国家银行旧址等。1964年毛泽东为纪念馆手书"遵义会议会址"。1984年邓小平题写了"红军总政治部旧址"的匾额。1996年江泽民在遵义会议会址敬录了毛泽东词句："雄关漫道真如铁，而今迈步从头越。"该馆还开设了遵义会议辅助陈列室等专题陈列。

苏维埃国家银行旧址

遵义会议会议室

遵义会议期间毛泽东、张闻天、王稼祥住处

MUSEUM OF TEMPLES & FORMER RESIDENCE

名人名寺馆

诗圣故居 文学圣地
成都杜甫草堂博物馆

杜甫草堂坐落于成都市西郊浣花溪畔，是中国唐代大诗人杜甫流寓成都时的故居。公元759年，杜甫为避"安史之乱"，携家由陇右同谷（今甘肃省成县）入蜀，营建茅屋而居，称"成都草堂"。杜甫先后在此居住近四年，创作诗歌流传至今的有240余首。杜甫因其诗歌创作的辉煌成就而被后人尊称为"诗圣"。1962年，被世界和平理事会列为世界文化名人。

后人尊崇杜甫，其草堂故居被视为中国文学史上的"圣地"而受到关注和保护。五代时诗人韦庄寻得草堂遗址，重结茅屋，使之得以保存，宋、元、明、清历代都有修葺扩建。今天的草堂面积约18公顷，已演变成一处集纪念祠堂格局和诗人旧居风貌为一体的著名文化圣地，成为历史文化名城成都的最具代表性的胜景之一。1955年，在此建立杜甫纪念馆，1961年，被国务院公布为第一批全国重点文物保护单位，1985年，杜甫纪念馆更名为杜甫草堂博物馆。建馆近五十年来，党和政府给予草堂极大的关注和重视，毛泽东、邓小平、江泽民等中央领导都曾亲临视察，写下了光彩照人的篇章。还有众多各界知名人士、来访的外国贵宾，也在草堂留下了他们的足迹。

杜甫草堂是现存杜甫行踪遗址中规模最大、保存最好、最具特色的一处。完整保留着清嘉庆十六年（1811年）重建时的格局，包括中轴线的正门、大廨、诗史堂、柴门、工部祠这五重主体建筑以及回廊、陈列室等附属建筑。朴实无华的古建筑内，陈列着大量匾联、碑刻，还有几尊由著名雕塑家创作的杜甫雕像。

"草堂"影壁与花径

回廊

工部祠后有依杜诗描写和明代格局恢复重建的杜甫茅屋居所，营造出诗人故居浓厚的诗意氛围。馆内基本陈列为《诗圣著千秋》，采用现代的陈列手段和鲜明而形象的艺术语言，展示杜甫诗歌的恢弘气势和辉煌成就。该陈列荣获第五届全国博物馆十大精品陈列评选最佳创意奖。《杜诗书法木刻廊》内，陈列着百余件杜诗书法木刻作品，是从馆藏数千件历代名人手书真迹中挑选出来，用楠木镌刻而成，颇具观赏价值。《大雅堂》陈列着迄今为止国内最大的面积达64平方米的大型彩釉镶嵌磨漆壁画和12尊历代著名诗人雕塑，形象地展示了杜甫生平和中国古典诗歌的发展史。还有《情系草堂》文献图片资料展览，展示了国家领导人、外国贵宾、海内外知名人士到草堂参观时的图片、签名、题词及礼物。2001年底，又在杜甫草堂内发掘出一处唐代生活遗址与一批唐代文物，充分展现了杜甫时期的唐代生活风貌，填补了杜甫草堂没有唐代遗址和生活遗物的空白，打破了杜甫研究停留在从文献到文献的研究格局，为杜甫草堂博物馆的学术研究和成都地区唐文化的研究提供了新的实物资料。极大丰富了草堂的历史文化内涵，提高了杜甫草堂的历史地位，令草堂圣地增辉，使其更成为文化朝圣的新热点和新亮点。其陈列、展示2003年将与观众见面。

杜甫茅屋
《诗圣著千秋》陈列厅

梅苑

大廨

孙中山纪念馆

孙中山故居

THE MUSEUM OF DR. SUN YAT-SEN
孙中山故居

翠亨故里　共和精神

孙中山故居纪念馆

全国文化先进集体

全国爱国主义教育示范基地

全国 AAAA 级旅游景区

通过 ISO9001 质量管理体系认证

通过 ISO14001 环境管理体系认证

孙中山故居纪念馆大门

孙中山亲手种植的酸子树

翠亨民居展示区

翠亨农业展示区

孙中山故居纪念馆

孙中山故居

杨殷故居

孙中山生平史绩展览

孙中山的亲属与后裔展览

杨鹤龄纪念展览

翠亨民居展示区

翠亨农业展示区

杨殷故居

铸铜雕塑《根》

翠亨故里 共和精神

孙中山故居纪念馆

Cuiheng Village
Dr. Sun Yat-sen's hometown

孙中山故居陈列馆展出的孙中山『天下为公』墨宝

天下為公 山井先生属 孙文

孙中山仟临时大总统时穿过的大衣

孙中山故居纪念馆是以孙中山故居为主体的纪念性博物馆,坐落于广东省中山市翠亨村,在中山市区东南方17.6公里处,广(州)珠(海)公路主干道旁。北距广州约100公里,南距澳门约30公里,隔珠江口水域与深圳、香港相望,陆地与珠海市毗邻。翠亨村傍山濒海,气候宜人。优越的地理位置和优美的自然环境使孙中山故居纪念馆置身于林木葱茏、鸟语花香之中。纪念馆于1956年成立,1986年被国务院列为全国重点文物保护单位,是全国爱国主义教育示范基地。

翠亨村建于17世纪下半叶,几百年来,几经沧桑,由昔日一个纯农业小村,逐步成为今天的工业、农业、商业、旅游业综合发展的城镇,每年都迎来百万人到这里观光游览,翠亨村以其哺育了伟大的孙中山而闻名遐迩。多年来,纪念馆在注重保护好孙中山故居和馆藏文物的同时,注重保护孙中山故居的文物环境,并加以充分的利用。目前,纪念馆面积有12万多平方米,向观众开放的区域约有7万多平方米。开放的主要景点有:孙中山故居、孙中山纪念馆、孙中山听太平天国反清故事的雕塑、孙中山试验炸药处-瑞接长庚牌坊、翠亨民居展示区、翠亨农业展示区、中山鼎、警世钟等,逐步形成以"孙中山和他成长初期的社会环境"为主题,兼具历史纪念性和民俗性、立体而多元化的陈列展览体系,充分地展现了孙中山伟大的爱国主义精神、思想体系和革命实践,再现出孙中山出生和成长初期的社会历史环境,使人们加深对孙中山这一伟大人物的了

翠亨村全景

孙中山卧室

孙中山书房，孙中山曾在此为乡人治病及与友人谈论国事。

冯氏宗祠。当年设村塾于祠中，孙中山童年时曾在这里读书。

孙中山大哥孙眉的房间

解。此外，纪念馆还负责管理广东省重点文物保护单位杨殷故居、陆皓东故居、中山市重点文物保护单位陆皓东墓、孙昌墓、帅傅遗居等20多处文物景点。

纪念馆在国内同行中率先开通了电脑局域网、观众电脑触摸屏查询系统和国际互联网，实行了管理上的现代化、自动化和数字化；纪念馆为抢救和保护民俗文物，组建了中山市民俗博物馆，努力不懈地弘扬民俗文化；纪念馆成立了中山市孙中山研究所，每年都举办关于孙中山的大型展览和学术研讨会，不断取得研究成果；纪念馆完善了员工的各种行为规范，施行CI形象系列设计，用国际标准来规范自身的管理以增强竞争力，取得ISO9001质量管理体系和ISO14001环境管理体系的国际认证，树立了良好的形象，纪念馆注重寓爱国主义教育于旅游参观中，不断完善各项旅游服务设施，为观众提供一系列免费服务，2000年被国家旅游局评为全国首批AAAA级旅游景点。

为了宣传孙中山先生的革命事迹和伟大精神，同时也满足广大游客购买纪念品的兴趣和要求，纪念馆不断设计和制作与孙中山有关的纪念品，纪念品风格独特、内涵丰富、寓意深远、文化特征鲜明，具有很高的欣赏价值和收藏价值。该馆纪念品曾获首届中国旅游纪念品设计大赛银奖、广东省旅游纪念品设计大赛最佳设计奖。

孙中山故居的客厅

詹天佑纪念馆

为解决关沟段机车维修需要，建造了南口机器厂（即南口机车车辆机械厂铁道部前身）。

1909年10月在南口举行京张铁路通车典礼，张家口举行庆祝茶会，参加者万余人，中外震动。

京张铁路青龙桥之字线上下行列车同时开行

詹天佑纪念馆瞻仰厅　　　　　　詹天佑纪念馆展厅

詹天佑纪念馆位于八达岭长城脚下，铁道部于1984年3月开始筹建，1987年10月建成。占地面积9340平方米，建筑面积2800平方米，以2000余件实物、图片、图表、沙盘、模型等展品宣传和纪念我国近代科学技术界的先驱、杰出的爱国工程师詹天佑先生。

詹天佑纪念馆的基本陈列分瞻仰厅和一、二、三展厅，展示了詹天佑先生自1872年至1919年为发展我国工程事业，为祖国的独立和富强而奋斗的生平事迹，弘扬了詹天佑先生爱国实干、自强不息、艰苦奋斗、勇于革新的爱国主义精神。庭院内有反映詹天佑生前时代内容的大型花岗石浮雕，长41.8米，高5.4米，其规模之大是我国现代浮雕之最。

詹天佑纪念馆的工作指导思想是：为了党的教育事业，为了国家的未来，为了孩子，全方位开展工作。詹天佑纪念馆开馆以来，共接待国内外观众350多万人次，为扩大教育面，自1991年起，连续十二年在上海、河北、江西、浙江、广东和北京市区等地巡回展出，流动参观观众约300万人次。

詹天佑纪念馆是北京市政府首批命名的"北京市爱国主义教育基地"，并被北京市命名为"北京市科普教育基地"，铁道部首批命名为"铁路爱国主义教育基地"，国际科学与和平周中国组委会命名为"科学和平教育基地"，中国侨联命名为"中国侨联爱国主义教育基地"。

詹天佑纪念馆有一支研究队伍，先后出版《詹天佑日记书信文章选》、《詹天佑文选》、《铁路机车与铁路工程》、《铁路工程博物文献资料文摘》等书。发表"中国铁道博物馆探讨"、"铁路可移动文物鉴定工作的探讨"、"科技促进铁路腾飞"等论文。

詹天佑纪念馆荣获北京市爱国主义教育基地"先进活动组织奖"，国际科学与和平周中国组委会在1998年11月颁发的"贡献奖"、1999年11月颁发的"荣誉奖"、2000年11月颁发的"和平使者奖"、2003年颁发的"优秀活动奖"，北京科普1996年5月颁发的"北京科普画廊三等奖"等，馆长贾本义2000年获"北京市先进科普工作者"的奖励。

几年来，詹天佑纪念馆全体同志凭着一种敬业精神，一种对博物馆事业的热情，忠于职守，勇于开拓，依靠自身力量积极主动的做好工作，开展丰富多彩的适合青少年特点和需要的教育活动，受到了社会的好评。

为适应大坡道上行车需要，詹天佑专门向国外了解并引进0-6-6-0型马立特特大马力机车。

文琮吾兒收存

民國六年一月

香港大学授予詹天佑法学博士学位

1919年詹天佑带病出席远东铁路会议，维护我国铁路主权。

1905年（光绪三十一年）詹天佑担任京张铁路总工程司兼会办。

1912年，孙中山视察广东商办粤路公司，詹天佑率公司人员欢迎孙中山先生。

詹天佑纪念馆浮雕

夏令营活动

沐文学雨露 扬五四精神
北京鲁迅博物馆

中共中央政治局常委、全国人大常委会委员长乔石于1996年12月19日来馆参观并为鲁迅博物馆题词。

匈牙利共和国总理麦杰希·彼得于2003年8月27日来馆参观并为鲁迅博物馆院内新落成的裴多菲铜像揭幕。

《鲁迅的读书生活》巡回展览于2003年7月18日在国家图书馆分馆举行开幕式。

坐落于北京阜成门内的鲁迅博物馆，是国家文物局直属的国家级博物馆。

园林式的博物馆内，有保存完好的鲁迅故居。1923年底，因《狂人日记》、《阿Q正传》等名著而赢得巨大声誉的鲁迅，买下了西三条21号院，亲自设计改造，建成这所带有"老虎尾巴"和后院的独具特色的小四合院。于1924年5月搬来居住，至1926年8月离开北京去往南方。在此居住期间，鲁迅创作了散文诗集《野草》、杂文集《华盖集》、《华盖集续编》中的大部分作品，写就了小说集《彷徨》、回忆散文集《朝花夕拾》、杂文集《坟》中的部分作品。在短短两年零三个月的时间里，鲁迅撰写和翻译的文章共计200余篇。1929年5月和1932年11月，鲁迅两次回北京看望母亲时，也住在这里。

1954年，中华人民共和国文化部决定在鲁迅故居东侧建立鲁迅博物馆。1956年鲁迅逝世20周年之际，博物馆建成并与故居合为一体对外开放。1975年，在毛泽东主席的直接关怀下，鲁迅博物馆扩建并增设鲁迅研究室。

鲁迅故居院内

鲁迅故居 1979 年被列为北京市文物保护单位，鲁迅博物馆 1992 年被命名为"北京市青少年教育基地"。

1994 年，一座朴素典雅大方、颇具民族风格的陈列厅在鲁迅博物馆落成。鲁迅逝世 60 周年，鲁迅博物馆成立 40 周年的 1996 年 10 月，馆内基本陈列"鲁迅生平展"正式对外开放。200 平方米的序厅内，三面墙上镶嵌着白色大理石壁雕，正面镌刻着浅棕色的鲁迅《自传》手迹，东西两面分别为鲁迅的生活之地和活动场景，用以表现鲁迅的生命历程和辉煌业绩。1000 平方米的陈列厅分上、下两层。基本陈列以鲁迅生平为主线，划分为"在绍兴"、"在日本"、"在北京"、"在上海"等展区，在代表不同地域风格的隔断墙和门窗造型的烘托之下，在鲁迅较为喜欢的黑白灰色、本木色和暗红色的色调运用之中，鲁迅的珍贵文物、手稿、书籍、照片等展品显得格外醒目。加之人们熟悉的"三味书屋"、"上海鲁迅故居"的场景复制及模型、音像等展示手段的采用，生动地再现了这位伟大的文学家、思想家、革命家的一生。观众通过观看陈列，自然而然地走近鲁迅，了解鲁迅，如同与鲁迅进行面对面的交流。在宁静亲切和谐的氛围中有所感知，有所思考。从而学习鲁迅品质，发扬鲁迅精神。该陈列被国家文物局评选为"'97 全国十大陈列展览精品"之一。而后，还举办了专题展览和流动展览，如《许寿裳文物精品展》（1998 年）、《北京鲁迅博物馆珍藏书画展》（1999 年）、《裘沙王伟君"鲁迅之世界"画展》（1999 年）、《鲁迅收藏外国版画展》（2001 年）、《鲁迅的读书生活展》（2002 年）、《鲁迅友人墨宝展》（2003 年）等。

鲁迅博物馆是收藏鲁迅文物最丰富的文博单位，共收藏鲁迅文物 2 万余件，其中包括鲁迅的遗物、手稿、书信、藏书、汉画像、金石拓片、外国版画等。另外还收藏有"五四"学人蔡元培、陈独秀、胡适、许寿裳、刘半农、沈尹默诸家手迹和鲁迅友人瞿秋白、江绍原、冯雪峰、萧军、萧红等人遗物近万件。由于几代工作人员的精心保管，并采取了各个时期最好的保护措施和手段，至今，这些文物不但仍完好无损，而且还得到了很好的开发和利用。

鲁迅博物馆历来重视科研工作。近年来，组织研究力量重新修订了四卷本《鲁迅年谱》，在对鲁迅大量藏书进行重点研究的基础上，先后出版了《鲁迅藏书研究》和《世纪之交的文化选择》两本专题研究著作。还多次召开如"五四精神与中国文化"、"鲁迅研究中的热点问题"等学术研讨会。馆内编辑并对国内外发行的《鲁迅研究月刊》已坚持出版 20 余年，如今已出至第 257 期。在国内外产生较大影响，深受学术界的好评和关注。集体科研之余，研究人员深入各自的研究领域，科研成果大量涌现。鲁迅博物馆开发的《鲁迅全集》电脑检索系统不断充实完善，为研究者提供了先进的查询工具。

为促进事业发展，鲁迅博物馆于 2003 年进行了人事制度改革。目前，全馆人员正信心百倍，意气风发，为把本馆建成全国鲁迅研究中心、鲁迅文物资料中心、鲁迅生平展示中心和作家活动园地而努力工作着。

名人名寺馆

鲁迅博物馆

鲁迅故居大门旁镌刻的"鲁迅故居"四个大字为郭沫若手书。

陈列序幕厅

《鲁迅生平展》局部之一

中学生观看展览

《鲁迅生平展》局部之二

鲁迅1932年10月题赠柳亚子的《自嘲》诗。1954
年柳亚子将此幅敬献毛泽东主席和朱德总司令，
并在条幅上端"恭志数语"。

撰文：王惠敏

功业永存
叶剑英元帅纪念馆

中共中央政治局委员、广东省委书记张德江于2003年10月3日视察叶剑英元帅纪念馆与梅州市、梅县、叶剑英元帅纪念馆主要领导合影。

叶剑英（1897~1986年），广东梅县人。早年追随孙中山革命。北伐战争期间，任国民革命军新编第二师师长、第四军参谋长。1927年7月加入中国共产党。同年12月参与领导广州起义。1930年任中央军委参谋长、红一方面军参谋长等职。1934年参加长征。1936年协助周恩来和平解决西安事变。抗日战争时期，任八路军参谋长、八路军驻南京代表、中共中央长江局委员、南方局常委、中央军委参谋长。抗战胜利后，协助周恩来同国民党谈判，任军调处执行部中共代表、中共中央后方委员会书记、华北军政大学校长。1949年北平和平解放后，任北平市军管会主任、市长。新中国成立后，历任中共中央华南局第一书记、广东省人民政府主席兼广州市长、国防委员会副主席、中共中央书记处书记、中央军委秘书长和副主席、第四届全国政协副主席等职。1955年被授予中华人民共和国元帅军衔。1975年任国防部长。1976年10月在粉碎江青反革命集团的斗争中起了决定性作用。1978年后任第五届全国人大常委会委员长、中央军委副主席，第十、第十一届中央政治局常委和中共中央副主席，第十二届中央政治局常委。1986年10月22日，叶剑英在北京逝世。

叶剑英元帅纪念馆位于叶剑英故乡广东省梅州市雁洋镇虎形山下大塘坝叶剑英故居左侧，1989年落成，由国家主席杨尚昆题写馆名，国家副主席王震剪彩开馆。建筑面积3546平方米，整体由前庭和侧庭组成，将客家民居和现代园林的特性融入其中。纪念馆陈列大楼的《叶剑英伟大光辉的一生》、《叶剑英办公室、卧室实物陈列》等展览，通过反映叶剑英元帅各个历史时期的实物照片、绘画、图表、手稿、著作等，生动地再现了他艰苦朴素的工作作风和光辉一生。

开馆以来，先后接待过江泽民、温家宝、李长春、杨尚昆、王震、乔石、宋平、李岚清、宋任穷、张德江、李铁映等党和国家领导人以及陈丕显、耿飚、李德生等老一辈无产阶级革命家。每年平均接待瞻仰参观的人民群众和国际友人近20万人次，为进行革命传统教育，推进社会主义精神文明建设发挥了巨大的作用。

1925年，参加第一次东征时的叶剑英。

叶剑英故居内庭

叶剑英故居

名人名寺馆

1976年10月24日，叶剑英在北京天安门广场召开的首都人民庆祝粉碎"四人帮"大会上。

1949年，叶剑英在北平。

叶剑英于1986年10月22日1时16分在北京逝世，享年90岁。

　　叶剑英故居是一座泥土石灰结构的普通农舍，坐东北朝西南，共有房屋15间，其中四间房子是叶剑英家所有，院内整洁幽静。1897年4月28日，叶剑英诞生在这里，并在这里度过他的童年、少年时代。1987年，梅县人民政府将故居列为县级文物保护单位，并进行了陈列开放。1989年广东省人民政府将故居列为广东省文物保护单位。2001年7月列为全国重点文物保护单位。

　　2001年6月，该馆被中共中央宣传部授予全国爱国主义教育示范基地，是省市级旅游闪亮景点，成为粤东地区的旅游胜地。

叶剑英元帅纪念馆

撰文：李健贤　赖君玲

人民公仆 鞠躬尽瘁
周恩来邓颖超纪念馆

两位伟人汉白玉雕
——情满江山

周恩来蜡像——鞠躬尽瘁

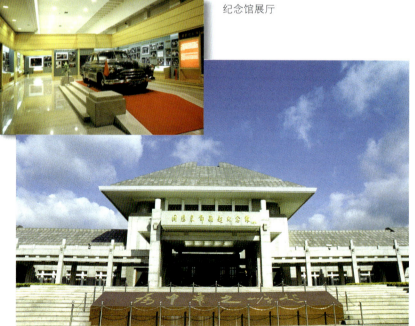

邓颖超蜡像
——笑忆甘棠

仰止"、不染亭、纪念林、草坪花卉与主建筑相互衬托，环境幽雅，气氛庄重。馆内藏品十分丰富，文物价值弥足珍贵。馆藏文物、文献、照片及其他资料达万余件，珍品百余件。其中，先后敬放过两位伟人骨灰的骨灰盒、前苏联赠送给周恩来的吉姆汽车和两位伟人之间的往来书信，极其难得；周恩来曾乘坐飞遍大江南北并出访许多国家的专机，更是目前国内最大的革命文物之一。纪念馆主要展厅包括瞻仰厅、生平厅、情怀厅、专机厅。5年来，纪念馆共接待来自国内外的观众近240万人次，已成为天津市文化设施的一大标志性景观。先后获得天津市精神文明标兵单位、中央文明委精神文明创建先进单位和中宣部第二批百家爱国主义教育示范基地等荣誉称号。

周恩来邓颖超纪念馆是一座大型园林式伟人纪念馆，是缅怀他们光辉一生，研究他们生平思想，展示他们丰功伟绩，光大他们高尚品德，继承他们革命遗志的全国爱国主义教育示范基地。

周恩来邓颖超纪念馆是中共天津市委、天津市人民政府决定，经报请中央批准建立。江泽民同志为纪念馆题写馆名。纪念馆于1998年2月28日正值纪念周恩来百年华诞之际隆重开馆。胡锦涛、贾庆林、李鹏、李瑞环、尉健行、李岚清、宋平等党和国家领导人先后来馆视察指

周恩来专机－伊尔14

纪念馆展厅

导。为一代伟人、两位楷模建立纪念馆，尚属首例；两位伟人始终把天津作为第二故乡，该馆坐落在天津，表达了天津人民对周总理、邓大姐的深厚感情。纪念馆坐落在水上公园风景区北侧，占地6万平方米，建筑面积7150平方米，展馆朴素简洁、庄重典雅。馆外纪念广场、巨型花岗岩雕塑"高山

纪念馆主展馆

魁山映翠柏 英名誉中朝
黄继光纪念馆

黄继光铜像

黄继光纪念馆坐落在英雄的故乡四川省中江县风景优美的魁山东河之

朝鲜授予黄继光金星奖章

국제주의전사 황제광 렬사의 영용적위훈은 조중인민의 심장속에 길이 빛날것이다.
김일성
1988년 3월

朝鲜国家元首金日成题词

畔，纪念馆于1962年10月20日建成并对外开放。1987年10月20日又落成了一座占地1.6万平方米，且具有民居式仿古园林建筑的新馆，门前是造型独特的继光大桥。纪念馆由董必武同志题写馆名。

该馆由纪念性景区、陈列展览区和办公服务区三部分组成。纪念性景区位于全馆中间，有门厅、中朝友谊厅、浮雕等纪念性建筑和题词。进入大门后的三层平台主要是黄继光生平事迹雕塑。拔地而起的高层平台上挺立着黄继光扑向敌人机枪口一刹那间的英武雕像，塑像后宽大的墙壁上有郭沫若同志题写的"凯歌百代"四个大字，这是黄继光烈士国际主义、爱国主义、革命英雄主义精神的凝铸。塑像下宽35米、高9米的山岩墙上镶嵌着邓小平同志题写的"特级英雄黄继光"七个雄浑苍劲的大字，与英雄塑像交相辉映。题词下是五幅名为"参军入伍、请战上甘岭、激战上甘岭、欢呼胜利、怀念英雄"的汉白玉浮雕，再现了英雄黄继光从参军到壮烈牺牲的过程，呼唤着人们珍惜今天来之不易的和平、宁静的幸福生活。

第二层平台和纪念广场是人民群众瞻仰英雄、举行纪念活动的地

黄继光油画像《赴堡》

邓小平同志为纪念馆题词"特级英雄黄继光"。

方。陈列展览区位于景区的左边，由五个陈列展览室组成。主要陈列500余件实物、图片、组画、模型等，详细地介绍了黄继光同志从一个贫苦农民的儿子成长为一名中国人民志愿军特级英雄的光辉历程。

该馆不仅是一座永久性的思想教育阵地，亦是人们观光游览的胜地。建馆41年来，已累计接待850余万参观者，1996年该馆被国家六部委共同命名为全国百个中小学爱国主义教育基地，1997年该馆被中宣部公布为全国百个爱国主义教育示范基地。

黄继光纪念馆外景

灿烂历史 辉煌宝库
法門寺博物館

法门寺博物馆，位于陕西省扶风县城北10公里处，东距西安110公里，西距宝鸡90公里，西宝、法汤高速公路和西线旅游专线贯通，交通条件十分便利。佛典记载，公元前272年，古印度阿育王在这里安置佛祖释迦牟尼指骨舍利建塔成寺，以后成为我国古代著名的四大佛教圣地之一。公元555年，西魏统治者在这里肇启塔基，开供养佛指舍利、弘扬佛法之先河，法门寺名声大震。自唐一代，尊奉法门寺佛指舍利为护国真身舍利，扩充寺域，建瑰琳宫二十四院，御令广度僧尼，法门寺升为皇家寺院。自唐太宗敕令开示舍利始，高宗、武后、肃宗、德宗、宪宗、懿宗、僖宗等八位皇帝每三十年开启一次法门寺地宫，迎舍利于皇宫供养，极尽事佛奢靡之大成。

1987年4月3日，考古工作者发现了法门寺唐代地宫，在地下沉

繁、等级之高、保存之完好是极为罕见的。是继半坡、秦兵马俑之后我国又一次重大考古新发现，在社会政治史、文化史、宗教史、科技史、美术史、中外交流史等方面，都具有极其重要的学术价值，是世界文化史上的一件幸事。国家在此基础上，建立了法门寺博物馆，并于1988年11月9日正式对外开放。15年来，法门寺博物馆共接待中外游客800多万人，其中省、部级以上领导及外国重要官员等500多批，并成功接待了江泽民、乔石、李瑞环、吴邦国、温家宝、贾庆林、吴官正、罗干等多位党和国家领导人。

开馆至今，在馆长韩金科的带领下，馆里的学术研究取得了丰硕的成果。先后举办了七次大型国际学术讨论会，特别是在研究法门寺地宫文化序列与内涵方面获得重大突破，实现了地宫佛骨舍利供养唐密曼荼罗世界第一次揭秘。同时，在研究法门寺地宫茶具及唐代茶文化方面，也取得了重大进展。

法门寺博物馆文物陈列

佛祖真身舍利八重宝函

睡1113年的辉煌灿烂的唐代文化宝藏——佛教世界千百年来梦寐以求的佛祖释迦牟尼真身指骨舍利、李唐王朝最后完成的大唐佛教密宗佛舍利供养曼荼罗世界以及数千件李唐皇室供佛绝代珍宝得以面世，这批文物包括：四枚佛祖释迦牟尼真身指骨舍利（一枚灵骨，三枚影骨），为目前世界仅存的佛指舍利；属于唐皇室和内库供奉的120件（组）金银器；首次发现的唐皇室秘色瓷系列，为我国陶瓷考古最重要的收获；来自古罗马等地的琉璃器群，是世界琉璃器考古史上空前的重大发现；上千件荟萃唐代丝织工艺的丝（金）织物，其中包括武则天等唐皇帝后金襕绣裙、服饰等均是稀世珍宝；这些奇珍异宝数量之多、品类之

法门寺博物馆外景

绛红罗地蹙金绣半臂

2001年，韩金科同志出版了180万余字的《法门寺文化与法门学》，为"法门学"的创立奠定了坚实的基础。

1995年法门寺博物馆被评为全国优秀地县级博物馆；1998年10月直接归属陕西省文物局领导，2000年被评为首届全国旅游AAAA级景点。2002年法门寺博物馆荣获省级文明单位称号。2003年法门寺博物馆文化文物陈列获2001～2002年度全国文物十大精品陈列。

目前，法门寺文化景区已成为陕西西线旅游的龙头单位和世界佛教朝拜中心、佛教文化研究中心和海内外人士向往的旅游胜地。

捧真身菩萨

盘口细颈淡黄色琉璃瓶

八棱净水瓶

撰文：韩金科 任新来

石经长城

雲居寺

云居寺全貌

云居寺位于北京西南房山区境内，距市中心70公里。占地面积7万多平方米。由云居寺、石经山藏经洞、唐辽塔群构成我国佛教文化特色一大宝库。1961年3月4日被国务院首批公布为全国重点文物保护单位。1992年，作为世界上保存石刻经版最多的寺庙入选"北京旅游世界之最"。1997年以来连续五年被评为"北京市文明旅游景区"，同年被命名为"北京市爱国主义教育基地"。1999年荣获"京郊环境建设示范景区"和"北京花园式单位"荣誉称号，2001年荣列国家AAAA级旅游景区，同年通过ISO9001质量管理体系和ISO14001环境管理体系双认证。

云居寺始建于隋末唐初，经过历代修葺，形成五大院落六进殿宇，两侧配殿和帝王行宫、僧房，并有南北两塔对峙；寺院坐西朝东，环山面水，形制宏伟，享有"北方巨刹"的盛誉。云居寺是佛教经籍荟萃之地，寺内珍藏的石经、纸经、木版经号称"三绝"。"石刻佛教大藏经"始刻于隋大业年间（605年），僧人静琬等为维护正法石刻于此。刻经事业历经隋、唐、辽、金、元、明、六个朝代，绵延1039年，镌刻佛经1122部、3572卷、14278块。像这样大规模刊刻，历史这样长久，在世界文化史上罕为壮举，堪与文明寰宇的万里长城、京杭大运河相媲美，是世上稀有而珍贵的文化遗产，被誉为"北京的敦煌"、"世界之最"。"房山石经"是一部自隋唐以来绵延千年的佛教经典，不仅在佛教研究、政治历史、社会经济、文化艺术等各方面蕴藏着极为丰富的历史资料。而且在书法艺术上有着重要的文化价值和艺术价值。云居寺于1999年9月9日9分9秒将10082块辽、金石经全部回藏到密闭、充氮的地宫中，辽金石经得到了妥善保护。为了便于游客参观石经，地宫内部设有9个

云居寺标志性建筑——北塔

藏经洞——石经山上有9个藏经洞，共珍藏4196块隋、唐石经。

云居寺内存有10082块辽、金石经。

石经地宫——地下宫藏式建筑、回温、巨型、密闭、允氖，内存辽、金石经10082块。

从窗口，可以直接观察到10082块辽、金石经的壮观景象。

纸经现藏2.2万多卷，为明代刻印本和手抄本，包括明南藏、明北藏和单刻佛经等。而其中的《大方广佛华严经》为妙莲寺比丘祖慧刺破舌尖血写成，被誉为"舌血真经"，尤为珍贵。

《龙藏》木经始刻于清朝雍正十一年（1733年）至乾隆三年（1783年），现存7.7万多块，内容极为丰富，是集佛教传入中国2000年来译著之大成，堪称我国木板经书之最。世界上现存两部汉文大藏经，一部为云居寺现存的《龙藏》，另一部是韩国海印寺的《高丽藏》。

石经山海拔450米，山腰有9个藏经洞，其中雷音洞为开放式，洞内宽广如殿，四壁镶嵌经板大都是静琬早期所刻。洞中有四根石柱，石柱上雕刻佛像1036尊，故称千佛柱。为了便于游客上山观光游览，云居寺于1999年10月24日开通了全长830米的石经山索道，在乘坐途中可一览云居寺全貌及石经山四周优美的自然风光。

云居寺不仅藏有佛教三绝与千年古塔，而且珍藏着令世人瞩目的佛祖舍利。舍利（佛教名词）意为尸体或身骨。相传释迦牟尼遗体火化后结成的珠状物。1981年11月27日在雷音洞发掘亦色肉舍利两颗，这是世界上唯一珍藏在洞窟内而不是供奉在塔内的舍利，与中国北京八大处的佛牙、陕西西安法门寺的佛指，并称为"海内三宝"，为千年古刹增添一份祥光瑞气。

云居寺是国内外著名的佛教寺院，享有"北方巨刹"的盛誉。云居寺特有的幽静地理环境，奇特迷人的秀丽风光，蕴涵着浓郁的佛教文化特色，是藏经纳宝之地、祈福迎祥之所。

撰文：王艳华

精雕玉雕誉六绝 金碧辉煌影紫禁

平武报恩寺博物馆

木雕千手千眼观音

壁画

泥塑盘龙

平武报恩寺博物馆是在报恩寺及其藏品的保护、陈列、研究的基础上成立的专门管理机构。报恩寺是全国重点文物保护单位，也是平武县境内最为成熟的旅游景点。

报恩寺位于四川省平武县城中心，始建于明代正统五年（1440年），完工于明代天顺四年（1460年），至今已有560多年历史，是一座仿北京故宫修造的古建筑群。主建筑坐西向东，由东而西次递升高，主要建筑安放在300米长的中轴线上，由广场大门、山门、金水桥、天王殿、大雄宝殿和万佛阁组成，左右配以经幢、钟楼、大悲殿、华严藏、碑亭、长廊等。全寺占地面积2.78万多平方米，建筑面积3500多平方米，规模宏大，布局严谨，一色楠木结构，一派宫殿设计，融建筑、雕塑、绘画等艺术为一体，集儒、释文化之大成。巧夺天工的转轮经藏，婀娜多姿的千手观音，千姿百态的龙，奇巧严谨的斗拱，色彩绚丽的壁画和一色楠木构造被誉为报恩寺六绝。在我国

建筑史、宗教史和艺术史上都有很高的研究价值。随着西部大开发，报恩寺博物馆将营造更加优美的环境，以更加优质的服务，诚迎海内外专家、学者前来考察研究，四方客人前来参观旅游。

山门及广场

平武报恩寺博物馆

撰文：谢林

藏传佛教古寺

雍和宫

雍和宫位于紫禁城东北方，是北京保存完好的著名古代建筑群。历史上，雍和宫曾是清代雍正和乾隆两代帝王的在潜之居，建于康熙三十三年（1694年），雍正三年（1725年）改为皇帝行宫。乾隆九年（1744年）改为藏传佛教寺院。

雍和宫铜质释迦牟尼佛

雍和宫是由三座精致的牌坊和雍和门、雍和宫殿、永佑殿、法轮殿、万福阁、绥成殿组成，另外还有东西配殿、"四学殿"（药师殿、数学殿、密宗殿、讲经殿）及两个文物陈列室。建筑布局完整、巍峨壮观，占地面积6.6万平方米。

雍和宫各殿供有众多的佛像、唐卡及大量珍贵文物，其中有紫檀木雕刻的五百罗汉山，金丝楠木雕刻的佛龛和18米高的檀木大佛。檀木大佛1990年被载入《吉尼斯世界纪录大全》。在藏品中，许多都是16世纪以来西藏上层人士、高僧大德进献给皇室和雍和宫的珍贵礼品，至今保存完好，具有极高的历史与艺术价值。

新中国成立后，雍和宫焕发了生机。1950年、1952年，国家两次拨款进行修缮。1954年，毛泽东、周恩来、朱德、刘少奇等国家领导人亲临雍和宫视察，对僧人的生活、寺院的管理，给予极大的关怀。1961年，雍和宫被列为全国第一批重点文物保护单位。十年动乱期间，承蒙周总理的关怀，使雍和宫得以保护。1979年，政府拨巨款进行全面修整。1981年，作为宗教活动场所对外开放。1994年，雍和宫举行了纪念改庙250周年法会和学术研讨会。1995年，建筑面积3000平方米的新僧舍落成。2000年，雍和宫佛学院工程峻工。2003年，雍和宫完成了ISO9000、ISO14000国际质量、环境管理体系认证工作。近年来，雍和宫自筹资金，对建筑、佛像、唐卡、法物等文物进行了全面维护，加强了科学化管理。二十多年来，雍和宫接待170多个国家和地区的元首、政府首脑及僧俗知名人士。近年来，平均每年接待游人180余万。

今天，雍和宫这座藏传佛教古寺，以其宏伟的建筑、优美的环境、庄穆的宗教氛围、丰富的文物收藏展现于中外游人面前，传播着和睦、吉祥、友善与幸福的祈愿。

雍和宫木雕弥勒大佛

雍和宫洗三盆

雍和宫法轮殿

撰文：李立祥

洪钟唱华夏 幸福千万家
大钟寺古钟博物馆

永乐大钟

大钟寺古钟博物馆位于北京市海淀区北三环西路，是全国重点文物保护单位，也是世界唯一一座具有古钟收藏、研究、展览、开发利用等多种综合功能的专题性博物馆。

大钟寺原名觉生寺，建于清雍正十一年（1733年），后因寺内悬有一口明永乐年间所铸大铜钟而被俗称大钟寺。它由南向北依次为影壁、山门、天王殿、大雄宝殿、观音殿、藏经楼、大钟楼等主体建筑，两侧有钟鼓楼、配殿、群房和东西两路跨院，总占地面积3万平方米。其中最有特色的建筑是钟楼，楼内珍藏着国宝级的文物"永乐大钟"。大钟通高6.75米，重46.5吨，口径3.3米，钟身遍铸佛教经咒铭文，有汉梵两种文字，总计达23万多字。永乐大钟以"世界铭文数第一"入选"北京世界旅游之最"，以它精美的铸造工艺、浑厚深远的声音、巧妙的悬挂结构以及悠久的历史而驰名中外。

大钟寺山门

龙钟

大钟寺古钟博物馆通过《历史沿革》、《战国编钟》、《古钟精品》、《古钟简史》、《钟林》、《钟王五绝》、《永乐大钟》、《铸造演示》、《外国古钟》、《九亭钟园》等展览，对外展出藏品400多件。其中古钟简史以丰富的实物和照片向人们展示了五千年来源远流长的古钟文化，有最早的原始社会末期的陶铃、商代的铜铃以及各个时期不同造型的佛钟、道钟等。

战国编钟陈列的是1978年湖北省随县曾侯乙墓中出土的一套青铜编钟和编磬共65件，最奇妙的是每个钟都能发出双音。观众来博物馆可以欣赏到编钟演奏，闻永乐大钟声音，了解钟铃文化。

该馆为了传播钟文化，全年无休息日对观众开放，除了馆内固定展览外，博物馆每年举办传统的新年钟声文化活动，这项活动每年都吸引着国内外的观众参加，以北京移动编钟钟琴为首的钟铃与声学科普广场文化活动也很受欢迎。

未名湖畔 考古圣殿
北京大学赛克勒考古与艺术博物馆

北京大学赛克勒考古与艺术博物馆是我国高等院校中第一所考古专题性博物馆，1993年5月27日落成开放。博物馆坐落在北京大学校园内风景秀丽的"鸣鹤园"中，苍松拂道，绿荷送爽，与红柱粉墙的仿古建筑相映成趣。博物馆的建设得到美国友人赛克勒先生（1913～1987年）和夫人的热情资助。赛克勒先生是美国著名的医药学家和收藏家，他热爱博大的中国传统文化，收藏了许多珍贵的中国古代文物。1980年，他将流失海外的清代帝王宝座送还中国。1986年秋，他与北京大学签署了捐助建设北京大学赛克勒考古与艺术博物馆的协议。此后，在北京大学考古学系专家和来自美国的建筑师、陈列设计人员、文物保护科技人员及展览制作人员的共同努力下。历经六载寒暑，一座现代化的博物馆呈现在北京大学师生的面前。

博物馆的藏品以北京大学考古学系考古科研和教学标本为主，这些藏品是历代北大考古学者精心收集的结果，是近代中国考古学事业发展的缩影，是近现代中国考古人才培养的基石。早在1922年，从北京大学研究所国学门考古学研究室成立之日起，即开始对中国古代文物和考古标本的收集。1949年后，又陆续汇入北京大学博物馆和燕京大学史前博物馆的收藏。1952年，北京大学考古学专业成立，考古学科研和教学标本收藏迅速增加。此外，为支持考古专门人才的培养，国内许多考古科研机构和博物馆向北京大学考古学专业（系）调拨了大量重要的考古标本。20世纪80年代，一些海内外的私人收藏家将个人

牛肩胛骨　商武丁时期
长32cm　宽21cm　高8cm

收藏的中国文物捐赠给博物馆，丰富了博物馆的馆藏，也为考古系（考古文博学院）的发展奠定了坚实的物质基础。

博物馆现收藏有2万余件中国历代文物，其中主要是各时代考古学文化的典型标本，如旧石器时代北京人的打制石器，新石器时代黄河流域、长江流域、山东地区、甘

青铜簋 西周 高 26cm

舞蹈俑 北齐 高 27.5cm 宽 20cm

曲腹盆 新石器时代晚期
高 13.8cm 口径 40cm

青铜卣 西周 高 21.6cm

青地区的造型各异、色彩艳丽的彩陶器皿和
农耕工具，商周时期的铜礼器、玉器、车马
器和兵器，战国时期出自江南楚地的铁足铜
鼎，铸有秦始皇统一度量衡诏书的铜权，魏
晋时期的牛车模型，盛唐时期的三彩陶俑，
宋明历代的官窑瓷器。这 件件的文物标
本，形象地展示出不同时代的社会风貌，讲
述着有趣的考古发现故事。

　　该馆为教学和科研服务是其重要任务，
突出考古工作、研究和教学是其主要特色。
该馆加强与其他考古科研机构的合作，推进
考古学研究，举办考古重要成果展览，受到
业界专家的公认和好评。该馆还十分重视在
青少年中普及考古学知识，假期组织考古文
博学院学生为中小学生导览讲解，传承中国
历史与文明。

青铜簋 西周 高 14.1cm 口径 18.5cm 腹径 19.8cm

以史为鉴 博物育人
首都师范大学 历史博物馆

中央领导贾庆林到校视察

中央领导刘淇到校视察

首都师范大学

首都师范大学历史博物馆于2003年10月9日正式成立。其前身是创办在1956年的北京师范学院历史系文物室。历史博物馆直属于首都师范大学，由著名文物、考古学专家侯毅任馆长，它位于首都师范大学本部图书馆内，占地约500平方米，其中博物馆展厅约有330平方米，文物储藏室、图书资料室约有40平方米。首都师范大学历史博物馆主要承担着历史文物的收藏、展览、研究和历史及考古教学研究基地的重要任务。

该校历史博物馆现共有藏品3000余件，分为玉器、青铜、陶瓷、雕塑、字画、钱币等六大类。本次展出的展品按类别和时间顺序进行了排列。从上起原始社会的旧石器时代到封建社会的明清时期，既形象生动又简单明了地展现了我国古代历史文化发展的脉络。为了便于参观者对文物有深刻的了解，博物馆除了对每件文物用标牌注释外，还做了通俗易懂、言简意赅的文字说明。使参观者无须讲解，看到文物展品便知它的渊源发展关系及用途与价值。

的玉璧是古代贵族朝聘、祭祀、丧葬时所用的礼器，也可作装饰品。它集中体现了我国古代精美的手工业制作水平，也是对中华民族以玉为美，以玉为德的文化传统最好的诠释。西周时期的青铜器，在博物馆的藏品中占有一定的比重，其中堪称镇馆之宝的西周"利"鼎，高36厘米，鼎上有铭文100余字，它清晰地记载了贵族利接受周王册封和赏赐的全过程。利鼎对研究周代的奴隶制度、礼制及铸造技术都具有重要的意义。郭沫若先生曾对利鼎的铭文做过解释，该文收录在《两周金文辞大系图录考释》一书中。古钱币约占总藏品的40%以上，该馆收藏了从殷周时期的"齿贝"，到清代的乾隆时期的通宝，其系统性、完整性，在其他高校的博物馆中并不多见。这套货币曾被著名的货币收藏家丁福宝先生收藏过。丁先生对钱币的解释说明至今还留在他亲手制作的钱版上。这些货币对中国经济史、货币发展史的研究都是不可多得的珍贵资料。此外，汉代的陶俑、刻章、明清时期的字画，以及那昂首嘶叫，或沉静伫立，神态惟妙惟肖的动物唐三彩，都是具有很高历史价值的藏品。

瓷器的藏品亦很精彩，有宋代钧窑和汝窑专门为皇家制作的钧窑盘和汝窑盘。也有为官宦之人推崇的龙泉窑双鱼洗。斗彩缸是在元明青花的基础上出现的一种釉下青花和釉上彩拼接图案的新工艺。粉彩大盘是在明代彩和清代五彩瓷的基础上，受到珐琅上色的影响创作出的一种釉上彩，且制作难度较高的新品种瓷器。尤其是清代宫廷使用霁红细颈瓶、宣统年间的霁蓝方瓶，以及乾隆年代的天球瓶，其釉质细腻、柔和，可称

宫博物院青铜器专家杜迺松观摩展品

著名考古学家邹衡与北京大学教授赵超洪参观展览

物馆馆长侯毅教授指导学生学习鉴赏青铜器知识

博物馆副研究员张秀荣指导学生学习瓷器鉴赏

在历史博物馆的藏品中有不少具有历史、科学与艺术价值的珍品，其中新石器时代的五孔玉刀是4500多年前良渚文化玉器的代表器之一。它的存在是我国古代文明形成的重要标志。商代的甲骨文是早在商王朝时期利用龟甲骨占卜吉凶时，写刻的卜辞和与占卜有关的记事文字，它是我国最早的古文字，也是今天学者研究中国古文字发展历史的可靠依据。春秋时期

为瓷器中的珍品，专家、学者看了之后都赞不绝口。

首都师范大学历史博物馆的成立，不仅为历史学、文物考古学专业的教学、科研活动提供了服务的平台，也对提高全校师生的综合素质与对社会大众进行爱国主义教育提供了重要场所。同时，它还将成为首都师范大学开展国内外文化交流的重要窗口。更是首都师范大学迈向全国一流的综合性大学的标志之一。

历史博物馆一角

青花大盘 明

宫廷红色龙盘 款 "大清宣德年制"

凤钮盖鼎 西周 高17cm 口径20.8cm

斗彩盘 清乾隆

青铜 "利" 鼎 西周 高48cm

五孔玉刀 新石器时代 良渚文化

兰青色暗纹龙盘 清雍正

撰文：侯毅 张秀荣

中西合璧 建筑经典

武汉大学
近现代建筑群

1938年,周恩来、邓颖超在武大一区27号住所与美国友人埃德加·斯诺合影

1958年9月12日,毛泽东主席视察武汉大学。在工学院大楼前接见武汉大学、武汉水利学院、中南民族学院的万余名师生。

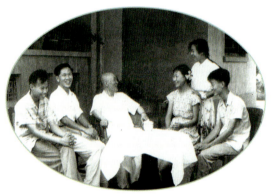

李达校长与学生亲切交谈

武汉大学位于武汉市东湖之滨珞珈山麓,是教育部直属的重点综合性大学。其前身是湖广总督张之洞于1893年创办的自强学堂,校址原在武昌城内东厂口。1928年改名为国立武汉大学后,蔡元培任命李四光为武汉大学建筑设备委员会委员长,迁址建筑新校舍。现有校园面积近37万平方米,建筑面积253万平方米,专职教师3290余人,在校学生4.7万余人。

"武汉大学近现代建筑群",是30年代初由著名科学家李四光亲自选址、规划、筹资、聘请美国建筑师开尔斯(F·H·Kales,1899~1979年)设计,缪恩钊为监造工程师,由汉协盛、袁瑞泰、上海六合、永茂隆等营造厂分别承建的武汉大学校园主体建筑。1930年3月动工,1936年全部竣工。主要建筑有文、法、理、工、农5个学院大楼和图书馆、体育馆、学生宿舍、饭厅、礼堂、华中水工试验所、一区十八栋教授住宅以及街道口牌楼、六一纪念亭、水塔、工厂等。占地面积200多万平方米,建筑面积7万多平方米,是华中地区最大、最美的一组近现代高校建筑,也是全国优美校园之一,堪称中国近现代大学校园建筑的佳作和典范。1950年被划为武汉东湖风景区的范围,1982年被国务院审定为第一批国家重点风景名胜区——东湖风景区的10个游览区之一,2001年被国务院列为第五批全国重点文物保护单位。

1935年的武汉大学

1927年闻一多先生任武汉
国民革命军政治部艺术股长

武汉大学建筑设备委员会委员长
李四光先生

华中水工试验所 建于1936年

图书馆 建于1935年

半山庐 建于1933年

1932年的武汉大学学生宿舍

理学院"拜占庭"式主楼 建于1936年

体育馆 建于1936年

工学院大楼 建于1936年

武汉大学 文物陈列馆

铜鼎 战国 高17.3cm 口径16.5cm

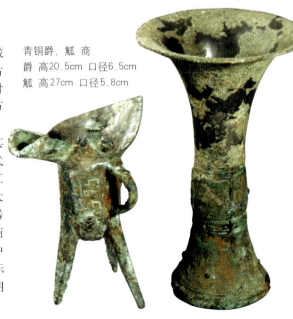

青铜爵、觚 商
爵 高20.5cm 口径6.5cm
觚 高27cm 口径5.8cm

武汉大学文物陈列馆创建于1954年,最初是武汉大学历史系收藏和保管传世文物及私人捐赠文物藏品的保管室。1976年学校设置考古专业,应教学要求,对文物保管室进行了专业规划和陈列布展,同时开始广泛征集地下出土文物标本,藏品数量逐年增加,藏品总数达万余件,成为一个集收藏、保管、陈列和科研为一体的教学基地。

该馆藏品大致分为三类:即历史文物、革命文物、民族文物。其中主要是历史文物,且以地下出土文物为主体,藏品有从旧石器时代到明清时期较为典型的文物标本。如:旧石器和新石器时期的生产工具——打制石器、磨制石器;长江中游新石器时期典型考古学文化(大溪文化、屈家岭文化、石家河文化等)的陶器标本;黄河流域新石器时期典型考古学文化(甘肃马家窑文化、马厂文化)的精美彩陶;商周时期的青铜器;湖北出土的楚文化陶器、青铜器和漆木器;长江中游地区出土的六朝时期的青瓷器;唐、宋、元、明、清时期的瓷器标本。此外,还收藏有战国至明代各个历史时期的钱币标本,明清时期著名书画家袁江、陆治、何绍基等人的名作。

青花高柄杯 清
高9.9cm 口径10.9cm

祭红釉盘 清 高3cm 口径18cm

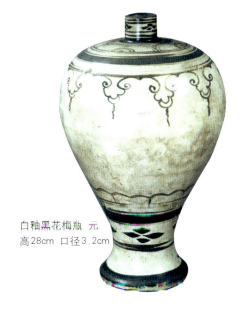

白釉黑花梅瓶 元
高28cm 口径3.2cm

粉青釉将军罐 明
高25.6cm
口径13cm

鬲 战国 高40cm 口径45cm

铜鼓 明 通高28cm 面径50cm

马蹄足砚 唐 高8.2cm 盘径20.8cm

大学博物馆

燕赵学府之窗 惟恒创新辉煌
河北大学博物馆

河北大学南区新楼

河北大学博物馆始建于1996年，由原历史系的文物室和原生物系的标本室联合组建而成。目前有研究人员17名，院士2人、教授8人、讲师7人，其中有博士9人，硕士6人，其他1人。

该馆设文物部和生物部。文物部有文物9059件，主要是20世纪50年代征集而来。其中国家一级文物6件，二级66件，三级200件。所藏文物年代从新石器时代一直到明清，以青铜器、瓷器、甲骨文、货币为大宗或自成体系，不乏珍贵、精彩文物。

馆中的甲骨文基本上没有上录《甲骨文全集》，而是1996年博物馆与著名历史学家李学勤先生合作编写了《河北大学文物室所藏甲骨文释文》，收录《胡厚宣先生纪念文集》中的甲骨文，其学术价值是第一次向社会释放。

国家一级文物中有4件是清代瓷器，其中嘉庆时的五彩转心瓶做工精致，构思新颖，造型独特，文饰华丽，具有高超的工艺水平，国内外罕见。故宫博物院的陶瓷专家冯先铭先生曾倍加赞赏，称之为国宝。

馆藏《坤舆全图》是清康熙十三年比利时传教士南怀仁绘制的早期彩绘世界地图，全图为8幅挂屏，图中将博物、天文、地理并刊入图，俾珍完备，在国内外鲜为人见，是目前仅存的彩绘地图。

馆藏动物标本的收藏与研究具有鲜明特色。标本收藏范围已覆盖包括台湾在内的26个省、市、自治区，另有少量国外交换标本，总藏量已达356233件，价值1亿多元。其中昆虫标本30余万件，蜘蛛5万余件，鱼类3万余件，其余为大型脊椎动物标本。脊椎动物标本中属于国家一类19种，二类62种，三类72种，省级34种。更重要的是收藏模式标本700余种，数量上千件；定名标本1万余种，是国内省级院校中收藏动物标本较多和研究颇具实力的博物馆之一。我国蜘蛛分类领域的唯一院士宋大祥教授、蝗虫分类的唯一院士印象初院士在该馆工作，成为全国蜘蛛、蝗虫类动物系统学研究的中心，部分甲虫、直翅目、陆生贝类的研究在国内占有重要地位，是全国主编国家和地方动物志最多的高校之一。

目前新的博物馆正在建设之中，总面积6000平方米，竣工之后将以崭新的面貌和丰富的内容迎接国内外宾客和学者。

河北大学博物馆新馆

科 研 队 伍

动物学方面有印象初院士、宋大祥院士、任国栋教授，近年来共计承担科研课题30项，其中国家级18项，省部级12项，鉴定成果9项，获得省部级成果6项。累计发表学术论文477篇。共出版各类著作近40部。其中印象初院士的主要成就在于蝗虫分类编目及适应性研究，学术水平达到世界领先；宋大祥院士和朱明生教授在蛛形动物分类研究水平上达到国内领先和世界先进。任国栋教授对我国异蹠节类昆虫进行了开拓性研究。

该馆在考古学方面的突出成就为刘式今教授出版论著1部，论文30余篇，对中华文明的起源和原始宗教等方面颇有研究。

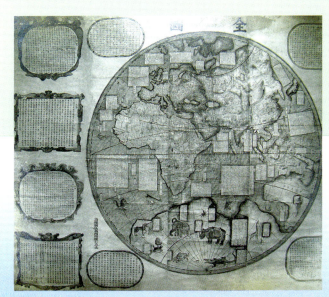

一级文物 坤舆全图 8 轴 轴高171cm 宽51cm

三级文物 青铜斝 商
口径15.8cm 腹径12cm 高21.8cm

一级文物 贝叶经 宽5.6cm 长41cm

二级文物 玉璧 战国 内径7.6cm 外径17.2cm

一级文物 粉彩福寿纹转心瓶 清嘉庆
口径5.38cm 腹径10.75cm 高30.3cm

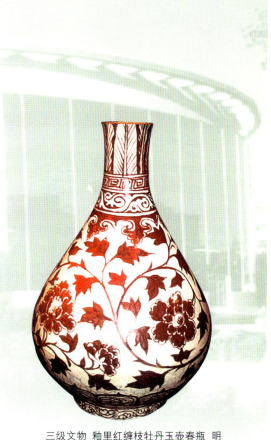

三级文物 釉里红缠枝牡丹玉壶春瓶 明
口径5.3cm 腹径11.9cm 高30.3cm

彩陶罐 新石器时代 马家窑文化

二级文物 斗彩团花盖罐 清乾隆
口径5.7cm 腹径6.3cm 高11.3cm

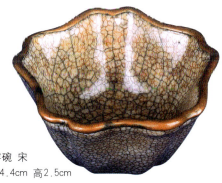

二级文物 哥窑碗 宋
口径8cm 底径4.4cm 高2.5cm

撰文：任国栋 邵凤芝

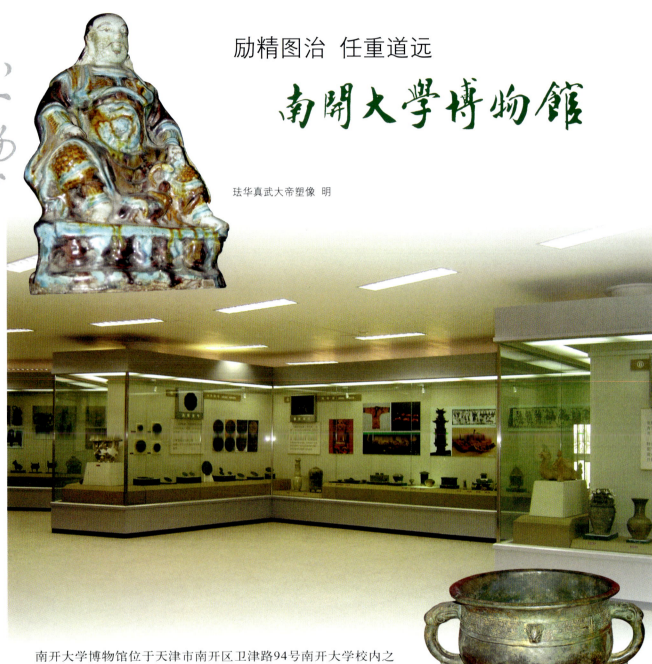

励精图治 任重道远

南開大学博物館

珐华真武大帝塑像 明

饕餮纹青铜簋 西周

南开大学博物馆位于天津市南开区卫津路94号南开大学校内之范荪楼，由历史学院文物博物馆学系代管，收藏中国古代文物近3000件，主要用于辅助教学，每周定时对外开放。

南开大学博物馆的前身是南开大学历史系文物博物馆学专业文物陈列室，它的创办得到了国家文物局和各省市文物管理部门文博单位的大力支持，也凝聚了文博系教师的辛勤汗水。1979年南开大学在全国率先筹办文物博物馆学专业，当时有历史系旧藏文物百件左右。在专业创始人之一、首任专业主任王玉哲教授带领下，傅同钦、张锡瑛、马子庄等教师在全国各地的博物馆和考古所、队征集到大量文物，至1980年南开大学文博专业正式成立，文物陈列室已初具规模。在专业成立的最初10余年间，文博系教师先后从各地博物馆、考古所、文物公司等征集到大量文物，得到了许多文博单位的支持，从而使南开大学博物馆形成了今日的规模。

南开大学博物馆收藏石、陶、瓷、铜、玉、古钱币、古玺印、漆器、砖瓦等各类文物共约3000件，其中有三级以上文物400余件；博物馆展厅面积约500平方米，现有《中国古代物质文化》的专题陈列，展出馆藏文物精品200余件。在此基础上，还建成了以《中国古代社会生活》为主题的数字化网上虚拟博物馆。

该馆现有专职馆员2名，其余兼职教师包括教授2名、副教授4名、讲师2名，内有博士4人、博士在学3人；分别从事中国古代物质文化和陶瓷、青铜、玉器、书画、钱币等专项文物和理论博物馆学的研究。

彩陶踞坐俑 西汉

青釉刻莲瓣纹盘口壶 五代

霁蓝釉堆贴螭虎蒜头瓶 明

单耳彩陶罐 新石器时代 半山文化

展示闽台文化 见证历史兴衰
厦门大学 人类博物馆

厦门大学人类博物馆外景

碑廊陈列的伊斯兰教、古基督教、印度教、摩尼教徒的墓葬
及教寺宗教石刻

厦门大学人类博物馆是一所人类学（包括考古和民族学）的专科性博物馆，成立于1952年，由著名人类学林惠祥教授创办，历任馆长为林惠祥、叶国庆、陈国强教授，现任馆长陈支平教授。

该馆现有7个展室和1座碑廊，藏品6000多件文物。陈列旧石器、新石器、商周、战国秦汉、两晋南北朝、隋唐五代、宋元明清时代文物，畲族、高山族文物，闽南民俗，南洋文物和宗教石刻，石器、玉器、铁器、青铜器、陶瓷器和古字画等。

原始社会展室陈列爪哇猿人、中国猿人、尼安德特人、克鲁马农人、山顶洞人和华北新石器时代人、华南新石器时代人的模型，以及伴随的生产工具、生活用具和动物化石，生动逼真地展示了人类的进化。

新石器时代文物展示闽台古文化渊源关系。

夏商周至隋唐五代的陈列品，不仅有中原还有福建本土文物。宋元明清陈列品，展示福建古外销陶瓷，以及宋元时期泉州外来宗教石刻。

碑廊陈列的近半个世纪以来在泉州发现的伊斯兰教、婆罗门教、古基督教、摩尼教墓碑及教寺建筑石刻，是宋元时期泉州海外贸易繁盛的反映，也是中外人民文化交流和友好往来的历史见证。

该馆还有丰富的国内外民族文物，高山族、畲族及南洋民族文物藏品为国内同类收藏之最。

建馆近50年来，该馆在科研、科辅教学和社会教育方面发挥了重要的作用，已成为厦门对外交流的一个重要窗口。

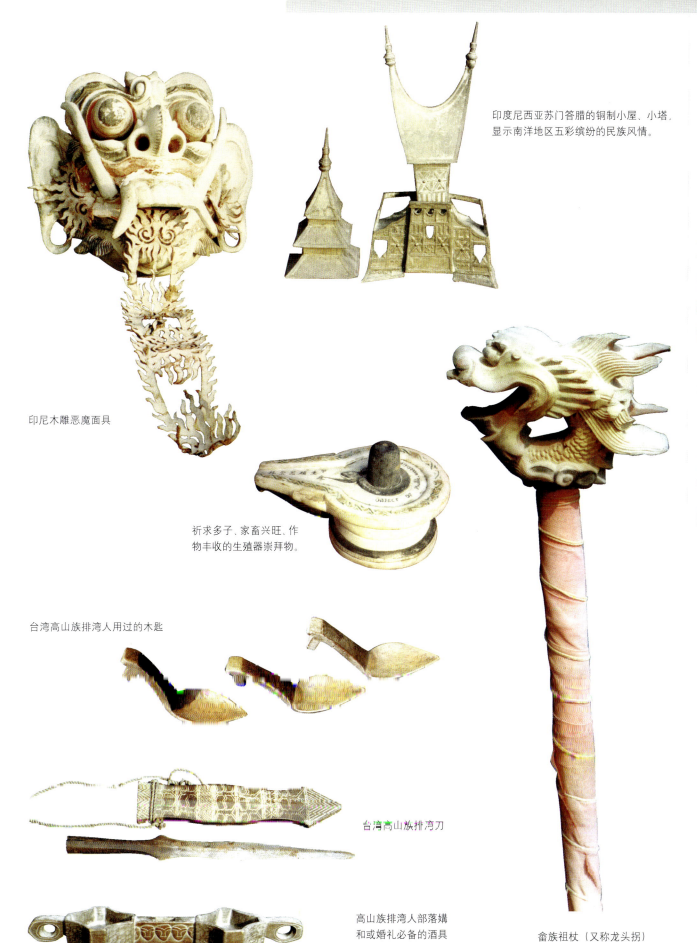

印度尼西亚苏门答腊的铜制小屋、小塔，
显示南洋地区五彩缤纷的民族风情。

印尼木雕恶魔面具

祈求多子、家畜兴旺、作
物丰收的生殖器崇拜物。

台湾高山族排湾人用过的木匙

台湾高山族排湾刀

高山族排湾人部落婚
娶或婚礼必备的酒具

畲族祖杖（又称龙头拐）

千年学府

嶽麓書院

岳麓书院是中国古代著名的四大书院之一，创建于北宋开宝九年（公元976年），历经宋、元、明至清光绪二十九年（1903年）改为湖南高等学堂，尔后相继改为湖南高等师范学校、湖南公立工业专门学校，1926年正式定名为湖南大学。历时千年，弦歌不绝，故世称"千年学府"。

岳麓书院创立伊始，即以其办学和传播学术文化著称。北宋真宗皇帝召见山长周式，颁书赐额，岳麓之名始闻于天下，有"潇湘洙泗"之誉。南宋张木式主教，理学史上颇负盛名的"湖湘学派"即发源于此；朱熹两度讲学，书院盛极一时，出现了"座不能容"、"饮马池水立涸"的盛况。其后，明代中叶的阳明学、明末的东林学、清乾嘉时期的朴学及晚清的新学，都曾在此得以传习和交流。岳麓

书院的学术与教育，对湖湘文化传统的形成和发展产生了深刻的影响。

千年以来，岳麓书院人才辈出。早在南宋初期，出现了以张木式为代表的湖湘学派人才群体；明清之际，杰出的思想家王夫之出自于岳麓；近代以来，许多叱咤风云、对中国近代历史进程产生重大影响的历史人物，如著名思想家魏源、改革家陶澍、中国第一个驻外公使郭嵩焘、办洋务兴实业的曾国藩、左宗棠；民主革命的先行者蔡锷、陈天华、熊希玲、程潜等都是岳麓书院的学生；蔡和森、邓中夏、谢觉哉、甘泗淇、周小舟等无产阶级革命家也曾在此求学；毛泽东同志亦三次寓居岳麓书院。同一学府如此人才众多，世所罕见，"惟楚有才，于斯为盛"，正是对岳麓书院千年以来人才辈出的真实写照。

岳麓书院作为重要的文化古迹，得到了国家的保护。1956年公布为省级重点文物保护单位。1979年，湖南省政府决定由湖南大学主持修复和管理岳麓书院。修复后的岳麓书院占地面积2万余平方米，建筑

讲堂内乾隆御匾《道南正脉》

文庙

御书楼

书院鸟瞰

面积7500平方米，形成一个由门、堂、轩、斋、楼、台、亭、阁组成的古建筑群，成为我国迄今保存最完整、规模最大、修复最好的书院建筑。1988年公布为全国重点文物保护单位。2001年，国务院批准以岳麓书院为基础筹建中国书院博物馆。党和国家领导人江泽民、李鹏、朱镕基、李瑞环和已故的前总书记胡耀邦等先后到书院视察，对岳麓书院文物保护予以极大的关心和支持。

今日的湖南大学已发展成为一所理、工、文、经济多学科协调发展的综合性大学。岳麓书院承袭朱张之绪，续千年学术传统，在保护和管理文物的同时，承担了人才培养和科学研究的任务，目前具备学士、硕士和博士培养能力，已成为湖南省湖湘文化研究基地和中国书院文物的收藏中心、研究中心和学术交流中心。千年学府正在续写新的历史篇章。

斋舍

碑亭

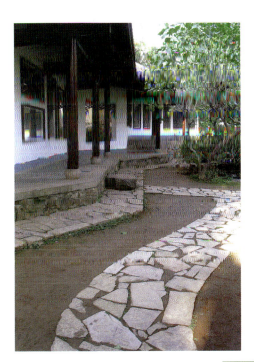
碑廊

大门

大学博物馆

撰文：郑明星

博物馆内景一角

民族文化 师誉中华
上海師範大學博物館

上海师范大学博物馆于2002年5月18日建成开馆。它是一个由文物馆、生物标本馆、地质标本馆和园艺馆组成的小型综合性博物馆。文物馆坐落在上海师大文苑楼内，建筑面积740多平方米，文物包括玉器、青铜器、陶瓷、碑帖、书画等类。这些文物大多来自北京故宫博物院，也有来自山东大学等兄弟院校的支援以及一些个人捐赠。其中不乏珍品：新石器时代的玉璧器形规整，打磨光洁，反映较高的工艺水平；毛公鼎、散氏盘拓片，属于最初的精拓品；隋僧写经、玄奘译经长卷，为罕见文物；羊脑纸金汁书无量寿佛经、佛姆幻化网续密经，为稀世之宝；唐卡多作于清代，颇具民族特色；绘画作品中王原祁、吴历的山水画亦不失为佳作；清宫宗庙人物画也是上海地区少见的展品；来自宫廷的官窑瓷器，更是精致、华美，显示皇家独有的气度。

该馆是在历史系文物陈列室的基础上建成的。原历史系主任程应镠先生为陈列室的建设倾注了大量的心血。也曾经得到沈从文先生的支持和帮助。博物馆的建成同学校党政领导的重视、上海市教委和文管委的支持是密不可分的。特别是上海博物馆给予许多具体的指导和帮助，使博物馆得以顺利建成。

该馆在开馆一年多的时间里引进了殷商文化、贵州蜡染两个专题展览。殷商文化展的展品由河南省安阳市考古和文博部门提供，由数十件国家珍贵文物和戚家庄269号墓整墓青铜器组成，引起了全校师生和社会各界人士极大的兴趣。贵州蜡染展也产生了良好的效果。

博物馆已经成为学校对外文化交流和校际交流的一个窗口。该馆接待过国内外许多专家、外国留学生和外国旅游团；还接待过美国、埃及等国驻沪领事馆官员。博物馆已成为青少年文化素质教育和爱国主义教育的基地。

文苑楼外景

景德镇窑青花釉里红梅鹊
图缸 清雍正 高35.5cm
口径26cm 腹径35cm

玉璧 新石器时代 外径13.5cm

蒲纹玉璧 战国 外径13.9cm

景德镇窑蓝釉天球瓶 清乾隆
高21.5cm 口径12.5cm 腹径40cm

山水图 110.5×34.5cm 张崟(1761～1829年)

设色山水图 110×40.5cm
吴历(1632～1718年)

唐卡上师应供图 清 48×82cm

撰文：王庭裕

草原奇葩 博采众长
内蒙古师范大学
博物馆

乌珠穆沁男女蒙古袍

2003年8月24日，全国人大常委会原副委员长布赫同志莅临该校博物馆参观。

2003年8月内蒙古自治区副主席连辑莅临博物馆时留念

2002年8月28日内蒙古师范大学博物馆开馆，图为部分来宾及该校学者合影。

内蒙古师范大学博物馆始建于2000年，由四部分组成，即：民俗馆、历史文物馆、校史展、艺术精品展等。

民俗馆是该校博物馆中创建最早的一个展厅，全国人大常委会原副委员长布赫同志为民俗馆题写馆名。民俗馆主体展品以蒙古族民俗用品为主，分为生产用具、生活用品、游艺用品及宗教用品等四大类。这些展品既是蒙古族日常生产生活中必不可少的用具、用品，同时每一件展品又是精美的手工艺品，既在整体上体现了展品使用价值，又体现了蒙古族审美情趣。

历史文物馆则更多地体现了我国古代民族发展的辉煌史。历史文物馆展品是以我国历史发展过程排展的，早至商朝，晚至清朝，展出了各个朝代出土文物。这些文物是由该校历史系教师从五十年代起收藏并保存至今的珍贵物品，不仅对该校历史专业教学、科研工作起到了至关重要的作用，同时也为国家文物保护做出了贡献。

校史展是以体现该校建校五十年的发展历程为主，将该校1952年建校至2002年的五十年发展史分为《春华秋实》、《桃李芬芳》、《硕果累累》、《满园春色》、《走向辉煌》等几大部分，并以图片、图标、文字、实物等多种方式展现了该校的发展。

艺术精品展展出了该校教师版画、国画、书法作品。这些作品不仅给参观者一种美的享受，而且激励着更多的艺术家为发展美术教育而辛勤工作。

内蒙古师范大学博物馆外景

唐三彩大马 唐

铜桶

炊具——火撑

蒙古人将火撑置于蒙古包正中央，与"陶脑"（即蒙古包包顶）呈垂直状。

金套银马鞍

该校博物馆作为学校对外联络的窗口，建馆至今已接待了慕名而来参观的中外宾客共计3万余人次。这些慕名而至的外宾多为著名学者或社会团体知名人士以及旅游观光者。如日本武藏野学院、日本鸟取大学、芬兰赫尔辛基大学等13所高等院校学者及日本国际交流基金会、台湾文华文基金会等8家社会团体人士先后光临该博物馆进行了参观，对学校所办的博物馆事业给予了高度赞扬。前来参观的国内高校和团体及知名人士、学者更是络绎不绝。如：北京、天津、海南、山东等十余省市专家学者和友好人士；北京师范大学、中央民族大学、山东大学等18所国内高校学者；内蒙古教科文组织、内蒙古电视台、教育出版社等14家企事业单位及内蒙古大学、内蒙古农业大学、内蒙古工业大学等区内10余所大学的团体与专家学者都曾来馆参观。2003年8月内蒙古自治区

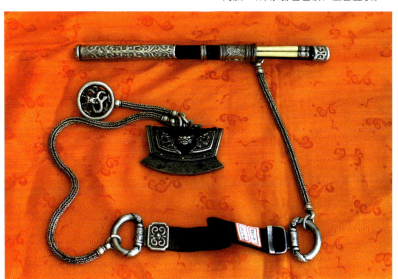

蒙古刀、火镰、环佩

副主席连辑等政府领导陪同原全国人大常委副委员长布赫同志一行参观了该校博物馆，并情感留存有同志。

该校博物馆作为内蒙古自治区第一所高校博物馆，实行以"展、学、研"为一体的运行机制，更好地发挥为教学、科研服务；为社会服务的功能。博物馆的建立，促进了学校本科教育与硕士生教育，激发了学生们学习热情，满足了学生求知欲望。博物馆作为教学实践基地的同时，对促进学校科研工作也起到了积极作用。今后该馆将工作重点放在添充馆内展品，扩大展馆规模，使其真正达到"上规模、上档次"的目标。同时进一步发挥其"展、学、研"为一体的实际功能，更好地为该校教育事业的发展及对外协作交流作出贡献。

烟袋、荷包

撰文：乌木花

博大精深 历久弥新
山东大学博物馆

　　山东大学博物馆是一个综合性博物馆，是在原文物标本室的基础上发展而来的，于2001年迁入现在新址。这里环境幽雅、建筑古朴，是博物馆理想的所在地点。该馆现在有三个固定陈列：反映山东大学百年历史的校史展有三个展室；我国著名汉语言文字学家、书法家蒋维崧先生的书法作品展和山东大学所藏文物精品展为基本陈列；另有临展室以供短期展出。该馆展室面积近2000平方米。庄重、高雅的接待室可供参观者休息，又可作为学者间进行学术交流的场所，备有幻灯、微机等现代化仪器设备。数万件馆藏品可供调整陈列和相关专家、学者的交流、研讨。

奏折 清光绪二十七年

陶鬶 山东龙山文化 山东泗水尹家城遗址出土

错金银青铜环　西汉
山东长清双乳山出土

蒋维崧先生书法作品

金文
《易经·乾卦》

金文
陆游《假山小池》

小篆
陈毅《冬夜杂咏》

行书
集白居易《钱塘湖春行》 杜甫《堂成》

　　该馆在规划设计中，注重高标准、高起点，在精选标本的基础上，充分运用照片、图表、映视大屏幕、灯箱、沙盘、模型、触摸仪等手段，并配有中、英文对照说明牌，有效地提高了展示效果，例如在文物展室的周代编钟、编磬等成套乐器，与其背面的古乐器演奏壁画有机的结合在一起，配以淡柔的灯光，给人以身入其境之感；蒋维崧先生书法作品展室则宽敞明亮，刚劲有力的作品跃然入目，突出了蒋先生书法作品的深厚功力。今日的山东大学一派生机、蒸蒸日上，校史展室则色调重、暖，给人以鼓舞，催人积极向上。

　　该馆立足高校的实际，把相关学科的教学、科研与博物馆陈列结合在一起，刻意做到标本典型性、系统性和可视性相统一，并配以照片、图表等辅助手段，兼顾一般观众和现场教学的需求，同时也表现出目前的最新研究成果和展示水平。

　　在国家教育部支持下建成的《山东大学考古数字博物馆》网站，与博物馆陈列互补，更好的发挥了宣传作用。

　　山东大学博物馆全体员工以热情服务随时恭候国内外观众的光临。

单柄陶杯 商
山东泗水尹家城遗址出土

陶罍 大汶口文化 山东泰安大汶口遗址采集

青铜链盒 春秋 山东长清仙人台遗址出土

撰文：丁海广

国内首座航空航天博物馆
北京航空馆

北京航空航天大学里坐落着我国新中国成立以来第一座反映航空航天科技的博物馆——北京航空馆。

该馆成立于1985年,由著名科学家、中国科协主席周培源剪彩,国家科委主任宋健题写馆名,1986年正式向社会开放,至今,已先后接待中外参观者100多万人次。

该馆在原北京航空学院飞机陈列馆的基础上扩建,是扩充大学的教学实践基地。同时,面向社会,向公众普及航空航天科技知识,对青少年进行爱国主义和国防教育,并对外进行展示和交流。

北京航空馆占地面积8000平方米,有4个展区。主展区30余架各个历史时期各式各样的飞机整齐停放于停机坪,包括各类战斗机、轰炸机、侦察机、运输机、直升机、超轻型飞机等。可以说,每一架飞机和每一件残骸都有它的历史渊源和完整的故事。

同学们排队登机参观

初冬的停机场

制造精美的飞机模型"冯茹二号"

世界仅存的两架二次大战名机,绰号"黑寡妇"夜间战斗机。

价值连城的老式飞机残骸

鸟瞰北京航空馆

大学博物馆 华夏文博览胜

国际友人、航空爱好者参观航空馆。

北京航空航天大学航空馆——北京航空馆

室内展厅有《航空发展史》、《中国航空工业之窗》、《综合展区》。在《航空发展史展区》内，通过各式各样千姿百态的模型和画卷形式的展板，图文并茂地介绍了人类最初的飞行理想和早期的探索、飞机的诞生、世界大战、喷气飞机年代。这里还包括中国古代航空技艺，以及飞机发明人莱特兄弟和我国早期飞行家、设计师冯茹的画廊。在《航空工业之窗》展区主要介绍我国各航空企业的风采。在《综合展区》有大量的实物和精美模型。这些展品代表着不同国家，不同年代，不同功能的飞机，从不同角度向人们展示着航空航天科技的发展。

北京航空馆是全国高校博物馆专业委员会所在地，担任主任委员和秘书长的工作，同时也是国家教育部第一批开办数字博物馆的高校博物馆之一。

北京航空馆热情欢迎海内外各位朋友，特别是航空航天爱好者及青少年朋友们前来参观交流。

中国唯一的英产"鹞"式飞机

与成飞公司联合研制的歼7E型超音速战斗机，在中国空军"八一"飞行表演队的驾驭下驰骋蓝天。

证书

西安航空馆

你单位被评为全国青少年科技教育基地

三航栋梁 长安英杰
西安航空馆

西工大校园中的西安航空馆

西安航空馆1986年建馆,是中国航空学会批准的全国3家航空馆之一,是目前我国西部地区唯一的航空馆。

西安航空馆1999年被国家科技部、中宣部、教育部、中国科协命名为"全国青少年科普教育基地";2000年被陕西省科委、省委宣传部、省科协命名为"陕西科普教育基地";2002年被西安市碑林区列为"中小学德育基地"、莲湖区中小学"爱国主义教育基地"。建馆17年来,航空馆共接待来访人次20多万。

西安航空馆所挂靠的西北工业大学航空学院由原飞机系与民航工程学院合并而成。飞机系创建于1952年,民航工程学院建立于1994年。航空学院是西北工业大学以"三航"为特色的主体院之一,是我国航空科学与技术重要的科研和育人基地。

航空学院目前拥有教职工130人,中国科学院和工程院院士各1人,长江学者3人,博士生导师30人,教授26人,副教授28人,中级职称26人。设有航空器设计工程系、综合技术与控制工程系、流体力学系、航空结构工程系和民航工程系。全院共有12个二级学科,其中飞行器设计和固体力学为国家重点学科。翼型—叶栅空气动力学国家级国防重点实验室和动力学与强度国家专业实验室也挂靠在航空学院。航空学院在人才培养和科学研究方面取得了丰硕的成果,在科学研究方面获得了几十项国家和省部级成果奖,其中与成都飞机工业公司联合研制的J7E型飞机目前装备空、海军300余架,是"八一"飞行表演队的队机。所培养的人才遍及我国航空航天领域,其中"全国十佳杰出青年"、中国航天科技集团总经理张庆伟是其中的典型代表。

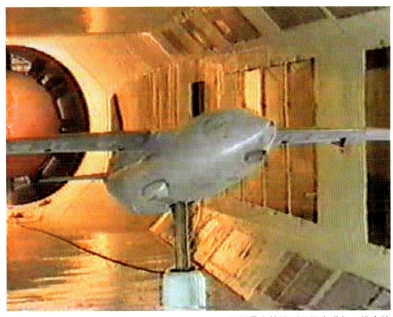

亚洲最大的翼型风洞在进行三维实验

静力试验大厅

民航学生在AMECO公司完成工程实践

三航栋梁 长安英杰

西安航空馆 馆藏介绍

西安航空馆主要由外场展示、一号展厅、二号展厅等三部分组成。在外场展出的展品均为实物，基本涵盖了中国空军曾经或目前正在服役的主力战斗机、教练机，其中包括歼五、歼六甲、歼七、初教六等型号。歼五型战斗机是中国空军最早使用的第一代喷气式战斗机，在五、六十年代曾大量在空军服役。歼六甲全天候战斗机是空军较早装备机载雷达的第一代超音速战斗机，我英勇的人民空军飞行员曾经用这种飞机将美国空军的第二代超音速战斗机F-4和F-104挑落马下，向全世界展示了我国空军的强大战斗力。歼七型战斗机是以前苏联米格-21为原型制造的，是第二代战斗机的典型代表。歼七及其原型米格-21战斗机拥有良好的机动性，是装备国家最多的喷气式战斗机之一，被当时冷战中的西方国家称为"红色湖水"。目前歼七及其改进型号仍为中国空军主力战机。初教六活塞螺旋桨式双座教练机主要用于飞行员的初级飞行训练，也是我国空军初级教练机的主力，因其良好的操纵性和稳定性，在国内外许多民间飞行表演队里也可看到初教六矫健的身影。

外场展示中最珍贵的莫过于被称为西工大飞机系骄傲的"延安一号"小型通用飞机，是1958年完全由西工大师生自行设计和制造的，同年12月3日首飞成功，是全国独一无二的展品。外场展品中另一个比较珍贵但貌不惊人的展品是中国在七八十年代研制的唯一一款大型喷气式客机运十的机身，该型客机当时仅仅制造了两架原型机，这是其中的一架。外场展品中还包括直五型直升机和海鹰Ⅱ反舰导弹以及数枚航空炸弹。

一号展厅实物展品以一架歼七战斗机为中心，种类繁多，内容丰富。58式气垫船是西工大师生于1958年研制的，在当时居世界先进水平。美国U-2高空侦察机残骸是我国地空导弹部队在国土防空作战中击落的5架U-2侦察机中的一架，既是珍贵的历史文物，又是爱国主义教育的良好素材。英国"蚊"式轰炸机机翼前缘在参

"延安一号"（左）、歼五（中）、歼七（右）

直五型直升机（大）、海鹰Ⅱ反舰导弹

观者眼里非常不起眼。"蚊"式飞机是二战时期的著名全木质飞机，因年代久远，世界上保存下来的实物非常稀少，即使是一小段机翼前缘也极其珍贵。日本"零"式战斗机中央翼也是一件稀有的藏品。另外飞行抗荷服、霹雳-1空空导弹、航空火箭弹、航空机炮、西工大研制的无人机和鸭式布局遥控飞行验证机，以及一座用于教学演示用的小型烟风洞和一部起落架演示模型等实物展品也很有特色。

初教六（上）、歼六（下）

除以上实物展品外，此展厅的模型和图片也各具特点。较小和飞机模型涵盖了从飞机的产生至今的所有著名飞机的200种模型。另外轰六轰炸机、"延安"鸭式布局运输机、运七、运八、运十等运输机、歼七E、拉-9等战斗机的大比例模型更加真实细致，反映了各型飞机的主要细节特征。

为了纪念人类动力航空100周年，一号展厅内特别设置了内容丰富，知识性、趣味型强的一系列图片，向人们展示了人类航空事业从幻想到现实，从原始到现代化的发展历程。

二号展厅的展品全部为实物，其中的歼八原型机、"东风"102战斗机、美国B-29轰炸机主起落架等展品在中国各航空博物馆中是少有的珍品。另外为了方便教学，该展厅内还陈列了一架处于全解剖状态的轰五轻型轰炸机、一台涡喷六航空发动机以及一个弹射救生座椅，充分地向观众展示了现代喷气式飞机的内部构造。

"蚊"式机翼前缘、"零"式中央翼、U-2残骸、58式气垫船（图从右至左）

1号展厅中的部分展品

小型风洞

歼七E模型

品种丰富的飞机模型

撰文／摄影：邵立民

鹰击长空 威名千秋

南京航空航天博物馆

南京航空航天馆坐落在南京航空航天大学美丽的明故宫校区。穿过一段高大法国梧桐树天然形成的绿阴大道就可到达该馆。

在上千平方米面积的航空馆飞机展览大厅里，一架架由我国自己设计制造的"战鹰"昂首挺立：一架从战场上退役的歼五战斗机，因曾击落过美军飞机立下赫赫战功；展示的歼六型、歼七型飞机战斗机曾是我国生产最多的战斗机型之一，为保卫祖国作出过重要贡献；一架长达20多米的歼八型飞机占据了展厅的一角，这是我国研制的三架原型机之一。60年代苏联专家撤走后，我国科技人员发扬自力更生精神，终于在80年代成功研制了新型的高空高速战斗机，这种飞机的最快飞行速度超过音速的2倍，并具有全天候的作战功能。展厅还陈列有70年代我国研制仅有5架之一的歼12轻型战斗机。大厅东侧发射架上的"长空一号"无人驾驶飞机，是南京航空航天大学于70年代独立研制的，为我国国防军事装备建设屡建功勋，曾获国家科技成果一等奖。展厅内还陈列了南航首创的我国全复合材料、鸭式布局的AD系列轻型飞机，达到国际先进水平，该飞机曾在亚运会上作过飞行表演，

并于2000年成功地完成了苏州穿越桥洞的飞行表演。在航空馆的侧厅，陈列着各种飞行器内部构件，显示飞机是高科技、高性能材料和先进电子控制设备的综合技术结晶，同时也反映了我国现代科学技术与机械制造的水平。

航空航天馆第二展厅陈列的是直升机系列。陈列着南航研制的中国首次自行设计的"延安二号"直升机，展厅中还有我军从越南战场缴获的战利品——美军U-IH大型直升机和"火蜂"无人驾驶飞机。

展厅陈列的空对空红外导弹，可由飞机发射自动跟踪敌机；发射卫星和载人飞船的"长城号"火箭模型，显示中国的航天事业已跨入世界先进行列。

直升机展览厅

长空一号无人驾驶飞机

AD 轻型飞机

航空馆还陈列了大量国内外各种军用、民用飞机、直升机模型。展厅内放映着《航空发展史》、《中国今日空军》、《国际航展》等录像片，向前来参观的人们讲述中国空军的发展历程。

该馆自对社会开放以来，受到各界人士尤其是中小学生的欢迎。许多海外华侨参观了该馆后感到无比的骄傲：中国人民自己也能设计制造如此众多类型的飞机了。这一架架闪闪的雄鹰在向世人宣告：中国人民饱受外国侵侮、落后挨打、割地赔款的时代一去不复返了。

南航无人直升机

飞机展览厅

延安 2 号直升机

撰文：昂海松

南洋聚英杰　中华博千秋

上海交通大学 校史博物馆 董浩云航运博物馆

校史博物馆展厅内景之一

校史博物馆展厅内景之二

1898年南洋公学毕业生

中院（1899年）

上海交通大学校史博物馆"历任校负责人"版面

上海交通大学创办于1896年，其前身为南洋公学，是我国最早创办的大学之一，已跨越三个世纪，桃李遍天下。上海交通大学校史博物馆于1996年4月8日交大百年华诞之际开馆，辟有三个展厅和一个陈列室，总面积达600平方米，展现了学校一百多年来的发展演变历史和取得的丰硕成果。既体现了交大悠久的爱国主义传统和鲜明的办学特色，又从一个侧面反映了中华民族自强不息、百折不挠的精神，是上海市青少年教育基地和爱国主义教育基地。江泽民总书记题写了馆名。

馆内陈列和收藏各类校史文物、文献、照片6000多件，其中存世达百年之久的界碑、石磉，上面镌刻的"南洋公学"字样仍清晰可辨，成为古老校园最早的历史见证。这里有1898年南洋公学师生的第一次合影；有公学创始人、清朝一品官盛宣怀手书的对联和1885年为官时的石刻印章；有首任校长何嗣焜的遗稿、铜像；有蔡元培1901～1902年担任公学特班总教习时的日记；有南洋公学译书院在国内第一次翻译出版的亚当·斯密的学术名著《原富》（又名《国富论》）；有1907～1920年间担任校长的唐文治灌制的唱片；有曾担任中宣部部长的陆定一在校时参加武术表演的照片；有1926年拍摄的记录学生校园生活实况的电影胶带；有已故校友方心诰（香港特区第一任政务司司长陈方安生之父）在校时获得的国文辩论比赛冠军奖杯；有抗战烈士杨大雄生前穿过的军大衣；有江泽民的毕业学士照；有在交大工作67年的陈石英教授的绝笔手迹；有被称为"我国航天之父"的钱学森1933年的水力学试卷；有顾诵芬校友任总设计师的歼八飞机模型；有百年校庆时海内外校友和社会各界赠送的精美礼品……林林总总，都埋藏着耐人寻味的故事，是展示学校形象的一个别具特色的窗口。

上海交通大学董浩云航运博物馆由香港董氏基金会和上海交通大学联合创办，于2003年1月18日开馆，董建华先生专程前来揭牌。该馆设于交大徐汇区新中院。楼高二层，是学校早期的学生宿舍，距今已有90多年历史，充溢着历史的沧桑。展厅面积600平方米，内有中国航运史馆和董浩云陈列室。一楼为中国航运史馆，通过大量的图片、文献资料和实物模型及航海贸易物品，概括反映了中国古代自新石器时期以来的舟船和航运历史，展现中华民族在舟船航运领域的伟大发明创造和亲近海洋、发展对外经济文化交流的光辉历程。二楼董浩云陈列室分为《海洋巨子》和《陆地英杰》两部分，用生动的照片、资料、实物和逼真的场景，浓缩了董浩云传奇的一生，展示他在航运领域的理想和成就，并反映他对教育事业的热衷和奉献、对多种艺术的浓厚兴趣、对国际事务的热诚关注及对家庭的重视、对友情的珍惜，彰显其开创精神、经营才干和人格魅力。

董浩云航运博物馆中厅

董浩云航运博物馆二楼展厅一角

董浩云航运博物馆馆舍外景，该楼原建于1910年。

董浩云航运博物馆一楼展厅一瞥

校史博物馆所在的老图书馆，建于1919年。

撰文：陈华新 顾新建

大学博物馆 华夏文博览胜

一流学府　馆藏丰厚

北京大学地质数字博物馆

北京大学地质数字博物馆是北京大学对外宣传和展示自身教学科学研究水平的重要窗口，该馆创立于1909年，是我国最早的地学博物馆，具有深厚的学科背景和学术底蕴。该馆是"211工程"、"创建世界一流大学计划"等重点支持的建设项目，建设水平已接近世界水平。馆舍由陈列馆和档案馆组成，总面积约2500平方米，是集标本展示、科研和学术交流及教学活动于一体的多功能、现代化的文化教育场所，并建设了一个基于网络和信息技术的、为远程学习者和专家提供双层次信息服务和公共资源的、对重要珍贵标本进行数字化保护展示的网络平台。

网络三维虚拟博物馆一角

目前该馆拥有大量珍贵而罕见，且具有特色的模式标本及典型标本达数万件，其类型包括古生物化石类、岩石类、矿物类、矿床类、地热类、构造地质类、实验类标本等资源，还有极其珍贵的前苏联在50年代赠给博物馆的一整套精美的古生物化石标本。已存

拖鞋珊瑚

菊石

博物馆展厅一角

刚玉（红宝石）

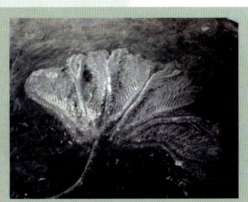

海百合

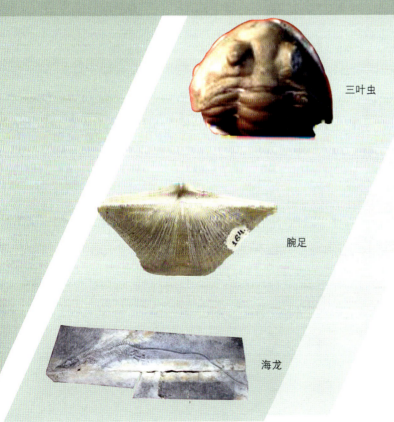

三叶虫

腕足

海龙

近10万件珍贵模式标本和典型标本，大部分都已进行标本数字化，收集了一批具有重大学术价值和研究意义的标本，正在向研究型博物馆迈进，开发了北京大学地质数字博物馆管理系统和数据库系统，并建设"生命的历程和古生态景观"、"精美的矿物晶体"等多媒体网上主题展示，重点进行网络虚拟博物馆和三维标本建模展示建设，包括：海龙三维建模和复原、博物馆虚拟场景等。

该馆现已建设较完善的信息提取处理存储系统、网络系统、多媒体展示系统和数字博物馆管理系统，并相应改造基础设施，改善研究条件，与国际标准接轨，达到国际先进水平，使重要标本资源转变为资源信息流，使研究成果转变为智力信息流，充实现代远程教育网上资源共享，在教育和科研中充分发挥作用。

撰文：秦江红　张小芳

典藏标本 亚洲之最

成都理工大學 博物馆

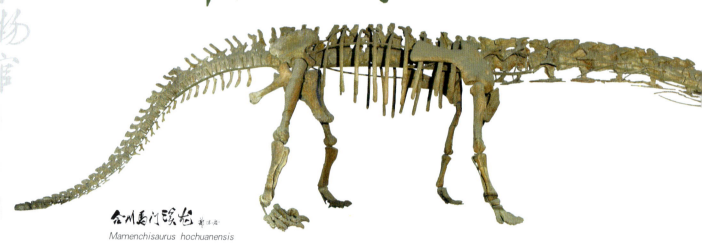

合川马门溪龙 郭涛龙
Mamenchisaurus hochuanensis

碧玺

成都理工大学博物馆始建于1956年。近半个世纪以来，博物馆在各级领导的关怀下，在全校师生员工的大力支持和博物馆几代人的共同努力下，取得了长足的发展。博物馆已从原来只为本校师生服务的一个陈列馆逐步发展成为一座在国内外有一定影响、中国西部最大的地学类自然博物馆。

成都理工大学博物馆现有9个展厅（室）和2个露天展台，展出面积3000多平方米。馆藏资源丰富，馆藏古生物、岩石、矿物、矿产、宝玉石和观赏石等标本12万多件，世界级、国宝级精品、珍品众多，如：馆藏20多具珍贵的恐龙化石骨架标本，在数量上和种类上均居中国各大学博物馆之首。被誉为"镇馆之宝"的合川马门溪龙举世闻名，全长22米，不仅是亚洲最大的恐龙，而且也是世界上脖颈最长的恐龙。

成都理工大学博物馆还是原地矿部恐龙研究与开发中心，曾承担多项国家、省、部

成都理工大学博物馆

生物进化史厅

观赏石厅

恐龙厅

大学博物馆

甘氏四川龙 *Szechuanosaurus*

珠状方解石

方解石花

大竹重庆鱼
Chungkingichthys tachuensis

要的科研项目；获国家自然科学二等奖、国土资源部和四川省科技成果二、
三等奖和"八五"优秀科研集体奖。博物馆还积极开展国际合作交流，每年
接待国际友人上百人，恐龙化石曾赴日本和台湾展出。

　　成都理工大学博物馆除为学校的教学、科研服务外，还把青少年的科普教育工作放
在首位，从20世纪80年代开始向社会全面开放，从90年代开始实行全年365天开放，
在国内数十个大中小城市举办数十场科普展览，共接待国内外观众200多万人次，取得
了显著的社会效益和经济效益，先后被中共中央宣传部、教育部、科技部、团中央、全
国青联、四川省委省政府、成都市委市政府、中国古生物学会授予：全国科普教育基地、
全国青少年科技教育基地、中国青年科技创新行动教育基地、中国古生物学科普教育基
地、四川省科普教育基地、四川省青少年科技教育基地、四川省爱国主义教育基地、成
都市青少年科普教育基地、成都市爱国主义教育基地等称号。2001年，博物馆又被教
育部列为全国首批大学数字博物馆建设，从而成为中国开展远程科普教育的博物馆。

春城明珠 地学宝库
吉林大学博物馆

吉林大学博物馆（地质宫博物馆）始建于1952年，陈列面积1500平方米，以藏品丰富、精品荟萃、特色鲜明享誉中外，是我国乃至亚洲著名的地质博物馆之一。建馆以来，共接待国内外观众数十万人，朱德、董必武、邓小平、李富春等党和国家老一辈领导人都曾来馆视察。

博物馆分科普厅和恐龙厅。科普厅设有奇石展区、宝玉石展区、古生物展区及地学科普知识展区。恐龙厅展有三具巨型恐龙骨架化石及珍贵的恐龙蛋、恐龙脚印化石等。

为了充分地发挥高校博物馆的社会教育职能，1998年吉林大学博物馆面向社会开放，赢得了社会各界的一致好评。1999年博物馆被中国科协命名为"全国科普教育基地"；同年被中国科技部、中宣部、教育部、中国科协命名为"全国青少年科技教育基地"；2002年博物馆被科技部、中宣部和中国科协联合授予"全国科普工作先进集体"。

建馆数十年来，博物馆一直遵循"科研、教学、科普"并重的方针，除了完成藏品的征集、研究和展示工作之外，还承担了大量的科研和对外交流工作。目前，博物馆已与国外10余所博物馆和国内百余所博物馆及高校博物馆建立了广泛的联系。在博物馆建设、学术研究、科学普及和展品交换等方面进行了广泛的交流，建立了多方面的合作关系。近年来，博物馆与美国普罗维敦斯学院合作开展了东北亚地区白垩纪早期哺乳动物演化的研究；与比利时皇家博物馆合作开展了我国东北地区恐龙动物群的研究；与日本福井恐龙博物馆开展了中日恐龙对比研究。

经过半个世纪的发展，学校博物馆的综合实力已跻身我国高校博物馆和吉林省博物馆的前列，知名度日增，在地学科研及科普教育方面起着越来越重要的作用。随着博物馆的对外开放，吉林大学博物馆已成为长春市文化旅游、科普教育的极佳场所，被人们誉为春城的一颗璀璨的明珠。

古生物展区

奇石展区

中国最完美的蜻蜓化石

雄伟壮丽的地质宫

画面石——阴阳割昏晓

画面石——京叭

菊花石

恐龙厅

撰文：昝淑芹 续颜

绿岛椰风 生态万千

海南师院生物多样性博物馆

人·社会·自然展厅

海兽多样性展厅中的鳁鲸骨骼标本

中国科学院院士蒋有绪（右一）、刘瑞玉（右二）参观博物馆，图为刘强博士（左一）和张洪溢副馆长（左二）介绍情况

海南省常务副省长王厚宏（右一）检查博物馆工作

博物馆副馆长梁伟博士向参观学生讲解

泰王国诗琳通公主访问博物馆，左二为博物馆馆长史海涛博士

　　海南师院生物多样性博物馆是目前海南省唯一一个自然科学类博物馆，由海南省政府、海南师院和海南省生态学重点学科等共同投资于 2000 年兴建。包括《海兽多样性展厅》、《人·社会·自然展厅》和《海南生物多样性展厅》三大部分，共 48 个主题单元，7000 余件图片和标本。其鲸的骨骼和完整的内脏标本在全国独具特色。

　　博物馆先后有泰王国诗琳通公主、孙儒泳、赵尔宓等 16 位院士和大批知名学者，北大、清华等近百位高校的领导，全国人大、教育部、科技部的高层官员，美国野生生物保护协会和国际保护组织的专家，汪啸风、王厚宏等海南省领导，社会各界群众及中小学生 20 万余人参观，产生了强烈的反响，受到社会各界的充分肯定，被认为是全国高校中一流的博物馆。

　　该馆以博物馆为依托，成立了"海南省生态环境教育中心"，开展了"呵护我们的家园"大型系列教育活动；成功举办了五指山地区中小学教师绿色教育培训；在全省范围的中心小学进行"野生动物变迁问卷调查与宣传教育活动"；积极配合省有关

部门开展"科技周"、"爱鸟周"、"救助野生动物"等活动，以内容丰富、形式多样的实际行动教育广大群众爱护自然资源，争取到世界自然基金会（WWF）、国际动植物保护协会（FFI）等多个国际组织对海南生态保护的支持；先后接受了中央电视台、新华社、人民日报等 30 多家媒体 300 余次环境保护的采访和报道，有力地宣传了生态环境保护的重要性，促进了海南生态省的建设。

　　由于卓有成效的工作，该馆 2002 年被授予"海南省青少年科普教育基地"和"海南省精神文明单位"，同年被科技部、中宣部、教育部和中国科协联合授予"全国青少年科普教育基地"。

生物多样性展厅

撰文：史海涛　梁伟

桃李满天下 精彩农博园

西北农林科技大学农业科技博览园

1999年李岚清副总理视察昆虫博物馆

西北农林科技大学科技博览园坐落于国家杨凌农业高新技术产业示范区的中心地段，占地面积130亩，总建筑面积20179平方米，是在现有的昆虫博物馆基础上发展起来的，包括已经投入使用的昆虫博物馆和正在建设中的农业历史馆、动物馆、植物馆和土壤馆5个专业博物馆及游客中心、蝴蝶网室、园林雕塑等，是我国第一个集标本展览、文化广场、园林观赏、休闲娱乐、旅游观光于一体的较为全面、系统、科技含量高的农业科技博览园，它充分体现了浓郁的区域特色、独特的校园文化和学科特色，是农业科普教育的重要场所。

校门

目前已经开放的昆虫博物馆收藏国内外各类昆虫标本100余万号，收藏量位居全国高校之首，是重要的昆虫学教学、科研和科普基地，被命名为"中国青年科技创新行动教育基地"和"陕西省青少年教育基地"。该馆展示了昆虫生命演化、昆虫系统学及多样性、农林业害虫、卫生害虫、资源昆虫、昆虫与人类、昆虫文化、中国昆虫学历史、世界稀有昆虫、世界名蝶等以及国际著名昆虫学家周尧教授为代表的老一辈昆虫学家热爱祖国、艰苦创业的爱国主义事迹。

其中农业历史馆以农业历史发展演进过程为依据，展示我国古今农业发展概况及在土地利用和改良农具、农田水利、农艺、畜牧、兽医、茶、蚕桑等方面所取得的辉煌成就；植物馆现藏植物标本55万余份，是我国第二大植物标本馆，展示植物发展演化、农作物以及品种资源、药用植物、经济植物、稀有濒危植物、秦巴山区特有植物以及古树、名木等有关方面的标本和知识。土壤馆展示土壤科学史、土壤标本、黄土高原模型、土壤利用现状及改良等有关方面知识。动物馆收藏动物标本80多万号，是重要的动物学科研和科普教育基地，展出与人类生活密切相关的动物标本以及现代动物生产设备，反映动物驯化、品种选育、动物繁殖、动物克隆、现代生物技术、动物保护等方面的知识。

农博园设有较高档次和品位的游客中心，供交通、餐饮、游览休闲等之用。

园林雕塑体现以农博园为主题的园林特色，雕塑置于园林之中，是农博园标志性的旅游景观。

正在建设中的农业科技博览园

展厅一瞥

世界名蝶展厅

撰文：冯纪年

建设中的动物科技馆

昆虫博物馆

教学大楼

校园一角

新增的东后展厅

艺术宝库 历史飞跃

中国美术馆

中国美术馆坐落在北京市东城区五四大街1号。该馆是以收藏、研究、展示中国近现代美术作品为重点的国家造型艺术博物馆。1958年开始兴建，1963年正式向社会开放，毛泽东主席亲自题写馆额。第一任馆长刘开渠，现任馆长杨力舟。

该馆的建筑为仿古阁楼式，黄色琉璃瓦大屋顶，四周廊榭围穿。具有鲜明的民族建筑风格。主楼建筑面积22379平方米，一至五层楼共有21个展览厅，展出面积8800平方米。1995年新建现代化藏品库，面积4100多平方米。

中国美术馆以成为大型国际美术交流活动的国际一流美术馆为宗旨，收藏、保管、陈列、研究我国近现代优秀美术作品和民间美术作品；主办各种类型的中外美术作品展览；进行国内外美术学术交流；建立我国近现代美术史料、艺术档案，编辑出版藏品画集、理论文集。美术馆收藏近现代美术作品和民间美术作品6万余件。品类有中国画、油画、版画、雕塑、年画、连环画、宣传画、漫画、素描、插图、水彩画、漆画等各类具有时代特点和不同艺术风格的优秀作品以及木偶、皮影、剪纸、风筝、泥玩具、刺绣等等乡土艺术品。明清及近现代艺术大师赵之谦。石涛、朱耷、任伯年、虚古、吴昌硕、齐白石、黄宾虹、徐悲鸿、当代著名画家李可染、张大千、傅抱石、潘天寿、李苦禅、钱松、石鲁、林风眠、刘海粟、刘开渠、吴作人、蒋兆和、古元、张乐平、崔子范、何海霞、杨之光等画家都对该馆有大批捐赠。罗工柳、黄胄、吴冠中等人的代表作均有收藏。藏品中尚有许多中青年画家的优秀作品。德国收藏家路德维希夫妇捐赠欧美艺术品117件，其中有毕加索的作品。

开馆以来，举办过历届《全国美术展览》，举办馆藏陈列展60多个。个人画展、群体画展、影展，书法展、儿童绘画、民间美术作品展等展览活动逐级增多。近年来平均年举办展览180多个。80年代以来举办外国艺术作品展百余次，如《法国19世纪农村风景画展览》、《波士顿博物馆美国名画原作展览》、《罗丹艺术大展》、《西洋绘画名作展》和奥地利、日本、俄罗斯、德国、韩国、马来西亚、挪威、以色列等国的许多美术展览。为庆祝香港回归祖国，举办了《香港艺术馆馆藏精品展》。1998年举办的国际美术年，受到社会广泛好评。年均参观人数百万人次。中国美术馆馆藏品先后赴法国、美国、日本、俄罗斯、捷克斯洛伐克、土耳其、希腊、韩国等国家展出，并多次赴香港、澳门、台湾等地区举办展览，为宣扬中国美术事业的成就和两岸美术交流作出了积极的贡献。

展览大厅

中国美术馆编辑出版的书刊有《中国美术馆藏品集》、《任伯年作品集》、《齐白石作品集》、《黄宾虹作品集》、《中国美术50年》以及《中国美术年鉴》等大型出版物。曾多次举办大型学术研究活动，研究人员著有多部文集。《中国美术50年》获得国家图书大奖。

开幕大厅

该馆有五个长期陈列：《百年美术——中国美术馆藏精品陈列》、《中国美术馆民间剪纸陈列》、《中国美术馆藏无锡彩塑陈列》、《刘开渠捐赠作品陈列》、《中国美术馆藏德国路德维希夫妇捐赠国际艺术品陈列》。同时还面向全国征集了127位中青年画家的代表性作品500余件，举办了《开放的时代》大型美术作品展览。

后圆厅

该馆二期扩建工程目前正在筹备中，预计向西征地1.8公顷，拟建造4000平方米新馆，使中国美术馆真正成为容量充足、功能完备，更能适应大型国际美术交流活动的国际一流美术馆。

维修改造完工后的中国美术馆

海上名家 艺术殿堂
上海美术馆

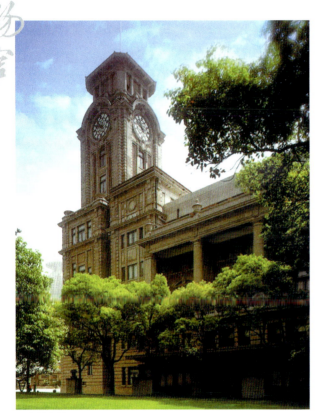

上海美术馆

上海美术馆建筑面积17326平方米，展厅12个，展览面积5000余平方米，展线1086.7米，配备了现代化的照明系统、中央空调、恒温恒湿、消防安保、垂直运输、自动化管理以及信息导览、医疗急救等设施，为举办各类艺术展览提供了良好条件；而设备先进的演讲厅、会议室、图书馆、美术资料数据库及美术工作坊等，则为学术研讨和普及教育等活动提供了保证。此外，艺术书店、纪念品商店、画廊、咖啡屋等也为观众营造了充满艺术气息的休闲氛围。

上海美术馆现有藏品8000余件，依托收藏，积极开展了以中国近现代美术史为重点的理论研究和美术馆学的研究，并为收藏保管、陈列展览、教育推广、中外交流等业务工作的开展创造了条件。特别是由该馆主办的上海双年展是最为重要的展览、学术活动之一，已成为具有一定国际影响的品牌项目。此外，常年陈列的《海上名家作品陈列展》和《中国民间皮影艺术陈列展》，也吸引了众多艺术爱好者和专家学者的参观和研究。

上海美术馆创建于1956年，是一所公益性社会文化事业机构。多年来，上海美术馆以提升城市文明程度、提高市民文化素质为己任，大力加强队伍建设，精心组织业务活动，从只有单一功能的展览场所逐步发展成为一座功能健全、设施先进、在国内外具有一定影响的近现代美术博物馆，成为中外文化交流的重要窗口，市民终身教育的大课堂。

2000年3月18日，在上海市委市府的关心下，坐落于南京西路325号的上海美术馆新馆改建完成并投入使用。该建筑建成于1933年，主体建筑地上四层，高21米，是30年代英式风格的楼宇，原为旧上海跑马场。改扩建工程完整地保留了其原有的新古典主义特色外观，并根据美术馆的功能要求进行了内部改造，在设计上继承了欧式建筑的传统风格，并强调明快的现代气息，以石材、木料、锻铁等天然材料，构筑起典雅大方的艺术殿堂。当观众进入端庄的大厅，仰望凝重的梁柱，再沿着宽敞的楼梯拾级而上，抚摸着30年代的铜铸马头，浏览着艺术家的精美之作，定会领略到新旧上海的历史变迁，感受到引人入胜的文化魅力。

上海美术馆夜景

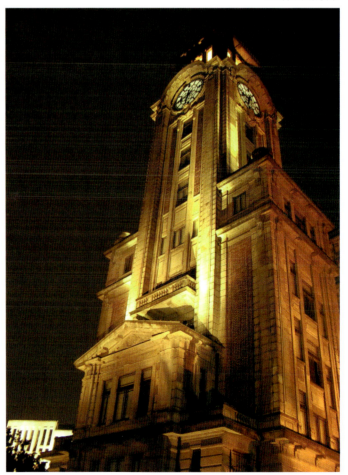

展览大厅

展厅一角

典雅大方的上海美术馆

广东美术馆

广东美术馆位于广州市二沙岛烟雨路38号，是按现代多功能目标规划建设的造型艺术博物馆，是一个不以营利为目的、为社会和社会发展服务、向公众开放的永久性国家文化事业机构。该馆担负着对国家艺术珍品的收藏、研究、展示以及公民素质教育、对外文化交流、推动当代美术事业发展的社会责任和历史使命。具备收藏、研究、陈列展览、教育、交流、服务六大功能。

该馆建筑面积2.2万平方米，馆内有12个展览厅和户外雕塑展示区，可同时或分别举办大型展览和不同题材的展览；设有300坐席、两声道同步传译的现代化多功能学术厅，可用于国际学术交流和影视播放；还有大面积的教育功能区以及配套的综合服务设施。

该馆还增设了广州白云时代分馆，1500平方米；广东东莞分馆，3000平方米。

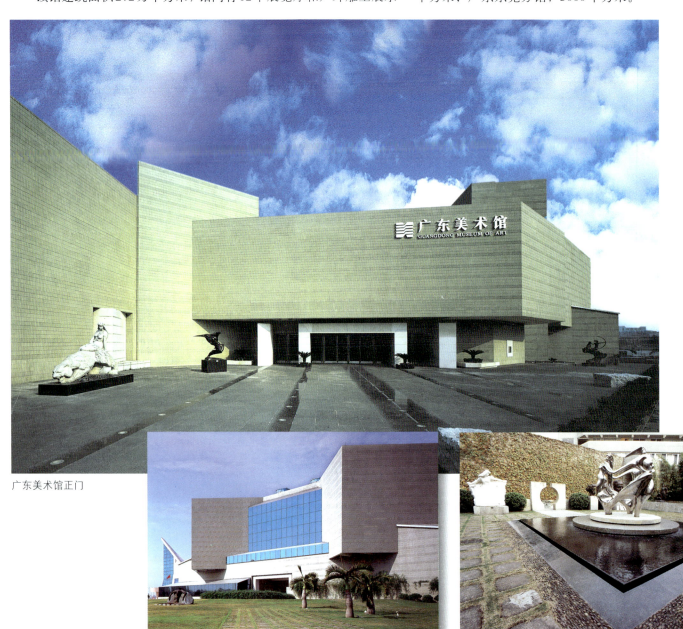

广东美术馆正门

广东美术馆后园

内庭园雕塑

展厅一角

贵宾室入口

内庭园

贵宾室

艺术殿堂 精品荟萃

辽宁美术馆

辽宁美术馆始建于20世纪50年代,馆址在辽宁工业展览馆西侧,展厅面积为3000平方米。该馆设有办公室、人事保卫部、收藏部、展览部、展厅管理部、画廊。馆长为著名画家宋雨桂。

辽宁美术馆为辽宁文化艺术事业的发展和繁荣曾做出过不可磨灭的贡献。1978年以来辽宁美术馆先后举办过许多重要的美术展览,如日本东山魁夷绘画展、平山郁夫画展、柳田泰云书法展、欧洲古代版画展、英国水彩画展、美国城乡生活油画展、意大利文艺复兴时期展、非洲塞内加尔现代艺术展等。国内展览有:全国第一届书法篆刻展、第七届全国美术作品展。以及张仃、吴冠中、潘天寿、华君武、力群、黄笃维、林平俗、尚涛、林墉、周韶华等著名艺术家的作品展览。该

馆不但主动邀请国内著名艺术家来馆举办展览,组织座谈会、报告会,开展艺术交流活动,还与省美协共同主办了第一届、第二届"东北艺术博览会"等大型活动,产生了广泛的社会影响,为繁荣辽宁省的美术事业,扩大对外文化艺术交流做出了重要贡献。

现任辽宁美术馆馆长、省美术家协会主席、省文联副主席、省政协常委、全国政协委员、中国文联委员、全国五一劳动奖章

辽宁美术馆展厅

辽宁美术馆外景

山水册页 黄宾虹

《山水》傅抱石

获得者宋雨桂，多次荣获全国美术创作最高奖项，独创北派山水画技法，先后出版《宋雨桂山水集》、《宋雨桂画集》、《中国近现代名家宋雨桂专集》等。作品进入国际苏富比、佳士得两大艺术品拍卖行，填补了近代艺术史上"北方九大家"的空白，确立了北方画派在中国美术史和世界艺术史上的地位。作为辽宁美术馆馆长、省美术家协会主席，他多次发起全国、全省的重大美术展览，多次到国外办展、讲学。1999年他应邀为澳门回归祖国创作的国画《荷歌图》至今悬挂在澳门特区政府会议厅。2002年代表辽宁画家参加在日本举办的国际艺术交流展，作品获金奖。

近年来，辽宁美术馆还在艺术品的收藏方面做了大量工作，并取得了可观的成果。书画藏品中如：清初画家沈铨的作品，现代画家傅抱石、吴昌硕、齐白石、黄宾虹、陈半丁、秦仲文、颜伯龙、董寿平、崔子范、亚明、孙菊生、宋雨桂、冯大中等名家作品陆续充实到藏品之中，为今后美术馆事业的发展打下了重要的基础。

目前，辽宁美术馆新馆正在筹建中，不久的将来，一座崭新的艺术殿堂将呈现给世人。

《松泉戏虎图》沈铨

大厅

多功能厅

展览厅

收租院展场

艺术平台 文化引擎

重庆美术馆

重庆美术馆成立于2002年10月28日，是一所公益性的社会文化事业机构，该馆肩负着收藏美术精品、举办艺术展览、开展学术研究、普及审美素质教育、促进中外文化艺术交流、推动当代美术事业发展的社会责任和历史使命。

享誉海内外的四川美术学院被誉为长江中上游的一颗艺术明珠，以其影响力及学术资源优势，启动重庆美术馆的前期建设，新馆正在筹建中。

该馆位于重庆市九龙坡区黄桷坪四川美术学院内，比邻长江，青山环绕，绿树和雕塑点缀其间。占地面积1500平方米，建筑面积7000平方米，展线500多米；共有7个展厅及户外雕塑展示区，可同时或分别举办展览；有容纳500多人的现代化多功能厅和容纳180人的学术报告厅，实用于学术交流和影视展映；该馆已建成和正筹建的有美术家信息库、画廊、美术书刊、用品展销部、咖啡厅等，这些配套设施构成一个系统化的平台，为艺术活动提供全方位的服务。

该馆有藏品千余件，其中包括黄公望、石涛、任伯年、徐悲鸿、齐白石、张大千等大师的作品，国家二、三级文物有百余件；经典大型群雕《收租院》设专馆陈列。

耐人寻味的艺术

《'76前美术》展厅

美术馆大厅

《大足石刻》

《彩莲图》张大千

双清楼主 美术圣殿

何香凝美术馆

1995年何香凝美术馆经中央批准在深圳兴建，1997年4月18日正式开馆，国家主席江泽民亲自题写了馆名。它是中国第一个以个人名字命名的国家级美术馆，也是继中国美术馆之后的第二个国家现代美术馆。何香凝美术馆是直属国务院侨办的副局级事业单位，委托华侨城集团代管。

何香凝美术馆坐落在中国改革开放的窗口城市——深圳华侨城，毗邻驰名中外的文化旅游景区"锦绣中华"、"世界之窗"和"欢乐谷"。

何香凝美术馆以收藏、陈列、研究何香凝书画作品和展示、推介海外华人艺术、女性艺术和当代艺术为主，亦关注相关的美术家及对美术史料加以整理、保存，并组织海内外高品位的美术展

《梅》1958年 何香凝 水墨纸本 132×34cm

《狮》1914年 何香凝 设色绢本 63×49cm

展厅一角

览与精品典藏，通过对当代美术的学术研究及美术教育的推广等，弘扬中华优秀文化传统，促进我国社会主义精神文明建设及我国美术界与海外的文化艺术交流。

何香凝美术馆建馆以来创立了以《何香凝艺术陈列》、《深圳国际当代雕塑展》、《何香凝美术馆学术论坛》、《何香凝美术馆艺术讲座》等为核心的学术品牌，在艺术界、学术界和社会上产生了较强的影响力，形成了当代性、学术性和知识型美术馆的形象。

何香凝美术馆建筑采用灰、白两色调，在简洁、朴素、浓郁的传统文化氛围中体现着现代感，也体现着何香凝先生一生的品格和庄重、实效、适度的原则，整体感觉典雅、别致。该建筑于1998年荣获美国建筑师协会（AIA）香港分会1998年度优秀设计奖最高荣誉奖第一名，1999年荣获深圳市优秀建筑设计一等奖。

何香凝美术馆建筑面积5000余平方米，建筑共三层，设有主展厅、副展厅、咨询厅、贵宾厅、多功能报告厅、藏品库、画室、美术培训中心、裱画间以及咖啡厅、艺术商品部等配套设施，先进的照明、消防、恒温恒湿、监控防盗系统等自动化控制系统共同使美术馆的技术管理达到国内美术馆的先进水平。

何香凝美术馆以舒适、典雅的艺术氛围服务公众，鼓励人们欣赏艺术、聆听讲座、参与创作，并为艺术家、鉴赏家、收藏家和观众提供全方位的服务，从而搭建海内外美术界与广大观众之间的桥梁，使艺术家、艺术作品和艺术欣赏者之间融为一体，从真正意义上推动中国美术事业的繁荣发展。

长廊

青铜雕塑藏品 朱铭
太极（左）1994年 0.94×1.2×1.8m
太极（右）1997年 1.1×1.1×1.76m

何香凝美术馆夜景

關山月美術館

　　深圳关山月美术馆是由深圳市人民政府投资建设,以关山月先生命名的现代美术馆。位于风景旖旎、环境优美的深圳市福田中心区红荔路6026号,1997年6月25日落成开馆。建筑面积近1.5万平方米,设有8个400平方米的标准展厅,其中两个为关山月先生作品专题陈列厅,一个800平方米的中央圆形展厅和一个户外雕塑广场,还有现代化的画库以及相关的设施,是我国目前设施较完备的美术馆之一。当代著名中国画家关山月先生,将自己各个历史时期的代表作品813件,捐赠给深圳市,也促成了这座现代美术馆的建设。

　　关山月美术馆以关山月艺术研究为主,兼顾20世纪中后期及当代中国美术研究;其长远发展目标是要建设一个具有明确学术定位和鲜明特色的现代美术馆。

　　近年来,该馆按照明确一个目标(按国际化标准,把该馆建成有特色知名美术馆的发展目标),坚持一个原则(以人为本的原则),力争一个突破(在美术理论建构及学术研究上有所突破),强化三个意识(策划意识,创新意识和产业意识),提倡三种精神(团队精神、奉献精神和敬业精神)的工作方针,在关山月艺术研究、20世纪中后期及当代中国美术研究和美术馆学研究等方面取得了一定成果。

关山月美术馆大门

关山月美术馆外景

馆内前厅

贵宾厅

雕塑广场一角

展览大厅

展览大厅

几年来,该馆累计收藏各种当代美术作品1280余件,初步形成了具有本馆特色的收藏体系;举办了国际性展览、全国性大展,以及省级、市级各类艺术展览200余个,其中包括《第九届全国美展的艺术设计展》、《第24届国际黑白摄影作品展》、《走向新世纪——中国青年油画展》、《世纪丹青——中国书画名家纪念馆馆藏精品联展》、《非洲艺术大展》、《第四届、第五届全国水彩水粉画展》、《人文关怀——关山月人物画专题学术展》、《激情岁月——毛泽东诗意和革命圣地专题展》、《深圳国际水墨画双年展》、《第二届中国画大展》、《2003深圳设计展》等,还出版了反映该馆学术研究成果在国内外产生较大影响的书籍20余种,包括《20世纪中国美术研究丛书·人文关怀——关山月人物画专题学术展》、《20世纪中国美术研究丛书·丹青绘尽山河春——宋文治艺术展》、《20世纪中国美术研究丛书·激情岁月——毛泽东诗意和革命圣地专题展》、《关山月作品集》、《关山月研究》、《关山月西南、西北山水写生集》、《世纪丹青——中国书画名家纪念馆馆藏精品》等。

关山月美术馆已初步成为具有明确学术定位和鲜明时代特色的现代美术馆,是特区文化的一道亮丽的风景线。

展览大厅

多功能报告厅

撰稿:陈湘波

一代大师 千古流芳
刘海粟美术馆

北京前门（刘海粟作品）

刘海粟美术馆是上海一座新兴的国家现代美术馆，坐落在上海西部的虹桥开发区，环境幽美，交通便利。美术馆以中国新美术运动的奠基人之一刘海粟先生而命名，江泽民主席题写了馆名，1995年3月16日正式开馆。它集美术馆、小型博物馆和个人纪念馆于一体，主要履行美术馆的功能，向公众进行美术教育，组织学术研究，开展国际国内的文化交流，推进我国的美术事业。刘海粟美术馆以高水准的展览和高质量的服务面向国内外美术界人士和广大美术爱好者开放。

刘海粟美术馆拥有良好的专业服务系统。主要业务部门有：研究部、展览部、办公室，同时拥有完整的安全保卫系统。它虽然只有5000平方米的建筑面积，但结构合理、风格现代、功能齐全，馆内拥有5个设施先进的展厅、拥有声像和同声翻译功能的国际会议厅、恒温恒湿的画库、图书资料室、公共阅览室，以及画廊和海粟书店。

刘海粟美术馆自开馆以来，先后举办了许多具有较高学术性的美术展览，如《当代油画艺术展》、《中国艺术大展·齐白石作品展》、刘海粟作品展、林风眠作品展》和《李可染中国画展》、《中国美术馆藏路德维希夫妇捐赠国际艺术作品上海展》、《中国美术馆藏齐白石精品展》、《中国新写实主义油画名家邀请展》、《黄胄绘画艺术展》等。短短几年内在美术界树立了良好的学术形象。同时，作为该馆特色展览的两年一届的《上海青年美术大展》和每年一次的《大师从这里起步·美术教育系列展》，使该馆在青年一代和美术教育界中产生了较大的号召力。同时，该馆也非常重视刘海粟艺术的研究工作，先后出版有精装版画册《刘海粟美术馆藏品·中国历代书画集》、《刘海粟美术馆藏品·刘海粟绘画作品集》、论文集《刘海粟研究》、研究专著《刘海粟》等。

刘海粟美术馆的收藏以刘海粟先生所捐献的艺术作品为主，包括刘海粟先生一生所收藏的历代名家字画和他一生最有代表性的油画、国画和书法精品。古代藏画中不乏稀世珍品，如金代李早的《回部会盟图卷》、仇英的《秋原猎骑图轴》、八大山人的《孔雀图轴》、石涛的《黄山图轴》以及董其昌和沈周的册页精品。刘海粟先生的代表作有国画《黄山一线天奇观》、油画《巴黎圣母院》、《太湖工人疗养院之雪》等等。近年来该馆还有计划地收藏了许多现当代艺术家的优秀作品。

刘海粟美术馆

刘海粟美术馆大展厅

刘海粟美术馆大厅

《秋园猎骑图》 明 仇英

刘海粟美术馆书店

展示中华民族艺术瑰宝的殿堂
中国工艺美术馆

　　十里长街、北京复兴门立交桥东北角，耸立着一座首都标志性建筑，它就是邓小平同志为其亲笔题名的——中国工艺美术馆。

　　中国工艺美术馆是收藏、陈列当代中国工艺美术珍品的国家级博物馆，它荟萃当代中国工艺美术品精华，体现当代中国工艺美术高超的技艺水平。馆内陈列有牙、玉、石、木雕刻、艺术陶瓷、四大名绣、金属工艺、漆艺、民族、民间工艺品，其中包括老一辈工艺美术家、教授和中国工艺美术大师的传世佳作，以及历年获国家金奖的优秀作品等一批国宝级珍品。

　　馆内陈列的大型玉器珍品翡翠"岱岳奇观"山子、"含香聚瑞"花薰、"群芳览胜"花篮、"四海腾欢"插屏，则为古今罕见的稀世国宝。珍宝馆内陈列的工艺美术珍品，深受国内观众的喜爱。全国许多省、市在举办重大活动时，竞相邀请中国工艺美术馆参加，以提高其知名度，2000年馆内精选

的珍藏品参加了中国政府在美国纽约举办的《中国文化美国行》的大型展览活动，同样引起美国各界人士的关注和赞誉。

　　中国工艺美术馆还设有展览厅，是举办各类文化艺术展览的理想场地。《珍宝苑》销售厅及《名家名作工艺精品厅》经营中国传统、现代工艺精品，其中有相当数量的当代中国工艺美术大师的佳作，深受中外宾客、收藏家的欢迎。

　　中国工艺美术馆珍宝馆自开放以来，已经接待了许多国家的政府首脑、官员、来访学者、民间艺人及中外宾客、收藏家。它是集参观珍宝、展览、选购工艺精品、礼品和旅游纪念品为一体的理想之处。

翡翠国宝之一"含香聚瑞"花薰

陶塑《执扇女》

苏绣《翩翩》

白玉炉

珍宝馆陈列大厅

国色檀香 东方情韵
中国紫檀博物馆

樟木雕百鸟朝凤月洞门落地罩

沿着长安街向东，在京通快速路高碑店出口的北侧，您会看到一大片的明清建筑群，这就是中国紫檀博物馆。它是由全国政协委员、香港富华国际集团主席、美国萨凡那艺术设计学院荣誉人文博士、校董事会董事陈丽华女士投资逾2亿元人民币兴建的，于1999年9月19日正式对外开放，是北京市向新中国成立50周年献礼的重点工程。中国紫檀博物馆是中国首家规模最大，集收藏研究、陈列展示紫檀艺术，鉴赏中国传统古典家具的专题类民办（私立）博物馆，它的建成填补了中国博物馆的一项空白。

中国紫檀博物馆就其本身来说，就称得上是一件颇为完美壮观的艺术品。这座占地2.5公顷的博物馆设计气势宏大而又处处精巧，古色古香而又不乏现代气息。仅正门就使用了400多立方米木材，并且全部是纯木结构，支撑大门的四根柱子高8米粗0.6米，无论是规模还是材质在北京的仿古建筑中都是罕见的。其五层主体建筑使用磨砖对缝工艺，毫米不差。1000多平方米的馆前广场，采用过去只有皇家使用的海漫斗板地面——大青砖铺设后再浸润桐油。博物馆一期工程总建筑面积1.1万平方米，于1998年3月开工，1999年8月竣工。整体设计由北京市古建设计研究所负责，但在后期的装修、外部彩画、外墙墙体设计方面则是聘请新中国成立初即在故宫博物院工作的木作专家赵崇茂、瓦作专家朴学林和画作专家王仲杰来指导完成的，而这些专家一向被称作"活国宝"。中国紫檀博物馆因其独特的建筑风格以及上乘的建设质量荣获了1999年"北京市优质工程长城杯"称号。

中国紫檀博物馆展厅面积9569平方米，

设有中央大厅、陈列厅、会议厅、贵宾厅、多功能厅及临时展厅等，在这里您可以欣赏到：陈丽华馆长积数十年珍藏的明清家具陈列展示；有近30年来陈丽华馆长精心指导制作的传统家具精品展示；有按照中国传统明式正厅、清式正厅、传统书房、传统卧室、传统婚房格局布置的家居文化；有佛教文化艺术品展示；有传统家具材料、造型、结构

清式小厅陈设

展示；雕刻工艺展示；还有把中国著名书画以雕刻的手法再现：宋朝张择端的《清明上河图》、清代宫廷画家郎世宁的《百骏图》等，工匠们利用各种雕刻技法，使之与原画相比更有呼之欲出的感觉；另外在这里你还可以领略到微缩的中国古建筑景观，故宫的角楼，天坛的祈谷坛、祈年殿，紫禁城御花园中的千秋亭与万春亭，尽显皇家气派，山西五台山龙泉寺牌坊，320条蟠龙姿态各异，精湛的圆雕、浮雕、透雕，世所罕见，古色古香的北京四合院，翘入云天的山西飞云楼……这些传递着东方情韵的艺术珍品，皆由珍贵的紫檀木演绎而成。

中国紫檀博物馆制作中心是隶属于香港富华国际集团旗下的北京富华家具企业有限公司，早在20多年前，陈丽华女士就已经开始了明清古旧家具的修复工作，到80年代后期，她由香港回内地投资，第一个项目就是开办了这家以仿做明清宫廷家具为主的家具厂。1989年，她为北京申办亚运会成功而特意制作并捐献了一件紫檀雕大屏风时，第一次与故宫博物院的老专家们打上了交道。

仿乾清宫贴金雕龙屏风宝座

也从那以后，故宫的大门第一次向一个外人打开，明清家具研究专家王世襄老先生、朱家溍老先生也成了富华家具厂的名誉顾问。所以，现在博物馆内所展出的展品，包括家具、屏风宝座等大都是以故宫的原件为蓝本，依照中国传统的榫卯结构，完全凭手工制作完成的。陈丽华馆长还有一个心愿，就是想用紫檀再现圆明园"大水法"的原貌。就像王世襄老先生所说的，陈丽华女士对紫檀已达到了笃挚虔诚、不计回报的地步了。

中国紫檀博物馆自开馆四年来，接待了来自世界各地的游人及各国政要，德国前总统维兹泽克博士、泰国副总理Somkid Jatusripitak先生以及罗马尼亚现任总理阿德里安·讷斯塔塞阁下等在参观完博物馆后都给予了高度的赞扬，并欣然为博物馆提笔留言。为配合国家有关部门的外事活动，紫檀博物馆还多次举办邀请外国驻华使节及夫人参观欣赏活动，并为其举办京剧专场演出以及中国民俗展示。同时，中国紫檀博物馆还加强与各方友人的合作，2002年在博物馆与中国美协、法国艺术沙龙联合举办《法国秋季沙龙画展》。为了更好的向世人展示中国传统艺术，中国紫檀博物馆还曾两次赴韩国展览，并在当地引起很大的反响。不久的将来，中国紫檀博物馆还将远赴欧洲，让更多国家的人民认识、了解和喜爱中国的民族文化。

中国紫檀博物馆仍将一如既往地以保护历史遗产、弘扬中华民族传统文化为己任，全方位高水平地展示紫檀艺术魅力，再现中国传统家具的辉煌。

中国紫檀博物馆外景

撰文：渠晓玲

京韵民俗 靓丽风景
北京民俗博物馆

北京民俗博物馆位于朝阳门外大街141号，即北京东岳庙。该庙始建于元代延祐六年（1319年），主祀泰山神东岳大帝。全庙占地面积6万平方米，古建筑376间，为道教正一派在华北地区的最大庙宇，全国重点文物保护单位。

历史上的东岳庙为国家祀典之所，民间祭祀活动则更为盛大。庙内以神像多、碑刻多和楹联匾额多著称，具有深厚的文化底蕴，是重要的民俗文化活动中心，故修复后辟为北京民俗博物馆，自1999年对社会开放。

北京民俗博物馆是北京地区唯一一座收藏、陈列、研究民俗文物的国办专题类博物馆。建馆几年来，经过不懈的努力，馆藏日丰。馆内常年举办老北京民俗风物系列展，《老北京春节风物展》、《老北京人生活展》、《百年民间服饰艺术展》、《徐艳丰扎刻艺术展》、《人生礼俗文物展》等，深受观众喜爱。出版发表了《东岳庙》、《北京东岳庙庙乐》、《北京东岳庙与北京泰山信仰碑刻辑录》、《张公碑》等资料及研究书籍文章数十部（篇）。每逢春节、端午、中秋、重阳等民族传统节日，该馆还举办丰富多彩的民俗活动，受到中外各大媒体的广泛关注。北京东岳庙春节祈福庙会是京城著名的十大庙会之一。端午、中秋、重阳等节令游园活动以发掘、保留、弘扬优秀节俗文化为主旨，使游客亲身感受到传统民俗文化的无穷魅力，是北京地区一处重要的人文旅游景点，也是了解北京，认识北京的窗口。该馆还经常举办民间工艺观摩与培训、民间体育游戏与比赛、民俗文化与乡土教育讲座等活动，是理想的青少年德育基地。

寿槐

罩楼

大门

民俗活动

展厅

碑林

民风民俗 别具一格
河北省民俗博物馆

河北省民俗博物馆建于1998年，位于石家庄育才街181号，建筑总面积5000平方米，馆内展厅6个，主体建筑为仿明清民间庭院，清雅别致，极富民族文化特色，是河北省唯一一家省级民俗类专题博物馆。

一、独具特色的民俗文物陈列

馆内基本陈列《民俗文物专题展》，共展出文物精品400余件（套），照片44幅，分别为《明清工艺珍品展》、《清代家居陈设展》、《武强年画艺术展》、《民间扇面收藏展》、《明清瓷器珍品展》和《民间用品收藏展》。其中清末家具陈设部分，按用途组合配套，划分卧室、厅堂、书房、精品家具，以清代红木家具为陈列主体，表现家具和环境的审美情趣；民间工艺珍品部分，按文物材质划分为瓷器、玉器、珐琅器、掌中珍玩鼻烟壶等四个部分。展览内容喜闻乐见，文物精美独特，具有浓郁的民间文化特色。《民俗文物专题展》获2000年全国十大精品陈列"提名奖"。

二、形成极富民间文化特色的馆藏文物体系

该馆自挂牌以来非常重视文物以及民俗资料的搜集和整理工作，全馆现有馆藏民间、民俗文物5万余件，藏品分为石器、陶瓷、金属、骨角、竹木、漆器、珐琅、珠玉、书画、货币、碑帖等十几个大类，其中定窑酱釉瓷拍鼓、明永乐青花无档尊、宋代钧窑大盘、战国玉佩、清代白玉熏炉、乾隆青花缠枝莲纹尊等均为馆藏精品。

三、积极举办各类展览

除了举办专题陈列外，该馆还积极举办、引进各类展览。如与河北民俗摄影家协会联合举办《首届河北民俗摄影展》，以民间各类民俗景观为主，展示太行山区民风民俗；为配合中小学生教育，引进《中国古代科技成就展》、《河北爱鸟赏鸟展》、《世界珍奇昆虫·蝴蝶展》、《郭氏兄弟铁板浮雕展》等展览。从2001年起，每年推出一个贴近社会和公众的展览，到社区进行巡回展览。先后举办了《中华传统美德展》、《青少年自我防护展》、《关爱生命 抗击非典》、《树立新风 革除陋习》、《讲科学 讲文明 全面建设小康社会》等展览。由于在中华传统美德教育方面各项工作成绩突出，该馆被全国中华民族传统美德教育实验研究总课题组、中央教育科学研究所德育中心确定为中华民族

虎头帽 清

河北省民俗博物馆外景

家居陈设展厅 清代

传统美德教育、研究的实验基地，并授于"先进单位"称号。

四、塑造良好形象，提高博物馆知名度和美誉度

　　河北省民俗博物馆在不断加强民俗文物征集、研究、展示工作的同时，注重爱国主义教育基地的形象建设，围绕展览开展各种宣传活动。每年的"5·18"国际博物馆日免费对社会开放，工作人员走上街头进行宣传和咨询，并发放宣传资料。从2004年4月1日起，实行中小学生集体参观免费，对老年人、儿童、残疾人实行免费。随着河北省民俗博物馆知名度和美誉度的不断提高，社会各界给予了高度评价，2000年被省直工委命名为"文明单位"。河北省民俗博物馆已经成为河北省重要的爱国主义教育基地和对外文化交流的窗口。

白玉镂雕兽耳三足熏炉 清
高14cm 宽20cm

青花无挡尊 明永乐
高17cm 口径17cm 内孔直径9.8cm

粉彩九桃天球瓶 清
高54cm 口径12cm 腹径41cm

镂雕花鸟芙蓉瓶 清
高22cm 宽15cm

青花"空城计"筒瓶 清
高47.5cm 口径14cm 腹径19cm

广东民间工艺博物馆

古祠留芳 陈氏书院（陈家祠）

广东民间工艺博物馆位于广州市中山七路，以全国重点文物保护单位陈氏书院为馆址。陈氏书院建成于清光绪二十年（1894年），是广东省七十二个县陈姓合族祠。被誉为岭南艺术建筑明珠的陈氏书院（俗称陈家祠）集木雕、砖雕、石雕、灰雕、陶塑、铁铸和绘画等装饰艺术之大成，其题材广泛、技艺精湛，是广东省现存规模最大、保存最好、装饰最精美的祠堂建筑。

1959年，陈氏书院辟为广东民间工艺博物馆，收藏、研究、展出以广东地区为主兼及全国各地的历代民间工艺品。馆内分别陈列陶瓷、刺绣、雕刻等专题展览，是一座反映岭南民俗风情和民间工艺特色的艺术殿堂。

灰塑狮子脊饰

陈氏书院大门门神　陈氏书院外景

陶塑鳌鱼脊饰

"福"字木雕

连廊灰塑

今天，陈氏书院巧夺天工的建筑装饰艺术与广东历代民间工艺精品共冶一堂，交相辉映，并以"古祠留芳"之名入选"新世纪羊城八景"，成为岭南地区最具文化艺术特色的博物馆和著名的旅游景点。

前院连廊

正门石鼓

东厢场景

陈氏书院后院

撰文：崔惠华

江南乡情梦绕 金陵一隅甘宅

南京市民俗博物馆
Nanjing Folkcustoms Museum

"金陵魔王"在向观众表演魔术。

金陵葫芦王张苗先生在表演

民间艺人表演活动:金陵"竹鸣堂"传人在表演抖嗡(空竹)。

举办民间艺人表演活动:拉洋片。

南京市民俗博物馆位于南京城南的南捕厅,是一处错落有致、古朴典雅的江南民居,亦是晚清文人甘熙的故居。甘熙故居始建于清嘉庆年间,为甘熙之父甘福所造,堂号"友恭堂",民间俗称"九十九间半"。甘熙(1797~1852年)是晚清南京著名文人、藏书家,著有《白下琐言》、《日下杂识》、《栖霞寺志》等,对研究编纂南京地方志书有很大影响。亦曾官至礼部仪制司、户部广东司兼云南司主稿、道员,在甘氏家族中颇有名望,故其家族之宅被后人以"甘熙故居"命名至今。

1982年甘熙故居被定为市级文物保护单位,后修复南捕厅19号的部分建筑,建成南京市民俗博物馆。1992年对外开放。1995年被定为江苏省文物保护单位。

南京市民俗博物馆是南京地区收藏、陈列民俗文物,研究民风民俗,弘扬民间优秀传统文化的专门性博物馆。目前对外开放的有南捕厅15、17、19号三组古建筑(一期工程),占地6000多平方米,古建筑面积3600多平方米。在这三组古建筑里,向广大观众推出的有《南京传统民居建筑艺术展》、《民间手工艺展示》、《梦回童年儿童专题陈列》、《南京传统民居复原陈列》、《票友房和老茶馆》等展览展示活动,让人们感受"老南京"悠远的文化底蕴。

在不久的南京市民俗博物馆二期工程实施后,展现在游人面前的将是一片占地2.1万多平方米、拥有古建筑7000多平方米和其他历史配套建筑及设施的、典型的历史街区,成为人们了解南京传统文化的窗口,成为最牵动百姓乡情、最为中外游客喜闻乐见的民俗文化活动中心。

馆藏精品 迎亲花轿

"甘熙故居"(南京市民俗博物馆)全景鸟瞰

展厅：大厅——友恭堂

展厅：洞房

展厅：佛堂

展厅：花厅——寿石轩

传统民居建筑艺术展厅

民俗文化、妈祖文化、海洋文化
青岛市民俗博物馆
（青岛天后宫）

青岛市民俗博物馆位于青岛市太平路19号青岛天后宫内，地处青岛市西部老市区风景秀丽的前海一线。青岛天后宫始建于明代成化三年（1467年），距今已有500多年的历史，是青岛市区现存最早的古建筑，为国家旅游局AA级旅游景点，省级文物保护单位。1996年青岛市人大会议通过了《关于尽快修复并合理利用天后宫》的议案，成立了青岛市民俗博物馆，成为集妈祖文化、海洋文化和民俗文化于一体的著名人文景观，占地面积3400平方米。

青岛市民俗博物馆内建有天后殿，供奉海神娘娘妈祖。现供奉的妈祖神像是1998年从福建莆田请回的，在福建莆田按祖制开光分灵，安座于此，所用木料是选自武夷山原始森林中的香樟木，神像高2.8米。设有妈祖文化展室，介绍了妈祖的生平、历代皇帝对妈祖的褒封、民间祭拜妈祖的景象及部分实物。每年正月举办的新正民俗文化庙会和三月二十三妈祖诞辰，都要举办隆重的妈祖祭拜仪式。馆内还建有龙王殿、财神殿、六十甲子星宿神殿，供奉海龙王、文武财神、六十甲子神等诸神像。

天后宫正门

除夕夜，马论业副市长与台胞共同敲响世纪金钟。

青岛电视台现场直播天后宫新正庙会

"九九重阳节"大型天后祭祀活动

　　该馆是青岛民间工艺活动的集聚场所，荟集着众多民间艺人高手，现场制作销售各种民间工艺品并传授技艺，如：剪纸、中国结、玻璃烧丝工艺、石雕、珠编、勾编、微雕、巨书、字画、金丝贝雕镶嵌版画、苏绣等。

　　馆内的民俗展览有《海之魂》舵轮展、民间工艺品展、馆藏文物展、民俗风情展、周戈庄祭海展、"迎新春"民俗摄影展等。

　　民俗博物馆每年举办别具情趣的民间风俗活动。主要有农历除夕夜"吉祥钟声迎新年"撞钟活动、正月"新正民俗文化庙会"、三月二十三"天后诞辰庙会"、七月十九"六十甲子诞辰庙会"、七月二十二"财神民俗旅游节"、八月十八"龙王节"、九月初九"天后重阳庙会"、阳历七月配合海洋节举办节庆活动。各类民俗活动已成为弘扬民族文化的名牌产品，青岛市民俗博物馆也已成为新兴的旅游基地。

　　馆长田清来热情欢迎各界朋友到青岛市民俗博物馆（青岛天后宫）参观游览。

天后宫崔寅书画工作室

天后宫后院

畲族花轿 清

畲族手工刺绣围裙

揭开畲族风情神秘面纱
闽东畲族博物馆

宁德市（俗称闽东）是畲族的主要聚居地，现有畲族人口18.3万，占全国畲族总人口的四分之一。在历史的长河中，勤劳勇敢的宁德畲族人民创建了美丽富饶的家园，创造了丰富多彩的民族文化，积淀了大量的文化遗存，形成了独特的风情。为进一步保护文物，传承民族传统文化，宁德市委、市政府决定建设闽东畲族博物馆。该馆于1988年5月开始动工，1989年9月竣工并开馆展出。闽东畲族博物馆坐落于宁德市建新路1号的文化大院中，总建筑面积1180平方米，共四层前后二梯，前为观众通道，后为工作通道。整个建筑风格和色彩调配突出畲族传统特色，以畲族女性头饰黑红边圈为基调装饰四周，最顶层四周50厘米红色边，更是借喻畲族未婚女子之装饰，象征着这座新馆正是年轻时期。

该馆展厅面积900平方米，基本陈列以《畲族风情》为主题，形象地展示了畲族婚礼、不同地区不同样式的传统服饰、生产工具、生活习俗和歌舞表演等。博物馆的工作人员主要职责是对畲族历史进行研究、考证、文物征集、收藏和陈列展览等工作。馆藏畲族民俗文物500多件和反映畲族生产生活的图片资料。此外，还有宁德市各时代流传下来的陶瓷器、玉器、木雕等历史文物。闽东畲族博物馆已成为人们了解畲族的重要场所。

各式畲族服装

展厅一角

畲族银饰（一）

畲族银饰（二）

摄影：傅熹

天之南　物之丰
海南省民族博物馆

海南省民族博物馆坐落于五指山腹地的五指山市区，占地面积3.7万平方米，建筑面积3770多平方米，展厅面积2000多平方米。1981年筹建，1986年10月正式对外开放。是一座以考古挖掘、征集、收藏和陈列展览海南民族文物为主，研究海南历史和黎族、苗族、回族等传统文化为宗旨的综合性博物馆，馆舍为四合院式建筑，白墙红瓦，雕梁画柱。古朴壮观。是目前海南省规模最大，馆藏文物最多，民族特色最浓的省一级博物馆，也是全国三大省级民族博物馆之一。

馆内设有海南历史文物展、革命文物展、黎族文物展、苗族文物展、回族文物展，6个基本陈列厅和2个机动展厅及民族工艺商场和工作室，完整配套。陈列通过实物、文字、图片等介绍海南的历史和黎族、苗族、回族等民族的族源、从业、社会生活、文化习俗，展示民族优秀传统文化。展览融知识性、科学性、艺术性和趣味性为一体，是国内外宾客和博物馆同行了解海南历史和少数民族文化的一个重要窗口。

该馆先后被评为"全国优秀地县级博物馆"、"海南省第二次民族团结进步先进集体"、"海南环岛千里文化长廊达标单位"，同时被指定为海南省青少年爱国主义教育基地。

龙被，又称崖州被，黎族染织精品。

海南省民族博物馆

碑石墓志之林 石刻艺术长卷

西安碑林博物馆

石雕

　　西安碑林博物馆(原陕西省博物馆)建于1944年，它是在具有900年历史的"西安碑林"的基础上，利用西安文庙古建筑群扩建而成的。占地面积3.19万平方米，是一座以收藏、研究和陈列历代碑石、墓志及石刻造像为主的艺术博物馆。现有馆藏文物11000余件，陈列由碑林、石刻艺术及其他文物展览3部分组成，共11个展室，陈列面积4900平方米。

　　西安碑林始建于北宋元祐二年(1087年)，距今已有900多年历史。经历代整修充实，现有大型碑室7座，碑廊7座，碑亭1座，收藏从汉至今历代碑石、墓志2500余件，展出1000件。这里碑石如林，名家荟萃，书法名碑有汉《曹全碑》、前秦《广武将军碑》，以及秦李斯、汉蔡邕、晋王羲之、隋智永、唐欧阳询、虞世南、褚遂良、颜真卿、柳公权、张旭、怀素等书法大师的杰作。碑林藏有大量古代石刻文献资料，如唐《开成石经》，114石列联成屏，共刻65万余字。唐玄宗作序、书写并注释的《石台孝经》，形制独特。唐《大秦景教流行中国碑》、《不空和尚碑》反映了中外文化交流的史实。此外，碑林还保留了大量古代石刻图案，其文化内涵丰厚，被誉为中国古代书法艺术的宝库，中国最大的石质图书馆。1961年被国务院公布为首批全国重点文物保护单位，近年来还被列入中国申报"世界文化遗产"预备名单。

碑亭

孔庙旧址是西安碑林博物馆的重要组成部分，其建置历史可追溯到北宋末年，但保存至今的均为明清建筑。进入博物馆，首先映入眼帘的是斗拱繁复、高大而不失精巧的"太和元气坊"（俗称木牌坊），其南是照壁，其北是泮池；进入"棂星门"（俗称石门），便可看到处于中轴线上举架平缓、出檐深邃的"仪门"；穿过仪门，则是东西两庑和相互对称的6座碑亭。整个建筑群在参天古柏映衬之下，分外古朴典雅。

石刻艺术是我国古代灿烂文化的重要组成部分，尤其是汉唐盛世，造型艺术因反映时代精神而大放异彩。"石刻艺术室"中精选各个时代有代表性的作品80多件集中陈列，其中的东汉双兽、陕北画像石、昭陵六骏、李寿石椁、唐菩萨像等，都是罕见的杰作，表现了中华民族进取向上的气势和精神，不仅在我国雕刻史上具有突出地位，而且是世界文化宝库中的珍贵财富。

博物馆还附设有外宾服务部、电教室、复仿制公司、劳动服务公司，为观众提供各种碑石拓片、文物出版物和各种纪念品等。

西安碑林博物馆大门

西安碑林博物馆

石辟邪

撰文：李举纲

石风·石韵·石魂
重庆大足石刻艺术博物馆

重庆大足石刻艺术博物馆的前身是成立于1952年的大足县石刻保管所，为当时四川省最早的四个文管所之一。1984年成立大足石刻艺术博物馆。1990年更名为重庆大足石刻艺术博物馆。博物馆下设8个二级机构，负责大足县境内文物的保护、管理、科研和宣传利用。

大足石刻是分布于重庆大足县境内的石窟艺术作品的总称。始建于唐永徽年间（650～655年），鼎盛于公元12世纪至13世纪中叶，是中国晚期石窟艺术的典型代表。现有75处摩崖造像被公布为各级文物保护单位，其中以北山、宝顶山、南山、石门山、石篆山五山摩崖造像规模宏大、雕刻精美、题材多样、保存完整。大足石刻集儒、释、道"三教"造像之大全，以独树一帜的民族化、世俗化、生活化等特色而有异于前期石窟。1999年12月，大足石刻以其极高的历史、艺术、科学价值被联合国教科文组织列入《世界遗产名录》。

多年来，重庆大足石刻艺术博物馆，严格遵循"保护为主，抢救第一，加强管理，合理利用"的新时期文物工作方针，以提升大足石刻的文化品牌形象和推进保护管理工作与国际先进水平接轨为主要目标，在大足石刻的保护、管理、研究宣传、合理利用等方面作了大量卓有成效的工作，取得了突出的成绩。并先后荣获中央精神文明委员会授予的"全国旅游行业精神文明创建工作先进单位"、中央文明办、建设部、国家旅游局授予的"全国文明旅游景点区示范点"、文化部授予的"全国文化先进单位"、国家旅游局授予的"全国ＡＡＡＡ旅游景区"等20多项殊荣。

重庆大足石刻艺术博物馆历来重视加强科研工作，推动学术交流深入开展，自1982年大足石刻研究会成立以来，迄今已连续召开了五届年会，拥有馆内外会员200余人，聘请了国内知名专家教授为大足石刻的兼职研究员。从2000年起，开始逐步推行课题申报管理制度，制定了《大足石刻"十五"科研计划》、《大足石刻科研课题管理办法》，成立了重庆大足石刻艺术博物馆学术委员会。科研机制的建立、完善，推动了科研工作的迅速发展，取得了累累硕果。先后出版了《大足石刻研究》、《大足石刻考古与研究》、《大足石刻服饰史》等学术专著；在《文物》、《敦煌研究》、《佛学研究》等刊物上陆续发表了400多篇研究

释迦涅磐圣迹图 宋 大足宝顶山石刻

大足石刻艺术博物馆部分学术著作

论文。由研究馆员、名誉馆长郭相颖主编的《大足石刻雕塑全集》荣获重庆市政府授予的重庆市社会科学优秀科研成果一等奖。由原副馆长陈明光先生总撰的《大足石刻铭文录》，受到学术界的一致好评。大足石刻的研究事业方兴未艾，随着大足石刻知名度的日益提高，大足石刻的研究工作必将会取得更为丰硕的成果。

玉印观音 宋 大足北山石刻　　　　　　日月观音 宋 大足北山石刻

大佛湾 宋 大足宝顶山石刻　　　　千手观音 宋 大足宝顶山石刻

撰文：邓启兵 摄影：张文刚

艺术壁毯 丝织精华
如皋丝毯艺术博物馆

博物馆总顾问袁运甫和馆长李玉坤在第六届中国艺术节"国际工艺美术高层论坛"上。

挂毯《百福百禄百寿图》

挂毯《生肖图》 李玉坤

　　如皋丝毯艺术博物馆是在如皋丝毯多年积累的辉煌成就基础上建立起来的文化艺术殿堂。该馆旨在弘扬民族文化,保护、传承和发展具有2000多年历史的传统手工丝毯工艺,为如皋经济建设的振兴和文化发展作不懈努力。

　　如皋丝毯是古丝绸之路的现代延伸,由江苏如皋市工艺丝毯总厂运用自己独特的制作工艺和高超的技艺制作出的丝织艺术挂毯,它再现了丝织艺术璀璨夺目的光辉,是世界首创用中国传统工艺制作的现代艺术挂毯。

　　该馆以翔实的资料和实物,介绍了传统丝毯的历史沿革、丝毯工艺流程和艺术特色,陈列了中国丝毯在濒临失传的情况下,恢复发展并再创辉煌的史实。其中,突出了被学术界誉为"南方丝毯"代表的如皋丝毯发展进程,尤其是如皋和清华大学美术学院合作所创的现代艺术挂毯,在联合国、哈佛大学、中南海国宾楼、外交部、北京大学、清华大学等重要活动场所和大专院校所张挂的大幅丝毯藏品,以及邓小平、克林顿、董建华、哈默等名人珍藏的如皋丝毯,还有美国纽约现代艺术博物馆、美国国家工艺品博物馆、中国工艺美术馆等珍藏、陈列的如皋丝毯……其内容之丰富,文化艺术氛围之浓厚,令人叹为观止。

　　该馆由全国人大代表、中国工艺美术大师、中国工艺美术学会副理事长李玉坤任馆长,并有东方艺术挂毯公司160多位技艺精湛的织造工人和技术人员以及提供的展藏品为后盾,将有望不断充实全国各地乃至世界各国古今丝毯实物,办成世界一流的专业博物馆。

巨幅挂毯《千里江山》图

《版纳风光》丁绍光 挂于全国妇联和上海华侨门厅

挂毯《女娲》 张仃

挂毯《奔象》 里蒙

挂毯《桂林山水》 中国政府赠联合国

挂毯《黄山》 袁运甫 中国驻博茨瓦纳大使馆专用

挂毯《鹿》工艺设计 李玉坤

挂毯《新北京》 比利奇 为我国申奥而特制

撰文：李玉坤

景德瓷都 美仑绝伦
景德镇陶瓷历史博物馆

　　景德镇陶瓷历史博物馆位于瓷都的"风水宝地"——枫树山蟠龙岗风景区，青山绿水、景色优美。馆内有6000余平方米的明清古建筑、古瓷窑址、古制瓷作坊、名家画苑、瓷碑长廊和古朴幽雅的园林化建筑。馆内长年开办各种陈列展览，举办各种文化活动，实行含节假日在内的全天候开放。该馆被评为江西省优秀博物馆、省级爱国主义教育基地。1996年被命名为国家级爱国主义教育基地，是江西省文明风景区示范点单位，国家AAA级景区，多次接待党和国家领导人。该馆已成为一个中外闻名，独具特色的陶瓷历史文化博物馆，是瓷都景德镇的一颗明珠。

2002年中央领导到馆视察

陶瓷茶具展厅

瓷乐器演奏

外国游客在茶座品茶

文化艺术馆

景德镇清代柴窑

古陶瓷展厅

瓷碑长廊

文学 文物 文化
中国现代文学馆

国家领导人江泽民为中国现代文学馆题名

中国现代文字馆是中国现代文学的资料中心，集文学博物馆、文学图书馆、文学档案馆、文学资料研究、文学交流的功能于一身。其任务是收集、保管、整理、研究中国现、当代作家的著作、报刊、手稿、译本、书信、日记、录音、录像、照片、文物等文学资料、档案资料和有关的研究资料。资料不论地域、民族、性别都在征集收藏之列，包括港澳台以及海外华人的作品和资料。

文学馆现共有藏品 38 万余件，其中书籍 23 万册、杂志 2100 多种、报纸 142 种、手稿 13924 件、照片 16173 多枚、书信 11600 件、录音带 360 盘、录像带 442 盘、文物 4380 件。对作家整批捐赠的文学资料，建立了以其姓名命名的文库共 81 座。

中国现代文学馆门首

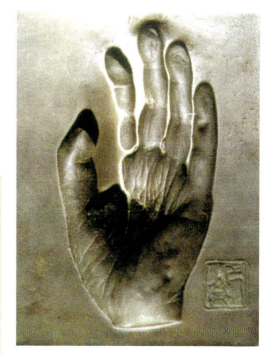
巴金手模

外国驻华大使、文化参赞参观中国现代文学馆。

文学馆已经编辑出版的学术资料有《中国现代作家大辞典》、《当代台湾作家代表作大系》、《中国现代文学百家》丛书、《作家书信集》丛书等。先后单独或联合上办了《走近巴金大型图片展览》、《冰心创作生涯七十年展览》、《老舍创作生涯展览》、《叶圣陶创作生平展览》、《茅盾百年纪念展览》等17位作家作品及生涯展览。

目前，文学馆的图书资料管理实现了现代化，配有电脑管理系统和先进的保管、检索、复制和阅读设备，能为读者提供周到的服务。还设有电视拍摄片和后期制作室。文学馆新馆内设有4个300平方米的展厅，还设有一个面积为388平方米、装有同声传译设备、可提供5种语言同声传译的多功能厅，可举办各种学术研讨会、演讲会、纪念会和联谊活动。

中国现代文学馆格调高雅的大堂内装有彩色玻璃镶嵌画

麻将起源地陈列

明清法帖陈列

范氏故居内场景

南国书城
天一阁博物馆

宁波月湖之西芙蓉洲的绿荫深处，耸立着一座古老的藏书楼——天一阁。它建于明嘉靖四十年至四十五年（1561～1566年），距今已有400多年的历史，是现存世界上最古老的三所家族藏书楼之一。

新中国成立后，成立天一阁文物保护所，1994年和宁波市博物馆合并为宁波市天一阁博物馆。该馆占地面积约2.6万平方米，环境幽雅，园林精美、建筑古朴，富有浓郁的地方特色。总体布局由藏书文化区、园林休闲区，陈列展览区三大功能区组成。设有《天一阁发展史陈列》、《宁波市史迹陈列》、《麻将起源地陈列》、《银台第官宅陈列》、《甬上证人书院——浙东学术文化陈列》等5个固定陈列。现有工作人员42名，其中高级职称人员9名，中级职称人员13名，初级职称人员15名。是省市两级文明单位、省文明博物馆。

该馆收藏有古籍30余万卷，其中孤本、善本就有8万余卷；字画4400余幅，不乏名家大作；器物近万件；家谱500余种；1999年12月，经中国地方志指导小组批准，正式成立中国地方志珍藏馆，截止至2003年7月，收藏新编各级各类地方志近9000册，规模在全国名列前茅。

天一阁的创始人范钦是明代嘉靖年间人，字尧卿，浙江鄞县（今宁波）人。自27岁考中进士后，开始在全国各地做官。他为官敢于冒犯权奸，勇于抗击倭寇，最后于嘉靖三十九年升任兵部右侍郎，同

万氏家史陈列厅

天一阁藏历代古籍珍本

东明草堂内景

中国地方志珍藏馆陈列

百鹅亭 明万历年间遗物，为墓前祭亭，原在祖关山，1959年移建于此。

南园 位于天一阁藏书楼之南，占地3400平方米，是天一阁扩建一期工程的重要组成部分。

凝晖堂 为砖木、石柱结构的清代建筑，内陈列有收藏的明清帖石。

古籍印书工具

抄书房内景

制版工具

古籍装订工具

年十月辞官归里。范钦酷爱书籍，每到一地都留心收集，尤其重视收集当时文人的著作，总数达7万余卷。现尚存1.7万余卷。

辞官归里的范钦按《易经》中"天一生水，地六成之"之说于宅东建藏书楼，将藏书楼命名为天一阁，阁前所凿水池称"天一池"。天一阁楼上不分间，以体现"天一生水"之说，楼下分六间，以应"地六成之"之义，甚至如藏书橱的制作，其尺寸也合六一之数。范钦的这种做法，体现了他以水制火的用意。

天一阁藏书中，明代史料和明人文集，即范钦生活时期的史料和文学资料最为丰富。天一阁之所以出名，就在于保存明一代的直接史料，特别是地方志和科举录。经过400多年的风雨沧桑，至今还存地方志271种，其中有164种海内孤本，保存了许多罕见的地方文献资料。明代是科举制度的鼎盛时期。可历代藏书家没有一个像范钦竭尽全力去收藏科举方面的资料。据统计，天一阁有明代进士登科录68册，会试录62册，乡试录297册，武举录33册，共460册，约500多种。至今保存完好的尚

中国地方志珍藏馆陈列

有370种，九成以上是海内孤本。这些资料在明代就十分有名，今天更是研究当时科举制度的人物传记的第一手资料。

此外，天一阁还收藏有明代的实录、邸抄、揭帖、供状、名人传记及诗文集等，形式多样，内容广泛，相当部分为内部官书文件，是一般藏书家不收或收不到的。明抄本和碑帖，也是天一阁收藏的特色。

天一阁藏书能够十三代人薪火相传，得益于范氏子孙的贤孝和严格的藏书制度。天一阁的管理制度可以用十六个字来概括，即"以水制火，火不入阁；代不分书，书不出阁"。天一阁不仅从思想意识上、象征意义上取"以水制火"之意，在实际行动中则凿池备水，在制度上更有严格规定。虽然430多年过去了，"烟酒切忌登楼"的大字禁牌仍赫然在目。据全祖望《天一阁藏书记》记载，范钦分家时，以为书不可分，将家产分成二份，一是一楼藏书，一是万两黄金，由大儿子范大冲和次儿媳选择（次子范钦早去）。大冲毫不犹豫地选择了藏书，并进一步明确藏书不分，为子孙共有，各橱锁钥，分房掌握；禁以书下阁梯，非各房子孙齐，不开锁。并制定了严格的处罚标准："子孙无故开门入阁者，罚不与祭三次；私领亲友入阁及擅开橱门者，罚不与祭一年；擅将书借出者，罚不与祭三年。若进一步犯规，至典鬻偷卖书籍，则永行摈逐不与祭。"在中国封建宗法社会中，"罚不与祭"是一种相当严厉的处罚。范氏后人以不与祭为辱，以天一阁后人为荣。在这种荣辱观的激励下，保证了藏书久而不散。

此外，天一阁在书籍的防潮防蠹方面做得十分科学合理。范钦在书楼设计上就考虑到通风透气。天一阁楼上藏书之所为一大通间，前后有窗，书橱两面施门，空气流通。自范钦开始，范氏子孙每年在梅雨季节时封闭书库，出梅以后到中伏时，轮值者即邀各房房长，启锁进入书楼，翻晒图书，400年来从未间断。平时则以芸香防蠹、英石吸潮。在当时的情况下，天一阁所采取的措施是颇有成效的防霉防蠹方法。

白云庄 明末清初著名思想家、"浙东学派"的代表人物黄宗羲先生曾讲学于此，故又称证人书院，现为省级文保单位。

千晋斋 民国时期，甬上学人马廉藏有晋砖千余枚，颜其藏室曰"千晋斋"。

外交国礼荟萃 世界文化瑰宝
国际友谊博物馆

国际友谊博物馆为收藏、保护、研究和宣传展示新中国外交活动中外国馈赠我党和国家领导人礼品的专题博物馆，隶属国家文物局。1981年1月30日成立筹备处，1991年12月25日转为正式建制博物馆。

博物馆目前已收来自世界150多个国家、地区和国际组织的外交礼品1.6万件，大致分为30余类、上百个品种。这些礼品或具有重大的政治意义和重要的历史价值，是现代中外友好往来遗存的珍贵文物，与重要事件和重要人物有着密切关系；或具有较高的艺术价值，充分反映了世界各民族异彩纷呈的文化魅力和艺术风采；或具有极高的经济价值和收藏价值，有些珍贵化石和动植物标本，堪称稀世珍宝。藏品大多兼有双重性，或者既是外交礼品，又是外国艺术品、工艺品，或者既是礼品又是珍贵的化石标本，这种双重性，确定了博物馆的特殊属性，构成了国际友谊博物馆截然不同的鲜明特色和独特风格。

外交国礼馈赠所显示的丰富文化内涵，为我们开辟了一条学习世界优秀文化遗产的新路子。新中国成立以来，在日益频繁的对外交往中，世界各国领导人和知名人士以馈赠礼品或纪念品的方式，表达对中国领导人和人民的友好情谊。这些礼品多为重大外交事件的历史见证物和珍贵外国文化的典型代表作，每一件礼物都是一个实证，汇聚一堂，充分说明了"我们的朋友遍天下"，生动体现了我国昂首阔步自主外交政策在实践中结出的累累硕果；每一件艺术品都是一种文化的侧影，交相辉映全面展示出世界多元文化丰富多彩的迷人景色。

20多年来，博物馆除在北京多次推出基本陈列展外，还面向全国举办巡回展览，至今已举办各种展览100多个，得到党和国家许多领导同志及数百万群众观览，获得了良好的社会效益。国际友谊博物馆举办的展览，形式之多样，次数之繁多，辐射地域之广阔，实属少见，形成了博物馆自身的一大特色。

国礼展览反映了我国外交取得的伟大成就，展示了中国人民与世界各国人民的珍贵友谊，歌颂了我国领导人为中国外交事业作出的重要贡献，体现了他们廉洁自律、克己奉公的光辉风范，呈现出丰富多彩的异域文化风采，为广大人民群众提供了爱国主义教育、国际知识教育的独特窗口，同时也让更多的观众不出国门，就能了解到国事馈赠的礼俗和世界各国的历史与文化。

石刻四面菩萨头像
1965年10月，柬埔寨国家元首西哈努克亲王赠中共中央主席毛泽东。

烧瓷天鹅 1972年2月，美国总统尼克松赠中共中央主席毛泽东。

铜镀金和平鸽
1987 年 5 月，联合国秘书长德奎利亚尔赠中顾委主任邓小平。

1978 年 11 月，邓小平副总理访问泰国期间，11 月 6 日，泰国总理江萨·差玛南在欢迎宴会上向邓小平副总理赠送的礼品。

木雕长颈鹿
1996年1月，乌干达总统穆塞韦尼赠国家主席江泽民。

银橄榄树
1993年8月，突尼斯总统本·阿里赠国家主席江泽民。

可羡人间福地　园夸天上仙宫

可园博物馆

广东东莞可园与顺德清晖园、番禺余荫山房、佛山梁园合称广东近代四大名园。它始建于清朝道光三十年（1850年），特点是面积小、设计精巧，把住宅、客厅、别墅、庭院、花圃、书斋，艺术地揉合在一起。在2204平方米土地上，亭台楼阁，山水桥榭，厅堂轩院，一并俱全。它虽是木石、青砖结构，但建筑十分讲究，窗雕、栏杆、美人靠，甚至地板亦各具风格。它布局高低错落，处处相迎，曲折回环，扑朔迷离，基调是窄处有阔，藏而不露，小中见大，密而不逼，静中有趣，幽曲有情。加上搂桥清新文雅，占水栽花，极富南方特色，是广东园林的珍品。

可园创建人张敬修投笔从戎，官至江西按察使署理布政使，金石书画、琴棋诗赋，样样精通，又广邀文人雅集，居巢、居廉在可园十年创造没骨法、撞粉法画花鸟画，并予传授，为岭南画派开创先河，使可园成为岭南画派策源地之一。

今天，可园成为全国重点文物保护单位，扩建后的可园景区，面积达4.8万多平方米，经过不断完善，将更加美丽可人。

邀山阁

可亭秀色

弘扬古蚕绢文化 开拓新丝绸之路

中国丝绸博物馆

缎地彩荣花卉云肩 清

位于杭州西子湖畔的中国丝绸博物馆，馆内建筑俊美，桑园染草，小桥流水，环境优雅。该馆不仅是第一座全国性的丝绸专业博物馆，还是世界上最大的丝绸博物馆，占地5万平方米，建筑面积8000平方米，陈列面积3000平方米，于1992年春正式对外开放。

经过多年努力，该馆正逐渐成为中国古代丝绸的收藏、研究和鉴定中心，以及弘扬丝绸文化、拓展国际旅游的汇聚点。作为省、市精神文明和爱国主义教育基地，每年都吸引了众多的国内外朋友前来参观，并接待过多位国家领导人和国外元首。由国家领导人江泽民为该馆题词："弘扬古蚕绢文化，开拓新丝绸之路"。

彩绣折枝花卉夹袄 清

2003年馆内的基本陈列作了全面的调整。主厅以形象化的陈列语言，分四大部分描绘了关于中国丝绸的古老故事，讲述了丝绸的起源与发展、丝绸的主要种类、丝绸之路及丝绸在古代社会生活中占据的地位，向观众展示了从

狩猎纹印花绢 唐

新石器时期、战国、汉晋、辽宋元、明清至民国等各代织绣染文物，藏品丰富，其中有浙江出土的距今近五千多年的丝线、"丝绸之路"上出土的汉唐织绣、北方草原的辽元服饰、江南地区的宋代服饰以及明清帝后龙袍、匹料及缂丝绣画等。还有桑蚕虫标本、传统织具及新中国成立后生产的丝绸名优产品。

染织厅以江南民居、新疆草坪、傣族竹楼等场景展示了原始腰机、宋代束综提花机等古代织机和卧机、丁桥织机、傣锦机、和田机、竹笼机和绫绢机等各民族独具特色的传统织具。

现代成就厅则是新中国丝绸业的缩影，在这里观众可以欣赏到以丝绸为载体、利用国际首创的数码织造、喷绘技术创制的一批新型数字化织锦画、数码喷绘丝绸画。

馆内还设有临时展厅，举办各类专题展览。此外，该馆还与国内外其他博物馆联合举办各类展览，其中赴澳门、加拿大蒙特利尔、美

盘金绣团窠卷划对雁罗 辽

国费城举办的丝绸文化展，在海外引起了强烈的反响。

中国丝绸博物馆拥有一支颇具实力的研究队伍。自1992年以来已为新疆尼雅、青海都兰、内蒙古耶律羽之墓、庆州白塔、江西德安、福建茶园山等墓葬出土的丝织物做了大量的鉴定、清洗、修复工作。该馆还以历史资料为依据，成功复制了汉代斜织机、多综多蹑机、元代立织机、辽代雁衔绶带锦、罗织机等织机、织物。2000年该馆成立的"中国古代纺织品鉴定保护中心"为国内外的丝绸文化的研究与交流提供了更为广阔的平台。目前该中心在丝绸文物鉴定、修复等研究水平领先于全国，其学术交流活动正走向世界。

中国丝绸博物馆馆前雕塑为嫘祖，相传嫘祖又名西陵氏，轩辕黄帝的元妃，最早教民养蚕，后人尊视为蚕神。

撰文：陆琼

MUSEUM OF
SCIENCE AND
TECHNOLOGY
科学技术馆

激发想像 开发潜能 科学普及 示范工程

中国科学技术馆

CHINASCIENCEANDTECHNOLOGYMUSEUM

CSTM

中国科学技术馆

中国科学技术馆一各民族青少年向往的科技殿堂

中国科学技术馆是我国唯一的国家综合性科技馆，是实施"科教兴国"战略和提高全民族科学文化素养的大型科普教育基础设施。

中国科学技术馆的主要教育形式为展览教育。通过科学性、知识性和趣味性相结合的展览内容和形式，反映科学原理及技术应用，鼓励公众亲自动手进行探索与实践，不仅普及科学知识，而且注重培养观众的科学思想、科学方法和科学精神。

在开展展览教育的同时，中国科学技术馆还组织各种培训实验活动，并经常免费举办面向社会公众的科普讲座，以培养公众的实用技能，提高公众的实践能力，解答公众关心的科技发展中的热点和焦点问题。

中国科学技术馆遵循科普宗旨，并按照"确保安全、优质服务"的承诺，积极开展丰富多彩的科普活动，先后被评为"全国科普工作先进集体"、"首都文明单位标兵"、"国家ＡＡＡＡ级旅游景点"、"首都文

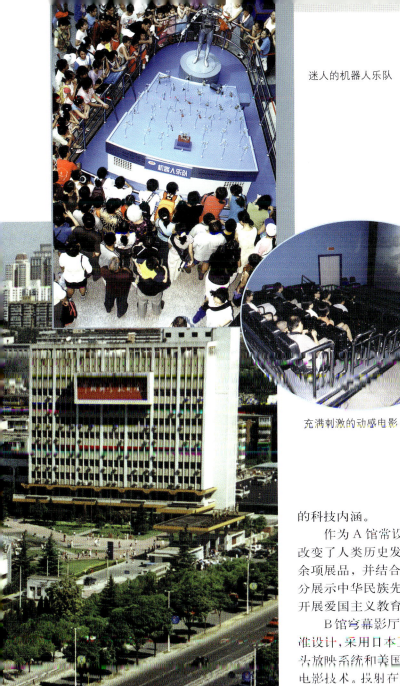

迷人的机器人乐队

美国诺贝尔奖获奖人莱德曼博士与青少年亲切交谈

充满刺激的动感电影

汽车模拟驾驶

高的科技内涵。

　　作为 A 馆常设展览内容重要组成部分的《中国古代科技展》，以改变了人类历史发展进程的中国古代"四大发明"为主线，通过 250 余项展品，并结合古法造纸、拓片、陶艺等传统技艺的现场表演，充分展示中华民族先民数千年来在众多科技领域所取得的辉煌成就，是开展爱国主义教育、树立民族自信心的一个重要手段。

　　B 馆穹幕影厅是全球最大的同类影厅之一，按照加拿大 IMAX 标准设计，采用日本五藤光学研究所生产的 Astrovision 超大广角鱼眼镜头放映系统和美国 SPITZ 公司生产的银幕，代表了当今世界最先进的电影技术。投射在直径 27 米、面积达千余平方米的穹形银幕上的超大电影画面包容了观众的全部视角，加上 8 路 6 声道立体环绕声系统逼真的音响效果，使观众仿佛置身于电影情景之中，在"参与"中享受着无与伦比的艺术魅力。

　　C 馆儿童科学乐园是为 3—10 岁儿童"量身定做"的小朋友们自己的天地，主要包括《人体旅行》、《森林王国》、《恐龙大复活》、《消防演练》、《太空城堡》、《泡泡世界》、《电脑天地》和《汽车驾驶》等展区，特别强调内容的趣味性、娱乐性和参与性。小朋友们可以在这里动手动脑，在无拘无束的玩耍和好奇的探索中学习最基本的科技知识，激发想像力，开发脑潜能，培养对科学的兴趣。经过不断的完善，儿童科学乐园已经成为寓教于乐，促进儿童身心健康发展的科学启蒙场所。

　　C 馆一层作为临时展厅，长年不断展出各类短期专题展览供社会观众免费参观。这些展览的内容大多紧扣时代脉搏，内容丰富、形式多样，是该馆常设展览的有效补充。

　　按照国家有关部委的要求，中国科学技术馆作为国家科技馆，正努力朝着建设"具有国际先进水平的科普场馆，并充分发挥其对全国各级科技馆的示范作用"的方向努力。

明旅游区"和"青年文明号"等。

　　目前，中国科学技术馆拥有建筑面积 4.3 万平方米，包括 A 馆（常设主展厅）、B 馆（穹幕影厅）和 C 馆（儿童科学乐园、临时展厅）三个场馆。

　　A 馆常设展览着重反映我国国民经济发展的重大领域及新世纪科学技术发展的新趋势，主要包括：航空航天、能源交通、材料机械、信息技术、生命科学、生物技术、环境科学以及基础科学等学科领域。陈列的 400 余项展品中既有表现基础科学原理和应用的展品，也有反映当今前沿科学和高新技术成就的展品，富有鲜明的时代特色和丰富

撰文：欧建成　摄影：王超珏

科学技术馆

我国第一套电话磁卡——深圳绿箭卡

凝缩通信历史 展示尖端科技
中国电信博物馆

展厅一角

50年代我国自行研制的
BD055型电传打字机

悬泉置沙盘 汉

富裕驿站印 元

鸡毛火炭信 清

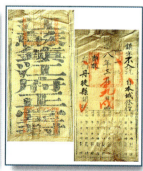
排单 清

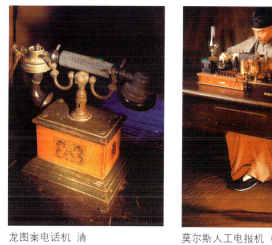
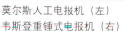

BZ103型波纹收报机　　　共电式人工交换机 清　　　　龙图案电话机 清　　　　莫尔斯人工电报机（左）
韦斯登重锤式电报机（右）

中国电信博物馆是国家通信专业综合性博物馆，是全国电信文物主要的收藏、宣传、最古和科学研究人的专门机构，是电信业精神文明建设成果，传播科技、启迪智慧的载体，是进行文化、学术和技术交流的社会公益性文化场所。于2001年10月正式对社会开放。

中国电信博物馆别致而典雅的馆舍大楼矗立在北京元代土城遗迹公园和颇有名气的小月河之畔，环境十分幽雅。该馆建筑面积约1.4万平方米，其中展厅面积7000余平方米。

该馆常设以下陈列展览：

通信发展史 展示我国悠久的通信发展历史，包括古代、近现代和当代三个部分。全面反映了从三千多年前通信活动的萌芽，到古代烽火通信、邮驿通信的盛衰，从近现代通信的艰难起步到当代通信发展的辉煌成就。

通信科技科普展 普及通信科技知识、演示通信原理，介绍通信科技发展最新成果及趋势。主要演示项目有程控交换、数字通信、微波通信、移动通信、卫星通信、多媒体通信等。观众可亲自动手操作展品和通信设备，感受现代通信技术的魅力。

电话卡展 展示全国统一发行的和各省、市、自治区、直辖市发行的电话磁卡、IC卡、IP卡。为观众和收藏者提供了观赏及收藏的知识园地。

整个博物馆展陈在依靠实物说话的基础上，运用了综合的现代化陈列手段，如沙盘、模型、绘画、雕塑、景观复原、声、光、电辅助设施及电脑多媒体演示技术等，共同组成了一个完整的中国通信发展史陈列，既体现了历史的凝重感和民族文化特色，又表现出辉煌的科技成就；既可聆听陈列品的述说，又能亲自动手参与，力求满足各阶层观

众求知的愿望。

中国电信博物馆收藏了通信发展各个历史阶段具有代表性的、有古史价值的物品和文件。其中有用于原始通信的竹节、鼓、竹板或铜锣、竹筒、用于古代烽燧通信的燃料积薪、烟柴、烽火台建筑构件；驿站印信、清代邮驿排单（地方政府传送紧急公文的凭证，并作为考核沿途接递程序的依据）、火票（在京各衙门凡交驿站马递的公文，兵部一律加发火票，令沿途各驿站接递）、还有晚清至民国时期通信领域中的各类物品，如：《大清邮政舆图》、早期莫尔斯人工电报机、韦斯登重锤式发报机、供电式人工交换机、旋转制自动交换机以及清末龙图案电话机和各种早期话机。同时还有中华人民共和国成立后在中国通信技术发展中发挥重大作用以及具有纪念意义的通信设施、物品。包括1949年邮电部成立后，召开第一次邮政、电信会议时的会议签名簿；1976年中国日本合建的第一条海底电缆中继器；西昌卫星发射中心曾使用过的中央控制台；我国第一套电话磁卡——深圳绿箭卡、我国引进的第一套F150程控交换机设备等。

博物馆有1200余平方米的临时展厅，为该馆充实、开发展览，同时也为社会各界提供办展场地。该馆新闻发布厅（多功能厅）面积480平方米，配有先进灯光、音响设备，可以举办各类大中型新闻发布会、研讨会、各种专业培训班，能运用视听技术开展对青少年的科普知识教育和专业技术人员的专业技术知识讲座。还可举办中小型卡拉OK及舞会等娱乐活动。学术报告片述特不定期举办国内外通信史和电信科技学术研讨会。

该馆建有自己的网站，还承办了在通信业具有权威性的《当代通信》半月刊杂志和《中国电信年鉴》。

中国电信博物馆是全面展示中国通信技术及其历史发展的窗口，是未来通信科技尖端技术的精品走廊以及青少年科普教育的第二课堂。

中国电信博物馆

撰文：李晓青

中国铁道博物馆
China Railway Museum

机车车辆陈列厅建成后的揭幕仪式

中国铁道博物馆是中国铁路的国家级行业博物馆，是对铁路文物收藏展示、宣传教育、科学研究的专门机构，是保护铁路历史遗产，传播铁路科技知识，负责铁路历史文物的调查、征集、保管、编研、制作展览模型的基地，是宣传铁路建设新成就的公益性文化场所。

中国铁道博物馆现设置有六部一馆一会，即综合部、计财部、展览部、文物部、陈列部、社教部、詹天佑纪念馆、学术委员会。

中国铁道博物馆已建有机车车辆陈列厅，综合展示厅及室外车辆展示线，规划中还有专题展示厅待建设。

陈列厅为一层钢结构建筑物，展厅建筑面积1.65万平方米。内设8条不同道床结构、不同轨距和不同轨枕形式的机车车辆展示线，线路与室外牵出线相连，可以同时展出

中国铁道博物馆展厅外观

2003 年 10 月，德国西门子公司列车巡回展览在机车车辆陈列厅展出，铁道部副部长胡亚东（左一）和西门子公司负责人为展览共同启动按钮。

铁道部副部长陆东福（左四）、铁道部科技司司长耿志修（左三）在铁道科学研究院院长陈国芳（左五）、副院长兼中国铁道博物馆馆长罗迎难（左二）陪同下视察博物馆机车车辆陈列厅。

80～90 台机车车辆。陈列厅展出了中国铁路不同历史时期众多的机车车辆，其中有中国现存最早的"0"号蒸汽机车，有以革命领袖命名的著名机车"毛泽东号"、"朱德号"等，还有新中国制造的"解放"、"胜利"、"人民"、"前进"、"建设"等型号的首台蒸汽机车，也有反映我国独立自主制造的"东风"、"东方红"、"北京"、"韶山"等型号的内燃机车与电力机车，以及旧中国使用过的多种外国机车。

除此之外，观众还可以看到各种客、货车辆，有党和国家领导人的公务车，还有不同种类的铁路硬座车、高级软包车、卧铺车、行李车、餐车以及油罐车、敞车、守车等。陈列厅展出的各种文物机车，是中国铁路牵引动力发展变化的缩影，同时又是中国铁路从落后前进到现代化的历史见证，因此而受到国内外观众的热烈欢迎。

一座面积为 4000 平方米的综合展示厅已竣工，即将交付使用。这里将主要展示中国铁路发展史，包括序厅、世界铁路运输的起源、清政府时期、中华民国时期和新中国铁路成就等内容。

观众通过参观铁道博物馆，可以从中了解到旧中国被外国人讥讽的"万国铁路博览"的情况，切实感受人民铁道事业发展到今天所具有的相当规模与水平，亲眼看到大批科技成果在铁路运输和生产建设中得到广泛应用，铁路科技进步对人民铁道事业的发展作出了日益显著的贡献，继而成为铁路发展的强大推动力。

今后，铁路部门所面临的形势和任务依然十分严峻和艰巨，铁路要想摆脱困境就必须跟上时代步伐，实行跨越式发展。中国铁道博物馆将致力于弘扬具有中国特色的铁路产业文化，积极保护和利用铁路文物，大力普及铁路科技知识，使之成为广大人民群众所喜爱的科普殿堂，为人民铁道事业的发展贡献力量。

展厅中陈列的 1881 年英国制造的"0"号蒸汽机车是我国目前保存最古老的机车

探寻地球的奥秘
中国地质博物馆

中国地质博物馆是世界上久负盛名的地学博物馆，始建于1916年，位于北京西四路口，建筑面积达到1.1万平方米，陈列面积4500平方米，陈列展品万余件，以藏量大、珍品多称雄于亚洲地学博物馆，先后被命名为"北京市优秀爱国主义教育基地"、"全国科普教育基地"和"全国青少年科技教育基地"。

中国地质博物馆馆藏十分丰富，各类馆藏地质标本已达20万件，其中世界上最高大、保存最完好的鸭嘴龙化石——"巨型山东龙"、以收藏量大、珍品多闻名于世的原始鸟类系列化石（如中华龙鸟）、世界上最大水晶单晶晶体——"水晶王"、国内最大的辰砂单晶晶体——"辰砂王"、中国目前发现最早的古人类化石——云南元谋人牙齿化石、北京周口店山顶洞人遗址中发掘的石器、石珠、骨针、骨饰等，都是国宝级的珍品。

2001年，中国地质博物馆开始历史上规模最大的修缮改造工程，重建地球厅、史前生物厅、矿物岩石厅、珠宝厅、国土资源厅，2004年初重新对社会开放。

地球厅 以地球内外动力地质作用为主线，系统展示地球演化过程中的各类地质现象、地质灾害及地貌景观，呼唤人们爱护自然、保护自然。地球厅内设地球剧场，集中展示46亿年来的地球演化历程。

矿物岩石厅 汇集了千余件矿物珍品及典型岩石标本，以宏观产出状态和微观结构结合的方式，展示丰富多彩的矿物和岩石标本及知识，还有可动手的岩矿知识探索性操作。

史前生物厅 以史前重大地质事件为线索，介绍生物的发展过程。主要包括最早期的生命大爆发、生物登陆、恐龙与鸟类、中生代末生物大绝灭和人类时代等内容。

珠宝厅 以宝石系列、玉石系列、有机宝石系列和首饰用金属系列为主线，展示各种天然宝石和人工宝石，并融入东西方珠宝文化，重点突出珠宝鉴别及鉴赏方面的知识点。

国土资源厅 分门别类展出我国土地、矿产、海洋资源基本知识，反映我国国土资源工作和地质工作的重大成果，昭示珍惜、合理利用和有效保护资源的主题。

中国地质博物馆经过修缮改造，不仅馆舍和展厅焕然一新，而且服务功能更加完备，设有临时展览、展厅讲解、专家咨询、野外科考、餐饮商店、存包存车等服务项目，还有面向青少年的科普活动室、适于儿童的游戏角和适于残疾人的无障碍通道、盲文导向等。

中国地质博物馆大楼外景

撰文：赵苫然

科学技术馆 宁夏之博览胜

馆藏珍品 中华龙鸟

馆藏珍品 水晶王（重3.5吨）

馆藏珍品 辰砂王

馆藏珍品——号称"中国龙王"的巨型山东龙 高8m 长15m

探人类生命起源 寻自然科学奥秘
北京自然博物馆

北京自然博物馆位于北京市崇文区天桥南大街,是新中国成立后创建的第一座自然科学类综合博物馆,1959年10月1日正式对外开放,主要从事古生物、现代生物和人类学的科学研究、标本收藏和科学普及工作。该馆占地面积1.2万平方米,建筑面积2.4万平方米,展览面积1.6万平方米,每年平均接待国内外观众40余万人次,馆藏文物、化石、标本10余万件,大型整体古哺乳动物化石数量居世界第二,黄河古象化石、恐龙化石名扬海内外。

该馆在全国自然科学类博物馆的改革与发展中一直走在前列。根据北京自然博物馆在爱国主义教育和科普工作中所发挥的重要作用和所取得的成绩,中共中央宣传部命名该馆为:全国爱国主义教育示范基地;全国科普大会确定为:全国科普教育基地;北京市政府确定为:北京市青少年教育基地。该馆编辑出版《大自然》杂志面向全国发行,学术刊物《北京自然博物馆研究报告》刊登该馆及有关科学家科研论文。该馆还经常举办各类临时展览。

北京自然博物馆共有四个基本陈列,即:古生物陈列、植物陈列、动物陈列和人类陈列。这四个陈列构筑起一个地球上生命发生发展的全面图形。另外,还有恐龙世界、人体奥奇妙和水生生物馆三个专题馆。

古生物陈列 总陈列面积1400平方米,共分为《生命的起源和早期演化》、《无脊椎动物的繁荣》、《恐龙的进化》和《哺乳动物大发展》4个展厅。该陈列围绕"生命的历程"这个主题,通过大量的化石标本展示了脊椎动物从水生到陆生、由变温到恒温、由卵生到胎生的演化过程。

植物陈列 以绿色的家园为主题。在介绍了绿色植物在生态系统中的重要作用后,分三个层次介绍植物的多样性,即物种多样性、遗传多样性和生态系统多样性。以及这些多样性在自然界的作用和与人类经济的关系。还有生物界中数量众多的菌类的展示陈列,介绍菌类的分类地位、形态结构、在自然界的作用和人类的关系。

动物陈列 包括:序、无脊椎动物、鱼类、两栖爬行动物、保护动物、昆虫

北京自然博物馆主楼

北京自然博物馆古生物展厅

世界和动物之夜等 7 个主题单元。以更好的宣传动物科学知识、展示动物多样性和提高人们保护珍惜野生动物的意识为指导思想，运用丰富多变的几何图形和大量的动物标本、实物、景观、模型等多种展品，以及多媒体电脑和各种现代化声光电技术，充分体现出展览的可视性、娱乐性、参与性、知识性、科学性和思维性。

人类陈列 以人之由来为主题，从系统发育和个体发育介绍了人类的演化过程，并采用模型、肉衣、照片对我国基本国策计划生育作了科学的诠释。在有关展柜采用了全息照片技术，使观众能看到展品的三维结构，陈列效果更好。

恐龙世界 厅内模拟太空舱可把观众带到史前时期，模拟电梯可把观众带入地下 50 米深处。馆内陈放的恐龙是有"皮"有"肉"能说会动的机械恐龙，观众可手动控制。有多台电脑供观众查询和知识测验，在展示解说方面采用了感应自动讲解耳机和专家咨询电话等高科技手段。恐龙世界与原有的古生物馆一动一静，一老一新相得益彰，为观众营造一个丰满生动的史前世界。

人体真奇妙馆 陈列以人体的整体标

人类展厅

本、人体八大系统及重要器官的标本为主题，配合图片，全面展示了奇妙的人体，并根据人体各器官的结构和功能，介绍了一些保健和防病知识。

水生生物馆 分为《演化》、《淡水》和《海水》三个厅，第一次把活的动物引进到自然博物馆，其中有科摩罗总统访华时送给我国领导人的拉蒂曼鱼标本，是世界最珍惜的鱼类标本。

北京自然博物馆使人们重溯自然界的轨迹，也是向人民群众进行科普教育以及对外交流的窗口。

撰文：何凤祥

标本剥制讲座

万名儿童画百鸟

集自然珍品 展万物精华
浙江自然博物馆

浙江自然博物馆是全国科普教育基地及省爱国主义教育基地和科普教育基地。追溯馆史，其前身是在1929年西湖博览会基础上创建的浙江省西湖博物馆，1984年独立建制。现有馆舍面积近8000平方米，在职职工62人，其中高级职称17人，中级16人，初级18人。设办公室、征集保管部、学术研究部、展教部、策划部、行政科、保卫科等7个部门。在省委、省政府的关心重视及有关部门的大力支持下，新馆建设已列入浙江省"五大百亿"工程实施计划。馆址在杭州市中心的西湖文化广场，建筑规模2万平方米左右，计划2004年10月完成土建，2006年开馆。

70多年来，浙江自然博物馆艰苦创业、克服困难、求真务实、与时俱进。在收藏、研究和展教等方面都取得了可喜的成果。迄今已登记入账的标本达110830件，并对1706份珍稀标本建立了档案，藏品电脑化管理开始运行；主持和参加编撰出版的专著40余部、科普图书9册，发表论文300余篇，承担省部级以上科考和科研项目60余项。其中《浙江自然博物馆馆藏珍品图集》荣获第十三届华东地区优秀科技图书二等奖和浙江省优秀图书一等奖；举办陈列展览（含流动展览）100余次，受益观众近千万人次。《恐龙与海洋动物陈列》荣获'98全国十大陈列展览精品奖。此外，先后接待国外专家学者访问团20余批次，赴国外及台湾地区考察访问、文化交流及研修等30多人次，并与日本福井县立恐龙博物馆缔结姊妹馆关系，2000年被评为浙江省科普工作先进集体和省假日旅游服务优秀单位，2001年、2002年均被授予杭州市治安安全示范单位，2003年被确定为全省文物系统一级风险单位安全管理示范单位和浙江省安全管理示范单位。

科研成果

浙江自然博物馆外景

海洋动物

海洋动物陈列

临海浙江翼龙

毛比峨眉龙头骨化石

援藏承办的《神秘的
藏北高原》展厅一角

自然生物集萃 科普文化导航
重庆自然博物馆

枇杷山展览厅外景

北碚脊椎动物陈列厅外景

全国同类博物馆中均占有一席之地，是西南地区实力最强的博物馆之一。

重庆自然博物馆学科门类齐全，有动物、植物、古生物、古人类、旧石器、地质矿产、岩石、土壤等八大学科，现有周世武、欧阳辉、黄永昭等一批知名专家在馆工作，担负着西南地区自然标本的采集、收藏、保护、研究和陈列展示任务。该馆也是全国著名的青少年科普教育基地和爱国主义教育基地。该馆自然标本收藏丰富，现有藏品11万余件，其中古生物化石的种类居于全国同类自然博物馆之前列，有的标本极其珍贵，如亚洲最完整的肉食龙——上游永川龙、亚洲最完整的剑龙——多背棘沱江龙。现已装架的恐龙骨骼化石标本就有15具之多。旧石器和古人

北碚恐龙展厅一角

重庆自然博物馆是一座历史悠久的综合性自然科学类博物馆，馆本部位于重庆渝中半岛之巅的枇杷山，设分馆一处——北碚陈列馆，位于有重庆"后花园"之称的北碚区，坐落于风景秀丽的嘉陵江畔，占地约30亩，展厅面积约3000平方米。重庆自然博物馆的前身是1930年由我国著名实业家卢作孚先生创办的原中国西部科学院及1943年由翁文灏、卢作孚提议组建的中国西部博物馆，我国老一辈著名科学家翁文灏、杨钟健、伍宪文、黄汲清等曾在该馆工作过。经过半个多世纪的发展，该馆无论馆藏标本数量和质量、科研队伍的素质和能力，在

上游永川龙

在日本展出时，日本前首相海部俊树参观恐龙展。

永川龙头骨化石

世界已知的最早的维氏中国鳖

三昝山晚期孢类古植物六角辉木

恐龙蛋

重庆蛇颈龟 产于重庆，时代晚侏罗纪。

大竹重庆鱼 时代晚侏罗纪，是硬骨鱼类中的真骨鳞鱼。

类标本达1000余件，其中巫山出土距今200万年前的更新世早期人类化石和巨猿动物群化石，是研究人类起源的重要实物材料。馆藏标本中还有现生动物标本2000多种，涵盖国家保护的珍稀动物如大熊猫、牛羚、金丝猴、雪豹、中华鲟等。植物标本有215科，1246属、2230余种，其中国家级保护植物如银杉、桫椤、珙桐等46种被收藏。

该馆利用丰富的藏品，经常举办各种大型的陈列和流动展览。如《恐龙化石陈列》、《脊椎动物陈列》和《馆藏古生物化石精品展》等，该馆科研人员利用馆藏标本进行科学研究。出版有《四川盆地侏罗纪恐龙化石》、《四川恐龙》、《杨氏马门溪龙》、《四川足印化石》、《巫山猿人遗址》、《中国古蔺大熊猫——剑齿象动物群研究》、《贡嘎山地区杜鹃花属植物的地理分布及区系组成》等学术专著和数百篇科学论文；与此同时该馆还积极开展国际国内合作研究及野外考察活动；在国际科学文化交流中，曾20余次组织馆藏恐龙等古生物化石标本赴美国、日本和欧洲等国家及香港、台湾等地区展出，是我国对外交流最频繁的博物馆之一。

伴随着西部大开发，重庆市直辖以及三峡工程的建设，给该馆带来了新的历史性发展机遇。该馆的发展目标是努力建设成为中国西部地区一流的综合性自然科技博物馆。

中华鲟

大熊猫

金丝猴

扭角羚

撰文：欧阳辉

博览自然 解读生命

大连自然博物馆

大连自然博物馆始建于1907年，是一座经联合国教科文组织注册的综合性自然科学博物馆，新馆为现代欧式建筑，坐落在风景秀丽的黑石礁海滨，建筑面积1.5万平方米，是国内唯一拥有27万平方米海域的博物馆，在国内外享有很高的知名度。

大连自然博物馆有各种标本近20万件，珍贵标本6000余件。馆藏特点是海洋生物标本和"热河生物群"化石标本，其中海兽标本20余种，其种类和数量在国内自然史博物馆中是最多的，其中重达66.7吨的黑露脊鲸标本，在国内独一无二，在亚洲也属罕见。"热河生物群"化石标本在国内是种类最多最有特点的，其中一窝小鹦鹉嘴龙是世界上迄今为止唯一的、数量最多、保存最完整的鹦鹉嘴龙群体标本。

鲸鱼

大连自然博物馆陈列水平先进，新馆陈列先后获得"全国十大陈列精品奖"和"最佳新材料、新技术运用奖"、"大连市科技进步一等奖"等奖项，2002年还被科技部、中宣部、教育部、中国科协命名为"全国青少年科技教育基地"，是大连市"十佳环保旅游景点"之一。2003年作为东北地区唯一入选的博物馆，参加了法国举行的中法文化年活动。

馆内现开设地球、恐龙、海洋生物、东北森林动物、湿地、物种多样性、辽西古生物化石等12个展厅。走进序厅，长22米、高3米的巨型浮雕将"自然与人"完美地融合在一起，气势宏大壮观；恐龙展厅内40米长的巨幅半景画和栩栩如生的恐龙生态模型，演示了恐龙产生、发展、灭亡的全过程，观众可直观地了解恐龙及其生

活环境；十分珍稀精美的辽西古生物化石，仿佛在默默地向人们讲述着发生在亿万年前的神奇故事，使我们对生命的进化产生无限遐想和对未来的深思；在物种多样性展厅内，观众只需按下按钮就可以听到来

大连自然博物馆全景

湿地展厅

恐龙展厅

自自然界近30种鸟类的鸣叫；走进东北森林动物展厅，犹如进入茂密的原始森林，各种动物集聚在你的身边，使人不禁发出要爱护自然、保护野生动物的感叹；触摸式多媒体电脑、大屏幕彩电，以及中央空调、楼宇自控、保安监控、数码自动讲解系统等高科技硬件设备，给观众创造了

一个方便、舒适的参观环境，此外还有供学术研讨等文化活动的多功能厅，供观众休息、观景的休息厅，以及购物、饮食等服务设施。

来大连自然博物馆参观，不仅能增长自然科学知识，还能领略大自然的独特风光，在成片的黑色礁石和小石林的环抱中，聆听大海与礁石的"对话"。

大连自然博物馆正以崭新的面貌热情欢迎来自国内外的各界朋友。

万卷石史 日月精华
山东省山旺古生物化石博物馆

山东省山旺古生物化石博物馆位于全国文化模范县——临朐县城，是闻名遐迩的"化石宝库"所在地。该馆占地1万平方米，建筑面积4000平方米，始建于1982年，馆体采用明末清初二层楼阁式建筑形式，整个建筑气势宏伟，周围廊宇环绕，雕梁画栋。目前辟有山旺化石、文物、石佛、书画精品和奇石精品五大展厅及石刻长廊，是集陈列、教育、收藏、研究和利用于一体的综合性博物馆。

临朐县历史悠久，地上地下文物遗迹众多。馆藏珍品有石佛、陶器、玉器、青铜器及东汉印章、明清大家的书画楹联等。其中1980年出土的春秋时期的青铜器——齐侯子行匜，被调入中国历史博物馆永久性收藏；西朱封龙山文化大墓被列入全国重大考古发现之一；数百尊北朝佛教造像，题材丰富，内涵深厚，雕塑工艺精湛，具有极高的艺术观赏性，被誉为"东方的维纳斯"、"佛教雕塑艺术的一枝奇葩"。山旺化石形成于1800万年前，为地质历史上的新生代第三纪中新世，现已发现十几个门类700余属种，馆藏标本3万余件。馆内展出的植物化石中有苔藓、蕨类、裸子植物和被子植物，保存十分完美；动物化石中包括昆虫、鱼、两栖、爬行、鸟和哺乳动物，山旺山东鸟、三角原古鹿、细近无角犀都属稀世珍宝。1976年发现的山旺山东鸟填补了我国新生代第三纪中新世鸟类化石的空白，具有极高的学术和研究价值，是研究1800万年前华东北部地区的生态环境的教科书。山旺化石被誉为"万卷石史，国之瑰宝"。

山旺化石博物馆自开馆以来，每年都接待大批的中外游客，并多次组织过国家级和国际学术研讨会，藏品先后赴德国、日本、美国等国家及香港、台湾等地区展览，极大地提高了山旺化石在国际上的知名度。该馆还成功地举办了《山旺化石暨大型仿生恐龙》在山东省境内的巡回展及毛主席纪念堂珍藏书画展，观众达几十万人次。山旺化石博物馆先后被中国古生物学会、山东省委宣传部授予"青少年爱国主义教育基地"、"科普教育基地"等多项荣誉称号。

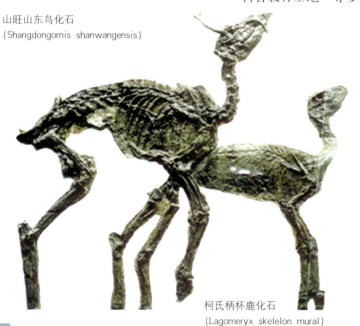

山旺山东鸟化石
(Shangdongornis shanwangensis)

柯氏柄杯鹿化石
(Lagomeryx skelelon mural)

圆基香椿化石
(Toona Bienensis)

石佛 卢舍那佛 残高44cm　　　　　菩萨像 高53cm

书画

青铜鬲 西周 口径17.5cm 高11cm　　　玉牙钺璧 直径10cm 厚0.5cm 内圆直径5cm

撰文：孙秉明

西部生物长廊 科研硕果辉煌
广西壮族自治区自然博物馆

广西壮族自治区党委书记曹伯纯（前左三）、自治区政府副主席王汉民（前左四）到广西自然博物馆参观指导。

中国科学院院士张弥曼（左）在广西自然博物馆做学术报告。

刘东生院士（左）在广西自然博物馆组织学术报告会上指出：百色旧石器遗址的重要性不亚于北方的周口店。

广西壮族自治区自然博物馆坐落于南宁市人民公园的白龙湖东侧，建筑面积2000平方米。收藏有植物、动物、岩石矿物、古生物化石等自然标本3万件，以大熊猫、剑齿象动物群化石、鱼化石、恐龙化石、古人类化石、有色金属矿产、稀有稀土金属矿产和珍稀的白头叶猴、瑶山鳄蜥、擎天树、金花茶、杪椤、银杉等标本的收藏、研究、陈列为特色。

广西野生动物种类繁多，已知脊椎动物种类有1500多种，其中鱼类700多种，两栖类70多种，爬行类150多种，鸟类500多种，哺乳类130多种。列为国家一、二级的野生珍稀动物达100多种。该馆收藏有闻名遐迩的"南国珍珠"，有国家一级保护动物鹦鹉螺、唐冠螺、中华鲟、黄腹角雉、白头叶猴、熊猴、黑叶猴、懒猴、白臂叶猴等，有堪称是虾中之王的锦绣龙虾，另外还有具有重要经济意义的我国四大家鱼以及能在海面上空降和滑翔的飞鱼。爬行动物有产于广西，列为国家一级保护动物的瑶山鳄蜥和巨蜥、蟒蛇、大鲵等一、二级保护动物。

现该馆基本陈列为《广西古生物》，重点展出本区境内发现的古生物化石，从不同角度反映各地质时期生物发展与进化的历史。年均区内外巡回展出观众达10万人次。近10年来，广西自然博物馆的科研成果不断，已有60多篇论文分别发表在《科学通报》、《古脊椎动物学报》、《人类学学报》、《植物分类学报》、《矿物岩石》、《科学》等国内外刊物上。

该馆是我国西部区域内的省级自然博物馆之一，她将在自然资源的合理开发利用、环境保护与生态建设进程中发挥不可替代的作用。

广西自然博物馆

骨针

山顶洞

石器

肿骨大角鹿鹿角

远古人类家园
周口店遗址博物馆

周口店位于北京城西南约50公里，是举世闻名的北京人遗址所在地，又称"北京人"之家。

1961年3月4日周口店北京人遗址被列为全国重点文物保护单位；1987年12月11日被联合国教科文组织列入世界遗产名录；1997年被中宣部列为"全国百家爱国主义教育示范基地"之一。

在周口店地区，科学家用毕生的精力致力于考古发掘、研究，相继发现了猿人洞、山顶洞、新洞、田园洞等27处人类文化遗址或脊椎动物化石地点，出土了代表40多个北京人的化石遗骸、10多万件石器、大量用火遗迹及上百种动物化石。这些发现推翻了"神造人"和"上帝造人"的神话，推开了北京人生活的大门，从而揭开了早期人类发展演化的神秘面纱——"北京人"是生活在50万年前的古人类。

现在博物馆的陈列分为以下6个部分：

序厅：周口店北京人遗址全景图及中、英、日文介绍。

第一展厅：周口店北京人遗址沿革及地理位置，各地点分布图。

第二展厅：历史回顾。用许多珍贵历史图片展示周口店遗址的发掘历史和研究历史。

第三展厅："北京人"化石展。用实物、图片、图表等多种形式来集中展示"北京人"体质特征、生产活动、生活景观及"北京人"生活时期的自然景观。

第四展厅：猿人洞的形成及动物、鸟类化石。

第五展厅：周口店北京人遗址内山顶洞、新洞等其他化石地点、文化点简介。

第六展厅：田园洞发掘成果展及放映厅。

撰文：隗建华

人类回望摇篮

西安半坡博物馆

半坡遗址保护大厅

陶甑

小罐中保存的粟粒

刻划符号陶片

人面鱼纹陶盆

半坡遗址 角

西安半坡博物馆建立在半坡遗址的基础上，是我国第一座史前遗址博物馆。半坡遗址位于西安市以东6公里处，它较完整地保留了距今约6700～6200年前新石器时代处母系氏族村落的遗址。遗址发现于1953年，1954～1957年中国科学院考古研究所对半坡遗址进行了科学发掘，这是我国首次对史前遗址实行大面积的揭露，也是首次获得了对一个史前村落全貌的整体了解。1961年，国务院公布半坡遗址为全国重点文物保护单位。

半坡遗址发掘期间，国家领导人朱德、邓小平、陈毅等曾前往参观视察。1956年陈毅副总理参观遗址时同意了就地建立博物馆的建议并当即拨款。1958年4月1日，西安半坡博物馆建成开放。刘少奇、周恩来、董必武、叶剑英等国家领导人先后参观了西安半坡博物馆。建馆40多年来，博物馆接待了国内外参观者2000多万人次。1990年，西安半坡博物馆被中共中央宣传部公布为全国百个爱国主义教育示范基地之一，同时也是陕西省十大爱国主义教育基地之一。

西安半坡博物馆的主体陈列由半坡遗址陈列和半坡遗址出土文物陈列构成。遗址保护大厅内就地保护并展示着半坡遗址的一部分，约2500平方米，为氏族居住区的一角。其中有房屋基址、地窖、瓮棺葬群、大围沟、陶窑等遗存，通过参观遗址可以直观地了解当时的各种生活设施，并进一步探究新石器时代仰韶文化先民的社会组织结构。半坡遗址出土文物陈列以500余件展品分别按专题介绍半坡先民的农业生产、渔猎采集、纺织、制陶、工具制作、绘画雕塑、记事符号等，并配以仿石质背板浮雕以增强陈列的直观性及艺术效果。

西安半坡博物馆拥有6000余件藏品，主要是陕西省内各史前遗址的出土或征集文物。在丰富的史前遗址及文物资料的基础上，西安半坡博物馆致力于史前文化，侧重于新石器时代仰韶文化的研究40余年，先后出版考古报告《西安半坡》、《姜寨》、学术期刊《史前研究》（1983～1987年）、论文集《史前研究》（1998年、2000年、2002年三册）以及一些知识性、趣味性读物等。

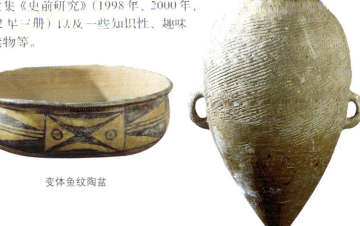

尖底瓶

钵底部的布纹与席纹

变体鱼纹陶盆

撰文：张幼萍 摄影：赵建刚

Beijing Planetarium

通向宇宙之路
北京天文馆

天文展览

基础知识展区中
的太阳光球模型
和天体秤

北京天文馆的传播媒体

天文爱好者
TIANWEN A

天文爱好者
TIANWEN AIHAOZHE

北京天文馆

撰文：景海荣

新馆建筑效果图

北京古观象台雪后容颜

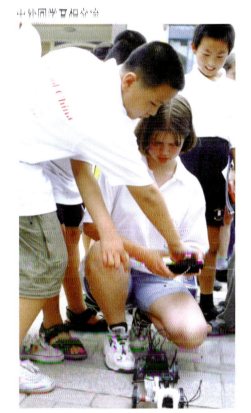
中外同学互相交流

观测太阳

宣传车

宣传车

　　北京天文馆建成于1957年，她的落成标志着中国天文馆事业的诞生。40多年来，北京天文馆为繁荣首都文化、普及天文知识、提高公众科学素质发挥了巨大的作用。在北京市政府的大力支持之下，经过两年多的施工建设，拥有国际先进水平的硬件设备的北京天文馆新馆将于2004年落成并对外开放。

　　作为专业的天文科普单位，北京天文馆将在天文科普的各个领域，包括天象节目的放映和制作、天文展览、天文讲座和教学、天文观测及指导、专业天文研究，以及相关领域的国际交流与合作等方面都作出应有的贡献。同时，作为中国天文学会普及工作委员会、北京天文学会、北京青少年天文爱好者协会等单位的挂靠单位，以及《天文爱好者》杂志的具体承办单位，北京天文馆也将和各有关方面一起为推动中国天文科普事业的发展做出努力。由北京天文馆新馆、北京天文馆老馆、北京古观象台以及若干馆外科普观测基地构成的新北京天文馆将成为北京市科普宣传和对外交流的窗口，也将成为中国天文科普的中心和重要基地。

中国现代天文的摇篮
中国科学院紫金山天文台

中国科学院紫金山天文台建成于1934年9月，其前身是1928年2月成立的国立中央研究院天文研究所，是我国依靠自己的力量建立的第一个现代天文台，是一个综合性的天文学研究机构，在我国天文事业的建设和发展过程中起着先驱作用，故有"中国现代天文摇篮"之誉，闻名遐迩。

紫金山天文台矗立在钟山风景区西侧的紫金山第三峰上，这里林木葱茏，空气清新，风景秀丽，自然环境优美，人文资源丰富，景致特好。在参观区内陈列着数件国宝级的古代大型天文仪器，于1994年自筹资金百万元，复制和仿制了一批古今天文仪器，创建了我国第一座天文历史博物馆，丰富多彩的实物、天文图片展板及大型天文望远镜，定会令您大开眼界。

国家领导人毛泽东视察天文台

国家领导人邓小平视察天文台

国家领导人江泽民视察天文台

国家领导人胡锦涛视察天文台

登上太平天国遗迹天堡城，六朝古都——南京城尽收眼底，东可眺望中山陵、灵谷塔、明孝陵等名胜，南面则可俯瞰中山植物园和明城墙，西可遥望金陵美景，欣赏玄武湖湖光水色，北可指点长江及其两座大桥（中国人自己设计建造的第一座长江大桥——南京长江大桥和南京长江二桥）。湖光山色，城市美景，美不胜收，令人心旷神怡，流连忘返。

紫金山天文台1996年被国务院确定为"全国重点文物保护单位"，还是"全国科普教育基地"和"全国青少年科技教育基地"。被南京市政府列为南京十大旅游景点之一。党和国家领导人毛泽东、邓小平、江泽民和胡锦涛等曾视察过该台。江苏省、南京市和南京军区接待中外代表团及重要宾客，必定安排参观该台。

紫金山天文台全景

撰文：葛永良

浑仪 青铜铸造 明 1437年

简仪 青铜铸造 明 1437年

紫金山天文台主要建筑及其门楼

展示东西方文明交流 再现泉州港辉煌历史

泉州海外交通史博物馆

这里陈列着轰动世界的宋代沉船；

这里陈列着中国历代各水域的代表性船模；

这里陈列着中世纪各种宗教石刻及外销瓷器；

……

这里就是福建省泉州海外交通史博物馆。

中国舟船世界展厅

泉州海交馆是目前我国唯一专门反映古代航海交通历史的博物馆。它以中世纪东方第一大港——刺桐港（Zaitun，泉州港的别称）的历史为轴心，以丰富而独特的海交文物，生动地再现我国古代悠久而辉煌的海洋文化，讴歌中华民族对人类开辟"海上丝绸之路"的重大贡献，以及航海与造船技术方面的许多伟大发明。她是光辉灿烂的中华海洋文化的缩影，也是对广大青少年学生进行中华民族优秀传统文化教育的重要基地。

泉州海交馆创建于1959年，原址在市区西街开元寺内东侧。1974年在泉州湾后渚港发掘了一艘轰动世界的宋代沉船，就放置在这里的《泉州湾古船陈列馆》。

1991年，新的泉州海交馆主体楼在丰泽区东湖街落成，它形似一艘古代的双桅帆船。主体楼的东侧是《泉州伊斯兰文化陈列馆》，由福建省、泉州市政府和几个阿拉伯国家共同出资兴建，已于2004年2月落成，将集中展示"海上丝绸之路"时代中国同阿拉伯——伊斯兰国家友好交往的历史，以及泉州丰富的伊斯兰文化遗存。

如今，新旧两处馆址辟有《泉州湾古船》、《泉州港与古代海外交通》、《泉州宗教石刻》、《中国舟船世界》4个专题陈列馆，展览面积4000平方米。这些展厅中，分别陈列着不少举世闻名的文物瑰宝，除了一艘迄今国内发掘年代最早、体量最大的宋代海船及其大量伴随物、出土物外，还有数十根木、铁、石古代锚具，数百方宋元伊斯兰教、古基督教石刻、印度教石刻，各个时期的外销陶瓷器，近200种中国历代各水域的代表性船模，以及数量繁多的反映海外交通民俗文化的器物。

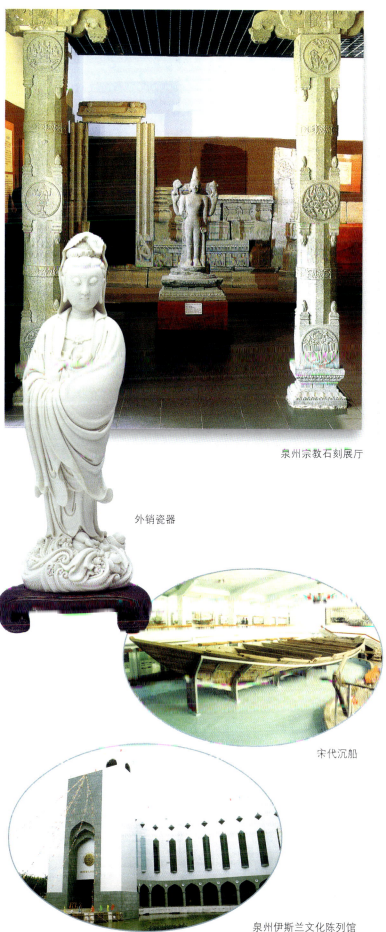

泉州宗教石刻展厅

外销瓷器

宋代沉船

泉州伊斯兰文化陈列馆

钢铁长城 威武空军
中国航空博物馆

毛泽东坐机

中国航空博物馆坐落在北京郊区大汤山脚下，北邻十三陵、八达岭长城，南接亚运村，西与八达岭高速公路相通，东有立汤快速路和京城相连。它是一座两面环山，绿树拥抱下的大型博物馆。这里多年封山育林，天然植被茂密，在66万多平方米的馆区内，绿化覆盖面积达45万平方米，一年四季空气清新，环境幽雅，鸟语花香，是一个花园式的国家级科技类博物馆。

中国航空博物馆自1986年11月开始筹建，1989年11月11日正式对外开放以来，经过近17年的建设，目前占地1000余亩，拥有114个型号269架飞机，还有地空导弹、雷达、航空炸弹、航空照相机、飞行员服装、航空伞具、航空轮胎等1000多件武器装备样品。其中很多是一、二级国家文物，世界航空珍品，极富收藏和研究价值。

为周恩来撒骨灰的飞机

航空博物馆展出的飞机是中国航空工业发展的历史见证，从国产第一批第一架亚音速喷气式歼击机，到我国自行设计、制造的超音速喷气式歼击机，从强击机、轰炸机到运输机、直升机等国产各种型号的飞机琳琅满目。

水上飞机

为纪念航空百年，该馆举行的《航空百年回顾展》及《中国空军装备发展历程回顾展》以翔实的史料，利用声、光、电等手段，极大地丰富了馆藏内容，进一步提高了人们对航空事业的认识和了解。同时，该馆又是全国"爱国主义教育基地"、"科普教育基地"和"国防教育基地"。在这里，每一架有重要历史意义的飞机，都在向您诉说中国航空史上一个个动人的故事；记录了中国航空科学技术发展和人民空军发展壮大的光辉历程；形态各异的战鹰见证着航空群英从这里走来……

航空博物馆标区

撰文：陈飞

中国文物研究所

培训中心实验室仪器设备

维修中的布达拉宫

维修柬埔寨吴哥窟周萨神庙

修复后的壁画

主要文物保护成果

中国文物研究所是中国唯一从事文物保护科学研究、文物保护技术研究、文物保护工程技术研究的国家级公益性科研机构。其前身可追溯到1935年的北平文物整理委员会，经多次组改，1990年与文化部古文献研究室合并，形成现在的规模。

经过数十年的发展，学科领域扩大到自然科学与人文科学两大门类，涉及到物理学、化学、建筑学、地质学、信息技术、历史学、考古学、文献学、古文字学等近10个学科。基础设施不断充实和加强，先后建立了各类文物保护科技的实验室。培养出了一支精干的文物保护与研究队伍，其中有一些享誉国内外的著名专家学者。承担过数百项全国重点文物保护单位的保护项目，完成了数十项国家科研课题。迄今出版了文物保护科技研究著作和文物研究学术著作30余种，研究论文500余篇。获得国家及省部级各种奖励近30项，首批获得国家考古发掘团体领队资格和国家文物保护工程甲级勘察设计资质。广泛开展了与美国、日本、意大利、奥地利、加拿大等许多国家及我国香港、台湾、澳门等地区在文物研究、文物保护科技领域的交流与合作。参与了联合国的文物保护援助项目，其中柬埔寨吴哥窟周萨神庙维修项目，是我国首次文物保护领域的援外项目。

研究所的出版物

中国文物研究所下设五大科研机构：古代建筑与古迹保护中心，承担国家级、世界文化遗产等重大保护与研究项目；文物保护科技中心，开展文物保护科学基础研究及应用技术研究，承担国家重大文物保护重点课题和文物保护与修复项目；古文献与文物考古研究中心，是我国建立最早的出土文献整理研究中心，在整理研究出土文献的同时开展文物和博物馆研究；文物保护与修复培训中心，目前正承担着中国与意大利政府并于文物保护与修复的合作项目；文物资料信息中心，收藏明刻本、手抄本、地方志等珍贵图书资料书近30万册，特别是珍藏有一批重要的科技历史档案资料，承担着全国重点文物保护单位记录档案的保存与整理。

敦煌研究院

石窟遗址管理与保护专家敦煌研究院院长樊锦诗研究员（右三）正与美国专家一起商讨壁画保护问题。

敦煌研究院副院长研究员李最雄博士（右一）在交河古城土遗址加固现场。

美国西北大学的工作人员和敦煌研究院的专业人员一道进行壁画图像的计算机拼接。

敦煌莫高窟第112窟南壁观无量寿经变中伎乐图

敦煌研究院是负责全国重点文物保护单位——敦煌莫高窟、西千佛洞和安西榆林窟保护、管理和研究的综合性学术机构，迄今已有60年的历史。现下设十几个部门，有近五百名职工，其中以高中级专业人员和博士、硕士为骨干，由多种人文社会科学和自然科学专业组成的保护研究队伍200余人，并拥有一批先进的分析和监测仪器，藏书十多万册。

该院经过60多年的不懈努力，特别是近十多年来，通过多种自然科学学科的结合研究和多层面、全方位的保护，并和美国盖蒂保护研究所、日本东京文化财研究所等国际保护科研机构合作，完成了"运用加固风化砂岩石雕的研究"、"古代土建筑遗址的加固研究"等多项保护科研项目，不仅使敦煌石窟得到了有效保护，而且使敦煌研究院成为我国石窟、壁画和土遗址保护研究和修复加固的重要基地。

敦煌研究院在敦煌和莫高窟的历史、地理、佛教内容、艺术、文化方面也进行了全方位的研究，取得了丰硕的成果。发表了《莫高窟内容总录》、《敦煌莫高窟》（五卷）、《敦煌石窟全集》（26卷）等一大批敦煌石窟考古和艺术研究论著；创办了国内外第一份敦煌学专业学术期刊《敦煌研究》；先后举办了6届大型敦煌学国际学术会议，已成为国际敦煌学研究的最大实体。

该院通过在敦煌石窟的接待讲解和国内外举办敦煌艺术展览，为弘扬敦煌文化和促进中外文化交流做出了积极贡献。

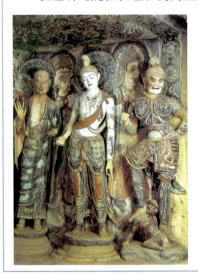

莫高窟第45窟西壁龛内北侧的雕塑菩萨

后记

　　经过近一年的努力，这本书终于与大家见面了。《华夏文博览胜》的编辑初衷，是想为文博事业做点宣传工作，为文博战线的同仁们提供一个展示业绩的窗口，也让更多的人通过它对文博事业的发展有所了解。这件事得到了文博界老专家的热情支持，得到了各文博单位的共同参与。编者从体例编排、行文结构、排版装帧都反复推敲，务求臻于理想；各参与单位更是认真负责，反复斟酌文字、慎重甄选图片，务求达于尽善。编者、作者数易其稿，共同最后认定，才告完成，一部大书，成于众手，统稿不易，编辑亦不易，最后又经过出版社同志们的深入加工便有了这个成果。在此，我们对所有曾经关怀、支持这项工作的专家学者、各单位的领导和同志们表示最诚挚的谢意。我们希望奉献给大家的是精品，但我们也知道本书一定还会有不足。我们期望本书不负我们的初衷，更希望各位专家和各文博单位继续给予我们支持和帮助，把今后的工作做得更好。

毛佩琦

2004年5月18日世界博物馆日